职业院校新能源汽车专业通用教材

XIN NENG YUAN QI CHE DIAN LI DIAN ZI JI SHU

新能源汽车电力电子技术

（微课版）

组编　上海景格科技股份有限公司
主编　苟春梅　杨意品

华东师范大学出版社
·上海·

图书在版编目(CIP)数据

新能源汽车电力电子技术/苟春梅,杨意品主编;上海景格科技股份有限公司组编.—上海:华东师范大学出版社,2021
 ISBN 978-7-5760-1564-5

Ⅰ.①新… Ⅱ.①苟…②杨…③上… Ⅲ.①新能源-汽车-电力电子技术-职业教育-教材 Ⅳ.①U469.7

中国版本图书馆 CIP 数据核字(2021)第 065128 号

新能源汽车电力电子技术

组 编	上海景格科技股份有限公司
主 编	苟春梅 杨意品
责任编辑	李 琴
特约审读	李秋月
责任校对	樊 慧 时东明
装帧设计	庄玉侠
出版发行	华东师范大学出版社
社 址	上海市中山北路 3663 号 邮编 200062
网 址	www.ecnupress.com.cn
电 话	021-60821666 行政传真 021-62572105
客服电话	021-62865537 门市(邮购)电话 021-62869887
地 址	上海市中山北路 3663 号华东师范大学校内先锋路口
网 店	http://hdsdcbs.tmall.com
印刷者	上海新华印刷有限公司
开 本	787 毫米×1092 毫米 1/16
印 张	20.5
字 数	516 千字
版 次	2021 年 8 月第 1 版
印 次	2024 年 10 月第 4 次
书 号	ISBN 978-7-5760-1564-5
定 价	48.00 元
出版人	王 焰

(如发现本版图书有印订质量问题,请寄回本社客服中心调换或电话 021-62865537 联系)

新能源汽车系列教材编写专家委员会

主任委员

李丕毅	上海交通职业技术学院
尹宏观	重庆立信职业教育中心学校

副主任委员

杜洪香	潍坊职业学院
侯企强	晋中市职业中专学校
陈 刚	湖南汽车工程职业学院
王 毅	贵州交通职业技术学院
赵 宇	长春汽车工业高等专科学校

委 员

赵春田	天津滨海汽车工程学院
杨传帅	禹城市职业教育中心
李 健	涿州职教中心
常 亮	兰州石化职业技术学院
张维军	兰州石化职业技术学院
陈 清	四川交通职业技术学院
蔡 军	海南省技师学院
宋文奇	韩城市职业中等专业学校
邱家彩	咸宁职业技术学院
张 扬	山西职业技术学院
马云贵	湖南交通职业技术学院
黄小东	湖南工业职业技术学院
苟春梅	新疆交通职业技术学院
潘 浩	深圳职业技术学院
刘 冬	胡杨河职业技术学校
陈 标	湖南汽车工程职业学院
黄良永	广西科技师范学院
朱熙河	昆明市官渡区职业高级中学
陈国庆	广西电力职业技术学院
崔广磊	包头职业技术学院
李文博	长春汽车工业高等专科学校
侯 建	长春汽车工业高等专科学校
扈佩令	南昌汽车机电学校
胡 鑫	上海南湖职业技术学院
汪 琦	上海交通职业技术培训中心

内容简介 NEI RONG JIAN JIE

近年来,随着电工、电子、电力技术及自控技术水平的进一步发展,汽车的自动化水平也日益提升。现代汽车已发展成为机电一体化的高科技载体,使得对于汽车维修人员的技术水平要求更高、更严。新能源汽车的出现,更是将这种要求推向了高峰。可以说,电力电子及自控技术的应用为新能源汽车的发展提供了广阔的提升空间,先进的电力电子器件应用和控制技术的不断完善,有利于提高新能源汽车的能源利用率、挖掘新能源汽车在动力性能上的潜力、提高新能源汽车的科技含量、降低新能源汽车的设计和制造成本,是未来新能源汽车发展的主要方向。故新能源汽车技术人员必须掌握电工、电子及电力方面的相关知识,为后面新能源汽车专业知识和安全规范操作技能的学习打下坚实基础。

本教材以介绍电工、电子、电力的相关概念及其电路和应用为目标。为了达到这一目标,教材从电工、电子和电力常用的工具和仪器仪表的认识和使用入手,在让使用者学会工具、仪器使用方法的同时,注重安全操作规范技能和职业素养的培养。同时,为了方便教材的应用,还匹配了与教材实训任务完全对应的学习工作页,大大提高了应用的可行性。

本教材主要参考新能源汽车国家标准规范进行编写,分为四个项目,主要介绍了新能源汽车电工电子及电力常用工具与仪器的认识与使用、电工基础、电子基础、电力器件及电力电路的相关知识。每个项目主要介绍相关系统的概念、组成、特性及原理应用,并结合常用工具和仪器设置匹配的实训任务来锻炼使用者专业技能。

本教材可作为职业院校新能源汽车技术专业等相关专业教学用书,也可作为汽车技术人员培训教材,汽车维修人员和汽车技术爱好者亦可用于自学。

前言 QIAN YAN

党的二十大报告提出,要实施全面节约战略,发展绿色低碳产业,绿色发展战略升级,并提出"积极稳妥推进碳达峰碳中和"目标。新能源作为现代化产业、经济增长新引擎被提出。新能源汽车作为新能源产业的重要组成部分,是我国重要战略新兴产业,对实现碳达峰碳中和目标具有重要的作用。2022年7月国务院印发了《新能源汽车产业发展规划(2021—2035年)》,"三纵三横"研发布局为我国新能源汽车产业发展搭建了强有力的技术底座,也为我国新能源汽车发展指明了方向,提出了更高要求。发展新能源汽车产业,是汽车产业高质量发展的必然选择。

根据《国家中长期教育改革和发展规划纲要》的精神,为推进职业教育课程改革和教材建设进程,我们依据理实一体化课程改革理念,以工作任务为课程设置与内容选择的参照点,以任务为单位组织内容并以任务活动为主要学习方式,开发、编写了新能源汽车技术专业的系列课程教材。《新能源汽车电力电子技术》既是新能源汽车各专业必修基础课程教材之一,也是上述系列课程教材之一。

本系列课程教材与项目课程教学包的设计和编制同步进行,是项目课程教学包的配套教材。

本项目课程教材的主要特色有:

◆ **以实践为主线**

教材编写的宗旨是培养以就业为导向、以职业为载体的学生全面发展。一切教学任务来源于实际工作过程中的典型生产任务,颠覆理论为主、实践为辅的传统教学模式,将纯理论课程与实际车型相关联,增加可实践操作内容,理论知识够用即可。

◆ **以互动性为基础**

本教材为融合创新立体化教材,它以独具魅力的纸质教材为核心,借助移动互联网,通过扫描二维码实现纸质教材与移动端数字化资源的瞬间连接,将教材配套的数字化资源与纸质教材内容充分融合,益教易学。

◆ **以资源库为支撑**

资源库中含有内容丰富、数量充足、知识全面的素材,分为理论教学、结构认知和实操演示三部分,教材的编写引用大量的多媒体素材,条理清晰、内容全面。

◆ **以实用性为原则**

教材的编写以工作过程为线索,形成以项目实施为主体思路、理论与实际相结合、专业教学标准与职业资格标准相融合的系列课程教材。教材任务与实际的典型工作任务相吻合,具有很强的实用性。

本系列课程是校企合作共同开发的课程,适应各地学校新能源汽车技术等相关专业教学。希望各校在选用本项目课程教材实施教学的过程中,及时提出意见和建议,以便在修订时改正和完善。

编者

2023.08

目录 MU LU

微课视频

电烙铁的作用 / 8
扭力扳手的使用方法 / 44
扭力扳手扭矩调节方法 / 44
指针式扭力扳手的使用 / 44

项目一　常用工具与仪器的认识与使用　1

项目概述　1
任务1　电工电子常用工具与仪器的认识与使用　2
技能训练　23
　　实训1　电烙铁的使用　23
　　实训2　冲击钻的使用　29
　　实训3　万用表的使用　32
　　实训4　手持式示波器的使用　35
任务小结　38
任务练习　39
任务2　电力常用工具与仪器的认识与使用　41
技能训练　54
　　实训1　数字兆欧表的使用　54
　　实训2　扭力扳手的使用　56
　　实训3　钳形电流表的使用　58
　　实训4　数字电桥的使用　61
任务小结　64
任务练习　64

微课视频

电路的组成 / 69
电路的工作状态 / 69
欧姆定律验证实验 / 79
基尔霍夫定律 / 80
串联电路 / 85

项目二　电工基础　67

项目概述　67
任务1　电路基础　68
任务小结　76
任务练习　76

并联电路 / 85
交流电类型 / 96
正弦交流电动势 / 98
电与磁的关系 / 113
磁通 / 114
磁学三定律 / 114
保护作用的继电器控
　制电路 / 119
变压器的种类和用途 / 122
变压器的工作原理 / 122
接地保护 / 133
接零保护 / 134
电流对人体的伤害类型 / 140
单相触电 / 143
两相触电 / 143
跨步电压触电 / 144

▶ 微课视频
N 型 / 154
P 型 / 154
PN 结 / 155
PN 偏压 / 155
二极管的好坏测试 / 158
二极管的极性测试 / 159
整流电路的作用 / 171
整流器原理 / 175
基本放大电路 / 181
集成放大电路 / 188
数字电路的特点 / 200

▶ 微课视频
PNP 的原理 / 245
NPN 的原理 / 245
熔断器常见外形 / 273
熔断器功用 / 273
三相电子式电流型漏
　电保护器 / 281
AC-DC 转换器工作原理 / 288
DC-DC 转换器工作原理 / 302

任务 2　直流电路　　　　　　　　78
任务小结　　　　　　　　　　　　93
任务练习　　　　　　　　　　　　94
任务 3　交流电路　　　　　　　　96
任务小结　　　　　　　　　　　　110
任务练习　　　　　　　　　　　　111
任务 4　电与磁　　　　　　　　　112
任务小结　　　　　　　　　　　　129
任务练习　　　　　　　　　　　　130
任务 5　安全用电常识　　　　　　132
任务小结　　　　　　　　　　　　148
任务练习　　　　　　　　　　　　148

项目三　电子基础　　　　　　　151

项目概述　　　　　　　　　　　　151
任务 1　电子元器件　　　　　　　152
任务小结　　　　　　　　　　　　168
任务练习　　　　　　　　　　　　169
任务 2　模拟电路　　　　　　　　170
任务小结　　　　　　　　　　　　197
任务练习　　　　　　　　　　　　198
任务 3　数字电路　　　　　　　　199
任务小结　　　　　　　　　　　　230
任务练习　　　　　　　　　　　　230

项目四　电力器件及电力电路　　233

项目概述　　　　　　　　　　　　233
任务 1　大功率电子器件　　　　　234
任务小结　　　　　　　　　　　　263
任务练习　　　　　　　　　　　　264
任务 2　大功率机械器件　　　　　266
任务小结　　　　　　　　　　　　282
任务练习　　　　　　　　　　　　283
任务 3　AC-DC 电路　　　　　　　284

任务小结	290
任务练习	290
任务4　DC-AC 电路	292
任务小结	298
任务练习	298
任务5　DC-DC 电路	300
任务小结	306
任务练习	307
任务6　AC-AC 电路	309
任务小结	313
任务练习	314

项目一　常用工具与仪器的认识与使用

项目概述

　　工具与仪表是进行汽车电气检测与维修工作的"武器",正确使用它们是提高工作效率、保证施工质量的重要条件。新能源汽车电工电子技术中不仅包含与传统汽车基本相同的电工和电子的相关知识,还包括电力相关的内容,所以本课程要介绍电工、电子和电力三方面知识学习与应用相关的常用工具和仪器的规范使用。

　　本项目详细介绍了电工、电子、电力三部分常用工具与仪器的结构及其使用方法。希望通过本项目的学习,学生能够熟练使用相应工具进行新能源汽车电气相关的检测与维修。

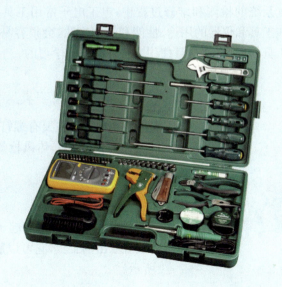

任务 1　电工电子常用工具与仪器的认识与使用

 任务目标

1. 了解电工电子常用工具的作用、类型。
2. 掌握电工电子常用工具的使用方法。
3. 了解电工电子常用仪器的作用、类型。
4. 掌握电工电子常用仪器的使用方法。

任务导入

某职业院校为提高新能源汽车技术专业学生的动手操作能力，安排学生去 4S 店轮岗实习。他们本次实习的任务是要学会电工电子常用工具和仪器的使用。假设你是他们实习的带教教师，请学习本任务相关内容，完成电工电子常用的工具和仪器规范使用的带教任务。

知识储备

在新能源汽车电气系统的检测和维修过程中，电工电子常用工具和仪器发挥着重要的作用。如果不了解这些工具和仪器的用途、性能和使用方法，会很容易造成安全事故。所以了解电工电子仪器和工具的用途，掌握其使用方法是必须要学习的。

一、电工电子常用工具

电工电子常用工具主要有螺钉旋具、电工刀、钳类工具、电烙铁、冲击钻、扳手、热风枪等，本节主要介绍它们的作用及注意事项。

（一）螺钉旋具

螺钉旋具又称作螺丝刀或起子，是一种以旋转方式将螺钉就位或取出的工具，它可以旋出或旋入螺丝钉，如图 1-1 所示。

图 1-1　螺钉旋具

1. 类型

常用的螺钉旋具主要有一字螺钉旋具和十字螺钉旋具两种。随着紧固件形式的多样化,螺钉旋具的刀头形状也从原有的一字和十字增加为米字、T形、梅花形、H形、六角形等多种形状,各种形状只是为了使力量分配得更加均匀。螺钉旋具旋柄有木柄和塑料柄之分,木柄螺钉旋具又分为普通式和穿心式两种,后者能承受较大的扭矩,并可在尾部作适当的敲击;塑料柄螺钉旋具具有良好的绝缘性能,适于电工使用。

2. 使用方法

将螺钉旋具拥有特种形状的端头对准螺钉的顶部凹坑、固定,然后开始旋转手柄。根据规格标准,顺时针方向旋转为嵌紧;逆时针方向旋转则为松出。一般一字螺钉旋具可以应用于十字头螺钉,但其没有十字头螺钉的抗变形能力强。

3. 使用注意事项

螺钉旋具是常用工具之一,在使用过程中要注意以下几点:

(1) 应根据螺钉形状、大小选用合适的螺钉旋具。
(2) 使用时螺钉旋具不可偏斜,扭转的同时施加一定压力,以免旋具滑脱。
(3) 使用时手心应顶住柄端,并用手指旋转旋具手柄。如使用较长的螺钉旋具,左手应把住旋具的前端。
(4) 螺钉旋具或工件上有油污时应擦净后再用。
(5) 禁止将螺钉旋具当撬棒或錾子使用。

(二) 电工刀

电工刀是电工常用的一种切削工具,适用于装配维修工作中割削导线绝缘外皮,以及割削木桩和割削绳索等操作。

1. 规格

电工刀有一用型(普通)和多用型两种。普通的电工刀由刀片、刀刃、刀把、刀挂等构成。多用型除了刀片以外,还有尺子、锯片、锥子、扩孔锥和剪子等工具。钢尺可用来检测电器尺寸;锯片主要用来锯割木条、竹条,制作木榫、竹榫;锥子可以在硬杂木上锥洞,以便于在此拧螺钉;锥子和扩孔锥可以配合实现钻孔穿线;剪子主要将电线、电缆接头处的塑料或橡皮带等绝缘材料剪断。电工刀规格见表1-1。

表1-1 电工刀规格

名称	1号	2号	3号
刀柄长度	115	105	95
刃部厚度	0.7	0.7	0.6

2. 使用方法

电工刀使用时,应将刀口朝外剖削,刀片与剖削金属导线成一定角度(约45°)切入,到金属芯线后平行前推。到头后,将剩余部分用手向后掰,用电工刀切断掰过来的绝缘层即可。

剖削导线时,应使刀片与导线成较小的锐角,以免割伤导线,并且用力不宜太猛,以免削破左手。电工刀用毕,应随即将刀身折进刀柄,不得传递未折进刀柄的电工刀。

3. 使用注意事项

电工刀是常用工具之一,在使用过程中要注意以下几点:
(1) 电工刀的刀柄是无绝缘保护的,不能在带电导线或器材上剖削,以免触电。
(2) 电工刀第一次使用前应开刃。
(3) 电工刀不许代替锤子用以敲击。
(4) 电工刀的刀尖是剖削作业的必需部位,应避免在硬器上划损或碰缺,刀口应经常保持锋利,磨刀宜用油石为好。

(三) 钳类工具

在电路的过程中,经常会使用到钳类工具来剪断细导线或修剪焊接处多余的线头,常用的钳类工具有斜口钳、剥线钳、尖嘴钳、压线钳、钢丝钳等,如图1-2所示。

(a) 斜口钳　　　　(b) 剥线钳

(c) 尖嘴钳　　　　(d) 压线钳

图1-2　钳类工具

1. 斜口钳

斜口钳专供剪断较粗的金属丝、线材及电线电缆等。
(1) 组成。

斜口钳主要由刀口、铡口和手柄三部分组成,如图1-3所示。刀口可用来剖切软电线的橡胶、剖切塑料绝缘层,剪切电线、剪切铁丝;铡口用来切断电线、钢丝等较硬的金属线。电工常用的有150 mm、175 mm、200 mm及250 mm等多种规格,可根据内线或外线工种需要选购。使用人员必须熟知工具的性能、特点、使用、保管和维修及保养方法。

（2）使用注意事项。

斜口钳是常用工具之一，在使用过程中要注意以下几点：

① 使用斜口钳应用惯用手操作，将钳口朝内侧，便于控制钳切部位，用小指伸在两钳柄中间来抵住钳柄，张开钳头，这样分开钳柄灵活。

② 斜口钳的规格应当与工件规格相适应，以免斜口钳太小工件太大，造成斜口钳受力过大而损坏。

③ 严禁使用斜口钳代替扳手拧紧或拧松螺栓、螺母等带棱角的工件，以免造成刃口损坏或钳体损坏。

④ 使用时，不允许用斜口钳切割过硬的金属丝，以免造成刃口或钳体损坏。

图1-3 斜口钳结构

2. 剥线钳

剥线钳为内线电工、电动机修理的电工常用的工具之一，专供电工剥除电线头部的表面绝缘层用。

（1）组成。

剥线钳主要由钳口和手柄两部分组成，有0.5～3.0mm多个直径切口，用于不同规格线芯的剥削，如图1-4所示。

图1-4 根据导线直径选择剥线钳刀片孔径

（2）使用注意事项。

剥线钳是常用工具之一，在使用过程中要注意以下几点：

① 根据缆线的线径型号，选择相应的剥线刀口。

② 使用时，需注意控制剥离表皮缆线长度。

③ 注意夹紧力度，只需切割电缆外表皮即可，切不可过度夹紧造成电缆内芯损坏。

3. 尖嘴钳

尖嘴钳别名修口钳、尖头钳、尖咀钳。其头部尖细，使用灵活方便。适用于狭小的工作空间或带电操作，也可用于电气仪表制作或维修、剪断细小的金属丝等。电工用尖嘴钳的材质一般由45#钢制作，类别为中碳钢，含碳量0.45%，韧性硬度都合适。

(1) 组成与规格。

尖嘴钳由尖头、刀口和钳柄组成，其外形如图 1-2(c)所示。电工维修时，应选用带有耐酸塑料套管绝缘手柄、耐压在 500 V 以上的尖嘴钳，常用规格有 130 mm、160 mm、180 mm、200 mm 四种。

(2) 使用注意事项。

使用尖嘴钳时应注意下面几点：

① 不可使用绝缘手柄已损坏的尖嘴钳切断带电导线。

② 操作时，手离金属部分的距离应不小于 2 cm，以保证人身安全。

③ 因钳头尖细，又经过热处理，故钳夹物不可太大，用力切勿过猛，以防损坏钳头。

④ 钳子使用后应清洁干净。钳轴要经常加油，以防生锈。

4. 压线钳

压线钳，又称驳线钳，是用来压制水晶头的一种工具，如图 1-2(d)所示。常见的电话线接头和网线接头都是用驳线钳压制而成的。

用压线钳制作网线（双绞线）接头步骤：

(1) 用压线钳的剪线刀口剪裁出计划需要使用到的双绞线长度。

(2) 剥掉双绞线的灰色保护层。先用压线钳的剪线刀口将线头剪齐，再将线头放入剥线专用的刀口，稍微用力握紧压线钳慢慢旋转，让刀口划开双绞线的保护胶皮，并去掉适当长度的保护胶。

(3) 重新排列并梳理线缆。先把相互缠绕在一起的线缆解开，再根据需要接线的规则把几组线缆依次排列好并理顺压直。

(4) 用压线钳的剪线刀口把线缆顶部裁剪整齐，注意保留适当长度的导线，这样才能将各细导线插入到各自的线槽中。

(5) 把整理好的线缆插入水晶头内，注意 8 根线缆沿水晶头内的 8 个线槽插入，一直插到线槽的顶端。

(6) 把水晶头插入压线钳的 8 个槽内进行压线。

5. 钢丝钳

图 1-5 钢丝钳

钢丝钳，也叫老虎钳，如图 1-5 所示，是一种夹钳和剪切工具。电工电子器件维修时，钢丝钳主要用于剪切、绞弯、夹持金属导线，也可用作紧固螺母、切断钢丝。电工应该选用带绝缘手柄的钢丝钳，其绝缘性能为 500 V。常用钢丝钳的规格有 150 mm、175 mm 和 200 mm 三种。有德式和美式之分，德式又称为欧式，外观平滑，方正感好，注重夹持的功能；美式主要注重剪切的功能。

(1) 组成。

钢丝钳由钳头和钳柄组成，钳头包括钳口、齿口、刀口和铡口。

(2) 特点。

① 手柄与手掌更多的接触面，确保力的高度传递。

② 人体工程学设计的手柄；其表面覆盖软橡胶，握感舒适，另有辅助支撑作用，可以传递

最大力。

③ 全新设计的外形和表面涂层,防止手柄间手指挤压。

(3) 工具用途。

① 齿口可用来紧固或拧松螺母。

② 刀口可用来剖切软电线的橡胶或塑料绝缘层,也可用来剪切电线、铁丝。

③ 铡口可以用来切断电线、钢丝等较硬的金属线。

④ 钳子的绝缘塑料管耐压 500 V 以上,有了它可以带电剪切电线。

⑤ 多用来起钉子或夹断钉子和铁丝。

另外,钳轴要经常加油,以防生锈。

(4) 使用注意事项。

使用钢丝钳时应注意下面几点:

① 在使用电工钢丝钳以前,首先应该检查绝缘手柄的绝缘是否完好,如果绝缘破损,进行带电作业时会发生触电事故。

② 严禁用普通钳子带电作业,带电作业请使用电讯钳。

③ 剪切紧绷的金属线时应做好防护措施,防止被剪断的金属线弹伤。

④ 用钢丝钳剪切带电导线时,既不能用刀口同时切断相线和零线,也不能同时切断两根相线,而且,两根导线的断点应保持一定距离,以免发生短路事故。

⑤ 不得把钢丝钳当作锤子等敲击工具使用,也不能在剪切导线或金属丝时,用锤子或其他工具敲击钳头部分。

(5) 钳子检测。

检测一把钢丝钳的好坏主要从以下几个方面看:

① 紧握钳柄,对着亮光处,剪切刃口不得透光,否则为不合格,缝隙不得大于 0.3 mm。

② 钳子撑开角度不得小于 22°。

③ 腮部不得有卡阻现象,并且能剪切 1.6 mm 的硬钢丝。

④ 尾部胶套不能有明显松动。

⑤ 表面电镀层不能有明显划痕。

(四) 电烙铁

电烙铁是电子制作和电器维修中手工焊接的基本工具,主要用途是焊接元件及导线。

1. 电烙铁的结构

电烙铁是熔解焊锡进行焊接的工具,它的内部结构由手柄、发热部分和储热部分组成。

手柄一般采用木材、胶木或耐高温塑料加工而成;发热部分又称发热器,由在云母或陶瓷绝缘体上缠绕高电阻系数的金属材料构成,其作用是将电能转换成热能;储热部分即烙铁头,通常采用密度较大和比热容较大的铜或铜合金做成。

电烙铁按机械结构可分为内热式和外热式,如图 1-6 所示。内热式烙铁的发热器绕在一根陶瓷棒上面,外面再套上陶瓷管绝缘,使用时烙铁头套在陶瓷管外面,热量从内部传到外部的烙铁头上。外热式烙铁刚好相反,发热器绕在一根中间有孔的铁管上,里外用云母片绝缘,烙铁头插在中间孔里,热量从外面传到里面的烙铁头。两种方式各有优缺点,内热式升温快,不会产生感应电,但发热丝寿命较短;外热式寿命相对较长,但容易产生感应电,容易损坏精密的电子元件,所以焊接精密元件时最好烙铁外壳接一根地线接地。

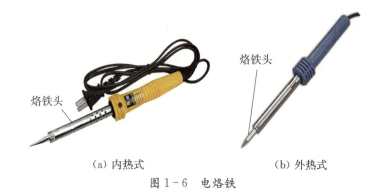

(a) 内热式　　　　　(b) 外热式

图 1-6　电烙铁

2. 电烙铁的使用方法及注意事项

常用电烙铁的规格有 25 W、35 W、45 W 和 75 W 四种。焊接弱电元件时，宜采用 25 W 和 35 W 两种规格；焊接强电元件时，通常使用 75 W 及以上规格的电烙铁。

（1）电烙铁使用方法。

电烙铁的正确使用方法如下：

① 使用前，应认真检查电源插头、电源线有无损坏；并检查烙铁头是否松动。

② 电烙铁使用中，不能用力敲击，要防止跌落。烙铁头上焊锡过多时，可用布擦掉。不可乱甩，以防烫伤他人，如图 1-7 所示。

电烙铁的作用

图 1-7　电烙铁的使用

③ 焊接过程中，烙铁不能到处乱放。不焊时，应放在烙铁架上。注意电源线不可搭在烙铁头上，以防烫坏绝缘层而发生事故，如图 1-8 所示。

④ 使用结束后，应及时切断电源，拔下电源插头。冷却后，再将电烙铁收回工具箱，如图 1-9 所示。

（2）电烙铁使用注意事项。

电烙铁使用过程的注意事项如下：

① 电烙铁使用过程中，确保焊接人员戴防静电手腕带，以免对操作人员造成伤害。

项目一　常用工具与仪器的认识与使用

图1-8　电烙铁放置烙铁架　　　　图1-9　冷却后放工具箱

② 新买的烙铁在使用之前必须先给烙铁头镀上层锡,通电加热升温,并将烙铁头沾上一点松香,待松香冒烟时再上锡,使在烙铁头表面先镀上一层锡;电烙铁需要经常维护,保证烙铁头挂上一层薄锡。

③ 使用过程中不要任意敲击电烙铁头,以免损坏内热式电烙铁连接杆钢管,也不能用钳子夹电烙铁连接钢管,以免损坏。

④ 切勿用烙铁敲击工作台来清除焊剂残余,应在清洗海绵上清除;切勿弄湿电焊台或手湿时使用电焊台,切勿擅自改动、拆卸电焊台。

⑤ 任何产品焊接都有其焊接的温度要求,经调试员校准后,如焊接存在异常时,通知调试员进行测试。

⑥ 焊接时会有烟雾,此烟雾对人体是有害的,车间应保持良好的通风,同时在焊接时,鼻子离烙铁的距离至少 30 cm 以上,一般为 40 cm;焊接操作时应戴手套,操作后洗手,避免食入。

⑦ 电烙铁在使用一段时间后,烙铁头因长时间高温工作而氧化导致与手柄接地不良,当烙铁头有氧化物时要及时清理。

⑧ 电烙铁通电后温度高达 250℃ 以上,不用时应放在烙铁架上,较长时间不用时应切断电源,防止高温"烧死"烙铁头(被氧化)。

⑨ 恒温电烙铁除了插座接地外,还需另外安装一地线连接在设备的接地线上。

⑩ 电烙铁绝缘电阻应大于 10 MΩ,电源线绝缘层不得有破损。

(五) 冲击钻

冲击钻是一种头部有钻头、内部装有单相整流子电动机、靠旋转来钻孔的手持电动工具。它一般带有调节开关,当开关在旋转无冲击,即"钻"的位置时,其功能如同普通电钻,装上普通麻花钻头就能在金属上钻孔;当开关在旋转带冲击,即"锤"的位置时,装上镶有硬质合金的钻头,便能在混凝土或砖墙等建筑构件上钻孔。通常可冲打直径为 φ16 mm 的圆孔。冲击钻的外形如图 1-10 所示。

图1-10　冲击钻的外形

1. 冲击钻组成

电动冲击钻主要由机体、钻夹头、辅助手柄、操作手柄、操作开关等组成，有些上面还有深度尺，如图1-11所示。机体可以将电能转换为旋转机械能并传递给冲击钻的钻头，从而带动钻头工作，其主要由动力源电动机、散热装置散热风叶、传动装置和换向器等部件组成。钻夹头是电钻上的重要部件，依靠三个夹爪能轻松地将不同规格的钻头夹持住，夹爪上的螺纹与夹套上的螺纹啮合在一起，通过旋转夹套就能让夹爪沿着斜面伸缩，打开或者夹紧钻头，在钻孔前要夹紧钻头和将钻头夹在夹爪中间位置，这样就能防止钻孔过程中钻头脱落。辅助手柄主要用于增摩擦力，防止冲击钻工作时打滑，它适合高强度作业，减轻疲劳。操作手柄用于操纵冲击钻的工作，在它上面有控制充电钻的控制开关，如调速和切换开关。深度尺用于测量钻孔的深度。

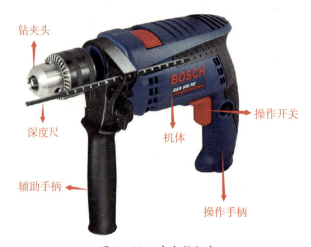

图1-11 冲击钻组成

2. 冲击钻工作原理

冲击钻是依靠钻头产生旋转和冲击来工作的，它的冲击模式和旋转模式是可以切换的，冲击钻利用齿轮在内轴上跳动产生冲击力，所以冲击力不是很大，主要用在木头、砖块上打孔，也可在混凝土上打孔，但是效果不是很好。

具体工作原理是：当冲击钻是旋转钻孔时，电动机带动齿轮传动，齿轮带动连杆，带动钻头旋转切削打孔；当转换为冲击模式时，齿轮在内轴上跳动带动压缩活塞在冲击活塞缸中往复运动，压缩气体推动冲击活塞缸锤头以较高的冲击力打击钻头的尾端，使钻头向前冲击。

3. 冲击钻注意事项

冲击钻使用时应注意以下几点：

（1）工作时务必要全神贯注，不但要保持头脑清醒，更要理性地操作电动工具，严禁酒后操作机器。

（2）长期搁置不用的冲击钻，使用前必须用500V兆欧表测定对地绝缘电阻，其值应不小于0.5 MΩ。

（3）使用金属外壳冲击钻时，必须戴绝缘手套、穿绝缘鞋或站在绝缘板上，以确保操作人员的人身安全。

(4) 钻孔时若遇到坚实物则不能加过大压力,以防钻头退火或冲击钻因过载而损坏。冲击钻因故突然堵转时,应立即切断电源。

(5) 如用力压冲击钻时,必须使冲击钻垂直,而且固定端要牢固可靠。钻孔时应使钻头缓慢接触工件,不得用力过猛,防止钻头折断,烧坏电动机。

(6) 在钻孔过程中,应经常把钻头从钻孔中抽出,以便排除钻屑。

(7) 严禁把冲击钻电线拖置油水中,防止油水腐蚀电线。

(8) 注意工作时的站立姿势,不可掉以轻心,操作机器时要确保立足稳固,并要随时保持平衡。

(9) 更换钻头时,应用专用扳手及钻头锁钥匙,严禁使用非专用工具敲打冲击钻。施工中途更换新钻头,沿原孔洞进行钻孔时,不要突然用力,防止折断钻头发生意外。

(10) 操作前应穿好合适的工作服,不可穿过于宽松的工作服,更不要戴首饰或留长发,严禁戴手套及袖口不扣操作电动工具。

(六) 扳手

常用的扳手主要有活扳手和呆扳手两种。

1. 活扳手

活扳手,又称为活络扳手,是一种旋紧或拧松有角螺栓或螺母的工具。电工常用的有 200 mm、250 mm、300 mm 三种,使用时应根据螺母的大小选配,如图 1-12 所示。

活扳手使用方法及注意事项:

(1) 使用时,右手握手柄。手越靠后,扳动起来越省力。

(2) 扳动小螺母时,因需要不断地转动蜗轮,调节扳口的大小,所以手应握在靠近呆扳唇位置,并用大拇指调整蜗轮,以适应螺母的大小。

图 1-12 活扳手

(3) 活扳手的扳口夹持螺母时,呆扳唇在上,活扳唇在下。活扳手切不可反过来使用。

(4) 在扳动生锈的螺母时,可在螺母上滴几滴煤油或机油,这样容易拧动。

(5) 在拧不动时,切不可采用钢管套在活扳手的手柄上来增加扭力,这样极易损伤活扳唇。

(6) 不得把活扳手当锤子用。

2. 呆扳手

呆扳手又称开口扳手,它的一端或两端带有固定尺寸的开口,其开口尺寸与螺栓头、螺母的尺寸相适应,并根据标准尺寸制作而成。呆扳手分为双头呆扳手和单头呆扳手,其主要作用于机械检修、设备装置、家用装修、汽车修理等范畴。

(1) 双头呆扳手。

双头呆扳手是一种通用工具,是装配机床或备件及交通运输、农用机械维修必需的工具,如图 1-13 所示。常用的双头呆扳手的型号规格有(以 mm 为单位):4×5,5.5×7,8×

图1-13 双头呆扳手

10,9×11,12×14,13×15,14×17,17×19,19×22,22×24,30×32,32×36,41×46,50×55,65×75。

(2) 单头呆扳手。

单头呆扳手如图1-14所示,适用于石油、化工、冶金、发电、炼油、造船、石化、机械等行业,是设备安装、装置及设备检修、维修工作中的必需工具。

单头呆扳手分为米制和英制两种。米制和英制的区别在于米制以 m、cm、mm 等为计量单位,而英制以 in 或 ft 等为计量单位。英制与米制之间的关系是 1 in＝25.4 mm,主要应用于螺纹标准方面。

图1-14 单头呆扳手

单头呆扳手由优质中碳钢或优质合金钢整体锻造而成,具有设计合理、结构稳定、材质密度高、抗打击能力强,不折、不断、不弯曲,产品尺寸精度高、经久耐用等特点。

(七) 热风枪

热风枪,简称风枪,又叫焊风枪,它是一种适合于贴片元器件拆卸、焊接的工具,如图1-15所示。它是利用发热电阻丝的枪芯吹出的热风来对元件进行焊接与摘取的。

图1-15 热风枪

1. 结构

热风枪主要由气泵、线性电路板、气流稳定器、外壳、手柄组件等组成。热风枪手柄有的采用了特种耐高温高级工程塑料,耐温等级高达300℃;鼓风机部分有的采用了寿命30 000 h以上的强力无噪声鼓风机,满足大功率螺旋风输出;热风筒有的采用螺旋式的拆卸结构;发热丝有的采用特制可拆卸的更换式发热芯。

2. 使用注意事项

(1) 请勿将热风枪与化学类(塑料类)的刮刀一起使用。

（2）请在使用后将喷嘴或刮刀的干油漆清除掉以免着火。
（3）请在通风良好的地方使用,因为从铅制品的油漆去除的残渣是有毒的。
（4）不要将热风枪当作吹头发的吹风机使用。
（5）不要直接将热风对着人或动物。
（6）当热风枪使用时或刚使用过后,不要去碰触热风枪的喷嘴。
（7）使用场所应干净且远离油品或瓦斯。
（8）热风枪要完全冷却后才能存放。
（9）在不同的场合,对热风枪的温度和风量等有特殊要求,温度过低会造成元件虚焊,温度过高会损坏元件及线路板。风量过大会吹跑小元件,同时对热风枪的选择也很重要,不要因为价格问题去选择低档次的热风枪。

二、电工电子常用仪器仪表

电工电子常用仪器仪表主要有试电笔、电流表、电压表、万用表、示波器等,本节主要介绍它们的作用及注意事项。

（一）试电笔

试电笔笔体中有一氖泡,测试时如果氖泡发光,说明导线有电,或者为通路的火线。

1. 试电笔种类

常规试电笔有钢笔式和螺丝刀式两种,如图 1-16 所示。汽车专用试电笔在尾部加了一个小夹子,用来连接汽车车架、搭铁或电源负极,如图 1-17 所示。

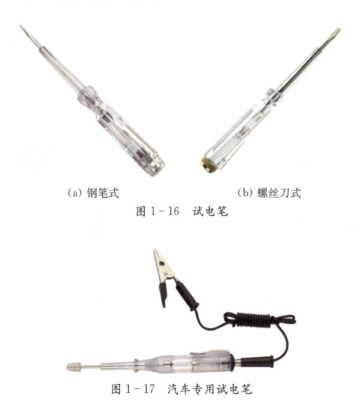

(a) 钢笔式　　　　(b) 螺丝刀式

图 1-16　试电笔

图 1-17　汽车专用试电笔

图1-18 检查试电笔是否有损坏

2. 试电笔使用注意事项

（1）使用试电笔之前，直观检查试电笔是否有损坏，有无受潮或进水，检查合格后才能使用。

（2）使用试电笔之前还需要使用万用表检查试电笔里有无安全电阻。

（3）使用试电笔时，禁止用手触及试电笔前端的金属探头，否则易造成人身触电事故，如图1-19所示。

（4）使用试电笔时，一定不要用手触及试电笔尾端的金属部分，否则，因带电体、试电笔、人体和大地没有形成回路，试电笔中的氖泡不会发光，造成误判，认为带电体不带电，这是十分危险的，试电笔正确握法如图1-20所示。

图1-19 不能用手触及金属探头

图1-20 试电笔正确握法

（5）在测量电气设备是否带电之前，先要找一个已知电源测试试电笔的氖泡能否正常发光，能正常发光才能使用，如图1-21所示。

（6）在明亮的光线下测试带电体时，应特别注意氖泡是否真的发光（或不发光），必要时可用另一只手遮挡光线仔细判别。千万不要造成误判，将氖泡发光判断为不发光，而将有电判断为无电，如图1-22所示。

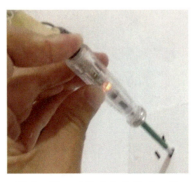

图1-21 测试试电笔是否正常

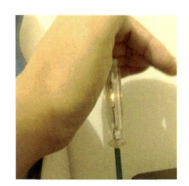

图1-22 遮挡光线判断试电笔是否亮灯

（二）电流表

电流表串联在被测量的电路中，测量其电流值。按所测电流性质可分为直流电流表、交流电流表和交直两用电流表;按其测量范围又有微安表、毫安表和安培表之分;按动作原理分为磁电式、电磁式和电动式等。

1. 电流表的选择

测量直流电流时,一般是选用磁电式仪表,也可使用电磁式或电动式仪表;测量交流电流时,较多使用的是电磁式仪表,也可使用电动式仪表;对测量准确度要求高、灵敏度高的场合应采用磁电式仪表;对测量精度要求不严格、被测量较大的场合常选择价格低、过载能力强的电磁式仪表。

电流表的量程选择应根据被测电流大小来决定,应使被测电流值处于电流表的量程之内。在不明确被测电流大小的情况时,应先使用较大量程的电流表试测,以免因过载而损坏仪表。

2. 使用方法及注意事项

(1) 一定要将电流表串联在被测电路中。

(2) 测量直流电流时,电流表接线端的"+""-"极性不可接错,否则可能损坏仪表。磁电式电流表一般只用于测量直流电流。

(3) 应根据被测电流大小选择合适的量程。对于有两个量程的电流表,它具有三个接线端,使用时要看清接线端量程标记,将公共接线端和一个量程接线端串联在被测电路中。

(4) 选择合适的准确度以满足被测量的需要。电流表具有内阻,内阻越小,测量的结果越接近实际值。为了提高测量的准确度,应尽量采用内阻较小的电流表。

(5) 在测量数值较大的交流电流时,常借助电流互感器来扩大交流电流表的量程。电流互感器次级线圈的额定电流一般设计为 5 A,与其配套使用的交流电流表量程也应为 5 A。

电流表指示值乘以电流互感器的变流比,为所测实际电流的数值。使用电流互感器时应让互感器的次级线圈和铁心可靠接地,次级线圈一端不得加装熔断器,严禁使用时开路。

(三) 电压表

电压表并联在被测电路中,用来测量被测电路的电压值。按所测电压的性质分为直流电压表、交流电压表和交直两用电压表;按其测量范围又有毫伏表、伏特表之分;按动作原理分为磁电式、电磁式和电动式等。

1. 电压表的选择

电压表的选择原则和方法与电流表基本相同,主要从测量对象、测量范围、要求精度和仪表价格等几方面考虑。工厂内的低压配电线路,其电压多为 380 V 和 220 V,对测量精度要求不太高,所以一般用电磁式电压表;选择量程为 50 V 和 300 V 测量和检查电子线路的电压时,因对测量精度和灵敏度要求高,故常采用磁电式多量程电压表,其中普遍使用的是万用表的欧姆挡,其交流测量是通过整流后实现的。

2. 使用方法及注意事项

(1) 一定要使电压表与被测电路的两端并联。

(2) 电压表量程要大于被测电路的电压,以免损坏电压表。

(3) 使用磁电式电压表测量直流电压时要注意电压表接线端上的"+""-"极性标记。

(4) 电压表具有内阻,内阻越大,测量的结果越接近实际值。为了提高测量的准确度,应尽量采用内阻较大的电压表。

(5) 测量高电压时使用电压互感器。电压互感器的初级线圈并联在被测电路上,次级线圈额定电压为 100 V,与量程为 100 V 的电压表相接。电压表指示值乘以电压互感器的变压比,为所测实际电压的数值。电压互感器在运行中要严防次级线圈发生短路,通常在次级线圈中设置熔断器作为保护。

(四) 万用表

万用表,又叫多用表、三用表、复用表,是一种多功能、多量程的测量仪表,是汽车电工进行维修测量时不可缺少的测量工具。万用表主要用来测量直流电压、直流电流、交流电压、交流电流、电阻、电容等。常用的万用表有指针式和数字式两种,如图 1-23 所示。

(a) 指针式　　　(b) 数字式

图 1-23　万用表的类型

指针式万用表的测量值由表头指针指示读取;数字式万用表的测量值由液晶显示屏直接以数字形式显示,读取方便。数字式万用表因具有高灵敏度和准确度,显示清晰、直观,功能齐全,性能稳定,目前已成为主流使用的万用表。本任务主要介绍数字式万用表。

1. 数字式万用表

数字式万用表是在电气测量中要用到的电子仪器,是一种具有多种量程的便携式仪表。普通的数字式万用表主要用来测量直流电流、交直流电压和电阻。高档数字万用表还能够测量交流电流、电感、电容、晶体管的 h_{FE} 值等。

2. 数字式万用表组成

数字式万用表具有特大屏幕、输入连接提示、全符号显示、全量程过载保护和独特的外观设计。数字式万用表的面板布局包括:LCD 显示屏、按键控制区、功能选择区和线路连接区,如图 1-24 所示。

(1) LCD 显示屏。

其显示位数为四位,最大显示数为 ±1999,若超过此数值,则显示 1 或 -1,如图 1-25 所示。

(2) 按键控制区。

按键区包含电源开关键(Power)、背景光源开关、数据保持键(HOLD)三部分。

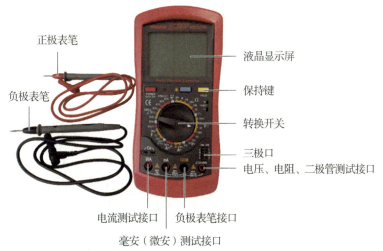

图1-24 数字式万用表组成

电源开关键:用于万用表开机和关机,当开启万用表时,需点击电源开关键等待万用表重启,方能正常使用。待使用结束后,可点击电源开关键关闭万用表,也可以等待3~5 min,万用表将会自动关闭。

背景光源开关:当外部环境较为昏暗时,液晶显示器无法满足目视需求,可以点击背景光源开关,开启背景光源,提升液晶显示器亮度。

数据保持键:用于锁定当前测量值,当需要保留实时测量值或者测量位置不便直接读数、测量连续变动量(如电机起动时电流)的当前值时,按下HOLD键,供判读记录。

(3)功能选择区。

见表1-2。

图1-25 数字式万用表LCD显示屏

表1-2 数字式万用表面板功能符号

符号	功能说明	符号	功能说明
V-	直流电压测量	℃	温度测量
V~	交流电压测量	Duty%	占空比测量
A-	直流电流测量	kHz	频率测量
A~	交流电流测量	12 V	电池测量
Ω	电阻测量	Cx	电容测量
(((·	电路通断测量	TTL	逻辑电平测量
▶|	二极管测量	DWELL	汽车点火闭合角测量
h_{FE}	晶体管测量	RPMx10	汽车发动机转速测量

(4) 线路连接区。

数字式万用表的线路连接区由四个表笔插孔组成,分别为"COM""V.Ω""mA""20 A"四个插孔,如图1-26所示。负极表笔始终置于"COM"插孔中,正极表笔则需要根据测量工作类型在剩余三个插孔中切换。

图1-26 数字式万用表表笔插孔

当需要检测电压值、电阻值、电路通断情况、二极管及晶体管时需要将正极表笔置于"V.Ω"孔中;当需要检测20 A以下电流时,需要将正极表笔置于"mA"孔中;当需要检测20 A以上电流时,需要将正极表笔置于"20 A"孔中。

需要注意的是,当测量工作类型改变时,未及时更换正极表笔插孔位置则可能造成万用表损坏。

3. 万用表的使用要点

(1) 测量前必须将量程旋钮调整至相应的量程挡位,并将正极表笔更换至相应的插孔中。若误用电流挡测试电压会烧毁万用表;若误用交流欧姆挡测试直流电则会产生无测试数据显示或测试数据波动等情况。

(2) 若使用万用表测量高电压时,必须使用专用绝缘表笔和引线。先将负极表笔固定接在电路低电位上,然后用红色表笔去接触被测高压电源。测试过程中,应严格执行高压操作的有关规程,操作者应戴绝缘手套或站在绝缘垫上,并且单手操作,以防触电。

(3) 在测量中严禁带电拨动量程旋钮来选择量程,以防电弧烧坏触点。

(4) 在测量电压或电流值时,如果不知道被测数值范围,应先用万用表中最高一档试测。若读数很小,再逐渐换用低档,直到数值显示正常为止;在测量电阻值时,如果不知道被测数值范围,则应先用万用表中最低一档测试,若数值较大,再逐渐换用高档,直到数值显示正常为止。

(5) 测量高电压或大电流时,应使接点接触紧密,以免因接触不良而引起打火,或者因接点脱落发生短路而造成意外事故。

(五) 示波器

汽车示波器是用波形显示的方式表现电路参数的动态变化过程的专业仪器,它能够对电路上的电参数进行连续式图形显示,是分析复杂电路上电信号波形变化的专业仪器。

汽车示波器通常有两个或两个以上的测试通道,它可以同时对多路电信号进行同步显示,具有高速、动态和方便分析各信号间相互关系的优点。

我们常用的示波器主要有台式示波器、便携式示波器、手持式示波器和平板式示波器,汽车应用较多的为手持式示波器。

1. 汽车示波器结构

汽车专用示波器主要由示波器主体、示波器探头(表笔)、示波器端口、示波器充电器等组成,如图1-27所示是一种汽车专用示波器。

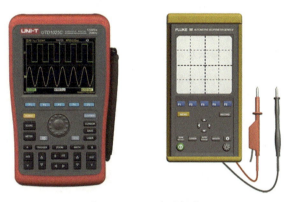

图1-27 示波器组成

示波器主体主要由显示屏和按键区域组成,它们可以在检测波形时进行操作控制,并显示相应被测波形。显示屏用来显示被测部位的电压波形,按键区域可以进行示波器的检测操作,如波形控制按钮可以调整波形的水平或垂直方向的位置及显示亮度,并控制波形的同步;示波器探头主要用于连接测试端子,有些也能调节波形放大倍数;示波器端口主要有显示波形的输入连接器和充电器的连接口,用于实现显现波形的输入连接和充电连接;充电器主要可通过外接电源给示波器充电或者供电。以♯JHJDS2022A示波器为例介绍按钮名称以及对应功用,如图1-28和表1-3所示。

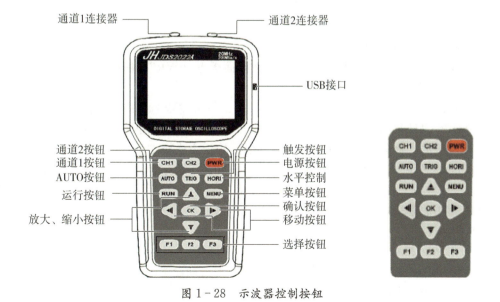

图1-28 示波器控制按钮

表1-3　JHJDS2022A示波器控制按钮名称及功用

序号	控制按钮名称	控制按钮功用
1	CH1、CH2	显示通道1、通道2设置菜单
2	PWR(开关)	示波器开/关机键
3	AUTO(自动)	自动设置示波器控制状态,按下此键可实现50 Hz～40 MHz的一键触发功能,通道1及通道2都可使用
4	TRIG(触发)	显示触发控制菜单
5	HOR(时基)	显示水平控制菜单
6	RUN(运行/停止)	连续采集波形或停止采集。注意:在停止状态下,对于波形垂直挡位和水平时基可以在一定范围内调整,相当于对信号进行水平或垂直方向上的扩展
7	MENU(菜单)	功能菜单界面,第一次按下为波形存储界面,二次按下为显示设置界面,三次按下为系统设置界面
8	▼▲	示波器中用于放大、缩小波形或移动显示光标;在万用表功能中用作调节量程
9	◀▶	示波器中可用于移动波形或移动显示光标;在万用表功能中用作选择测试类型
10	OK	此键按下即保存当前显示的指定波形
11	F1、F2、F3	分别对应选中设置中第1、2、3选项菜单;在示波表万用表功能中作快捷键

2. 示波器使用方法

汽车示波器能够简便地检测各种传感器和执行器的波形,以♯JHJDS2022A为例介绍示波器的使用。

(1) 功能检查。

执行一次快速功能检查,来验证示波器是否正常工作。请按如下步骤进行:

① 确认示波器已安装上电池后,长按示波器面板上"PWR"按钮(或"开/关"按钮),待显示界面出现"金涵电子"四个字时即可松手。

② 将示波器探头上的开关设定到1X并将探头与示波器的通道1连接。将探头连接器上的插槽对准CH1同轴电缆插接件上的凸键,按下去即可连接,然后向右旋转以拧紧探头。

③ 把探头的探针和接地夹连接到信号发生器的相应连接端上(建议输入1 kHz,约3峰峰值的方波)。按下"AUTO"按钮。几秒钟内可看到波形显示。以同样的方法检查CH2,按"CH1"(或"示波器")按钮找到设置通道1的显示开关菜单,然后再按"F1"按钮以关闭CH1,重复步骤2和步骤3。

(2) 自动设置。

♯JHJDS22022A示波器具有自动设置功能。根据输入的信号,可自动调整电压挡位、时基以及触发方式至最好形态显示,其"AUTO"按钮为自动设置的功能按钮。

① 如果多个通道有信号,则具有最低频率信号的通道作为触发源。

② 如果未发现信号，则将通道 1 接入一信号，按下"AUTO"按钮。

（3）默认设置。

示波器在出厂前被设置为用于常规操作，即默认设置。在示波器/示波表"MENU"（或"菜单"）下探头有"出厂模式恢复"操作，按下"F3"选择"出厂模式恢复"后，仪器即保存关机并恢复出厂时的设置，重启仪器后即可使用。

3. 示波器使用操作

（1）信号频率/时基选择。

信号/频率表的用途是帮助根据检测的信号频率来选择时基或判断显示波形的频率。

信号/频率表的使用方法是通过计算屏幕显示波形的循环次数而用汽车示波器判定信号频率，表 1-4 内左侧第一列为确定的频率数，其他列为当前时基数。

表 1-4 时基频率转换表

信号频率/Hz	示波器显示的波形循环次数				
	1	2	3	4	5
10	10 ms	10 ms	50 ms	50 ms	50 ms
20	5 ms	10 ms	20 ms	20 ms	50 ms
30	5 ms	5 ms	10 ms	20 ms	20 ms
40	5 ms	5 ms	10 ms	10 ms	20 ms
50	2 ms	5 ms	10 ms	10 ms	10 ms
60	2 ms	5 ms	5 ms	10 ms	10 ms
70	2 ms	5 ms	5 ms	5 ms	10 ms
80	2 ms	5 ms	5 ms	5 ms	10 ms
90	2 ms	5 ms	5 ms	5 ms	10 ms
100	1 ms	2 ms	5 ms	5 ms	5 ms
200	500 μs	1 ms	2 ms	2 ms	5 ms
300	500 μs	1 ms	1 ms	2 ms	2 ms
400	500 μs	500 μs	1 ms	1 ms	2 ms
500	200 μs	500 μs	1 ms	1 ms	1 ms
600	200 μs	500 μs	500 μs	1 ms	1 ms
700	200 μs	500 μs	500 μs	1 ms	1 ms
800	200 μs	500 μs	500 μs	500 μs	1 ms
900	200 μs	500 μs	500 μs	500 μs	1 ms
1 000	100 μs	200 μs	500 μs	500 μs	500 μs
2 000	50 μs	100 μs	200 μs	200 μs	500 μs

（续表）

信号频率/Hz	示波器显示的波形循环次数				
	1	2	3	4	5
3 000	50 μs	100 μs	200 μs	200 μs	200 μs
4 000	50 μs	50 μs	200 μs	100 μs	200 μs
5 000	20 μs	50 μs	100 μs	100 μs	100 μs

(2) 示波器设置要领。

使用示波器测试位置信号时，设置示波器是一件相当复杂的事情，本部分说明用汽车专用示波器去捕捉波形时，设置示波器的基本方法，它可以帮助读者理解并掌握示波器设置的要领。

根据信号频率确定时基设置，如表1-4所示。

① 设置项目。为了显示一个波形，必须对以下示波器项目进行如下设定：

a. 电压比例。

b. 时基。

c. 触发电平。

d. 耦合方式(DC直流、AC交流或GND接地)。

a) 直流(DC)耦合方式。

b) 交流(AC)耦合方式：此方式能过滤信号中的直流部分，只显示交流分量，常用于两线变磁阴磁电是传感器信号的波形观察，以及信号中噪声和发电机漪涟电压或其他较少的例子中的观察。

c) 接地(GND)方式：此方式用于判定接地位置或0 V电压水平或显示示波器0 V电压参考点。

② 设置要领。

a. 当用自动设置(AUTO RANGE)功能不能看清楚显示的波形时，可以用手动设置的(MANUAL)来进一步微调，使其显示恰当的比例。

b. 如果显示屏上仍不能看到清晰的波形，可以根据推断，假设电压比例和触发电平，暂不设定时基。

c. 用数字式万用表测量信号电压，并根据测出来的电压设置电压挡比例。

d. 将触发电平设定在信号电压的一半以上，在设定电压比例和触发电平后，唯一未设定的即时基了。

e. 这时手动设定时基，大多数信号应在1 ms到1 s之间。

f. 时基/频率表可以用来帮助选择时基。可以先用汽车示波器上的游动光标测量信号频率，然后确定所希望的显示波形的循环次数，再从表中找到信号频率与循环次数的交点，这就是要确定的时基数。

③ 异常处理。当无法显示波形时，一般用以下方式处理：

a. 查看触发模式是否在自动(AUTO)模式下，如果在自动模式下汽车示波器有可能不触发。

b. 查看汽车示波器的屏幕显示是否处在冻结(HOLD)状态，若屏幕已被冻结，就按下解除键。

c. 查看信号是否真的存在。可以用万用表先检查电压,如果确认信号是存在的,用汽车示波器和万用表不能够捕捉到,就检查测试线和接柱的连接情况。

d. 查看耦合方式是否处在接地(GND)模式,若在"接地"模式,任何信号都无法进入。

e. 查看触发源是否定义在所选通道上。

④ 示波器用语。

触发电平:示波器显示时的起始电压值。

触发源:示波器的触发通道[通道1(CH1)、通道1(CH2)和外触发通道(EXT)]。

触发沿:示波器显示时的波形上升或下降沿。

电压比例:每格垂直高度代表的电压值。

时基:每格水平长度代表的时间值。

直流耦合:测量交流和直流信号。

交流耦合:只允许信号的交流成分通过,滤掉了直流成分(电容用来过滤直流电压)。

接地耦合:确认示波器显示的0 V电压位置。

自动触发:如果没有手动设定,示波器就自动触发并显示信号波形。

4. 示波器使用注意事项

(1) 测试点火高压线时,必须使用专用的电容探头,不能将示波器探头直接接入点火次级电路。

(2) 使用汽车示波器时,注意远离热源,如排气管、催化器等,温度过高会损坏仪器。

(3) 汽车示波器在测试时使测试线尽量远离风扇叶片、传动带等传动部件。

(4) 测试时,先确认发动机室盖的液压支撑良好,防止发动机室盖自动下降时伤及头部或损坏汽车示波器。

(5) 路试中,不要将汽车示波器放在仪表台上方,最好是拿在手中测试。

(6) 保持汽车示波器经常处于充电良好状态。使用前准备好测试线,使用专用探针,在测试时可以不用剥线。确保测试线连接可靠,没有虚接现象。

实训1 电烙铁的使用

◆ 实训准备

1. 安全操作规范

(1) 使用前,确保焊接人员戴防静电手腕带,以免对操作人员造成伤害。

(2) 新买的烙铁在使用之前必须先给烙铁头镀上层锡,通电加热升温,并将烙铁头沾上一点松香,待松香冒烟时再上锡,使在烙铁头表面先镀上一层锡。

（3）使用过程中不要任意敲击电烙铁头，以免损坏内热式电烙铁连接杆钢管，也不能用钳子夹电烙铁连接钢管，以免损坏。

（4）切勿弄湿电焊台或手湿时使用电焊台，切勿擅自改动、拆卸电焊台。

（5）焊接时会有烟雾，此烟雾对人体是有害的，车间应保持良好的通风，同时焊接操作时应戴手套，操作后洗手，避免食入。

（6）电烙铁通电后温度高达250℃以上，不用时应放在烙铁架上，但较长时间不用时应切断电源，防止高温"烧死"烙铁头（被氧化）。

（7）电烙铁绝缘电阻应大于10 MΩ，电源线绝缘层不得有破损。

2. 实操工具准备

（1）设备准备：电烙铁、电烙铁架、热风枪、电路板、两引线电阻元件、贴片二极管，如图1-29所示。

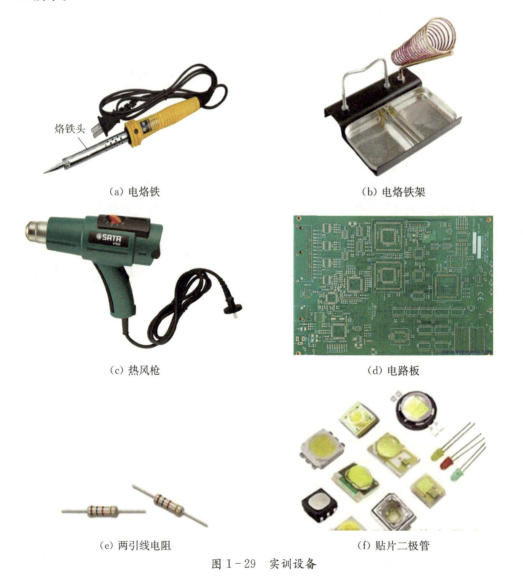

(a) 电烙铁　　　　　　　　　(b) 电烙铁架

(c) 热风枪　　　　　　　　　(d) 电路板

(e) 两引线电阻　　　　　　　(f) 贴片二极管

图1-29　实训设备

(2) 工具准备(图1-30)。
① 常用工具:尖嘴钳、斜口钳、镊子、小刀。
② 测量工具:万用表。
③ 专用工具:吸锡器。
④ 耗材:焊锡、松香、焊锡膏。

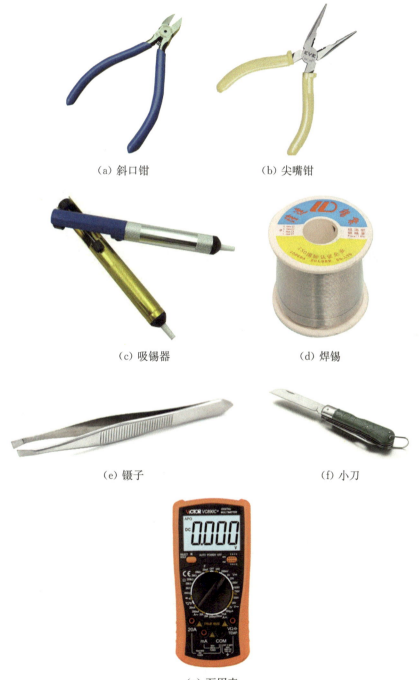

(a) 斜口钳　　　　(b) 尖嘴钳

(c) 吸锡器　　　　(d) 焊锡

(e) 镊子　　　　(f) 小刀

(g) 万用表

图1-30　实训工具

(3) 个人防护：工作服、手套、静电手腕、工作鞋。

◆ 实训步骤

1. 前期准备

(1) 准备锡焊、焊接元件、电烙铁、烙铁架等相关设备和材料。
(2) 准备万用表，并确认万用表使用正常。
(3) 保证焊接人员戴防静电手腕带。
(4) 检查电烙铁的电源插头、电源线有无损坏，并检查烙铁头是否松动，确认电烙铁能正常使用。
(5) 使用万用表测电烙铁头部和电源插头接地端，接地电阻值应小于 2Ω，确保恒温烙铁良好接地。
(6) 观看电烙铁头是否氧化或有脏物，如有可在湿海绵上擦去脏物。
(7) 根据作业指导或《焊接材质温度表》，检查电烙铁温度是否符合所焊接元件的要求。

2. 两个引线的元器件的焊接

(1) 加工元器件两引线。

根据元器件在印制电路板上的排列、安装方式和焊盘空的距离，将加工元器件引线加工成型。加工时，注意不要将引线齐根弯折，一般应留 1.5 mm 以上，如图 1-31 所示。弯曲不要成死角，圆弧半径应大于引线直径的 1～2 倍，并用工具保护好引线的根部，以免损坏元器件。

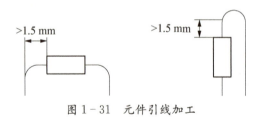

图 1-31 元件引线加工

> **注意事项**
>
> ① 元器件在印制电路板上的排列和安装有两种方式，一种是立式，另一种是卧式。
> ② 加工引线时，各元器件的符号标志向上（卧式）或向外（立式），以便于检查。
> ③ 弯曲元器件的引脚可以借助尖嘴钳、镊子或圆棒进行。

(2) 插装元器件。

要根据元器件分布特点和要求，选择合适的插装方式插装元器件。

拆装元器件有两种方法,分别为卧式插装和立式插装。

① 各元器件的符号标志向上(卧式)或向外(立式),以便于检查。卧式插装是将元器件紧贴印制电路板插装,元器件与印制电路板的间距应大于1mm,卧式插装法元件的稳定性好、比较牢固、受振动时不易脱落。

② 弯曲元器件的引脚可以借助尖嘴钳、镊子或圆棒进行。立式插装的特点是密度较大、占用印制电路板的面积少、拆卸方便。电容、晶体管、DIP系列集成电路多采用这种方法。

(3) 准备焊接元器件。
① 烙铁头和焊锡靠近被焊元器件并认准位置。
② 保持元器件处于随时可以焊接的状态。
③ 保持烙铁头干净可沾上焊锡。
(4) 加热焊接元器件。
① 根据电烙铁的功率和焊接元器件特点,采用合适握法将电烙铁拿在手中。
② 将烙铁头放在工件上进行加热。

① 焊接时,电烙铁一般应距鼻子30~40cm,防止操作时吸入有害气体。
② 焊接时,电烙铁的拿法有三种,分别为正握法、反握法和握笔法。
　a. 反握法动作稳定,长时间操作不宜疲劳,适合于大功率电烙铁的操作。
　b. 正握法适合于中等功率电烙铁或带弯头电烙铁的操作。
　c. 握笔法一般适用于在工作台上焊接印制电路板等焊件时。

(5) 熔化焊锡。
① 根据焊接元件的情况,选用合适的方法拿住焊锡。
② 缓慢将焊锡放在工件上,熔化适量的焊锡。在送焊锡过程中,先将焊锡接触烙铁头,然后移动焊锡至与烙铁头相对的位置,这样做有利于焊锡的熔化和热量的传导。

① 焊锡时一定要润湿被焊工件表面和整个焊盘。
② 焊接时,一般左手拿焊锡,右手拿电烙铁。焊锡一般有两种拿法,对应连续焊接和断续焊接时的状况。

(6) 移开焊锡。
① 待焊锡充满焊盘后迅速拿开焊锡。
② 待焊锡用量达到要求后,应立即将焊锡沿着元器件引线的方向向上提起焊锡。

（7）移开电烙铁。

焊锡的扩展范围达到要求后，拿开电烙铁。

注意撤电烙铁的速度要快，撤离方向要沿着元器件引线的方向向上提起。

（8）检查焊接质量。

① 目视检查焊接质量。用 3～10 倍放大镜，从外观上检查焊接质量，查看其是否合格，目视检查的主要内容有：

    a. 是否有错焊、漏焊、虚焊。

    b. 连焊、焊点是否有拉尖现象。

    c. 焊盘是否脱落、焊点是否有裂纹。

    d. 焊点外形润湿应良好，焊点表面是不是光亮、圆润。

    e. 焊点周围是否有残留的焊剂。

    f. 焊接部位有无热损伤和机械损伤现象。

② 手触检查焊接质量。在外观检查中发现有可疑现象时，采用手触检查。检查内容主要是：

    a. 用手指触摸元器件有无松动、焊接不牢的现象。

    b. 用镊子轻轻拨动焊接部位或夹住元器件引线，轻轻拉动观察有无松动现象。

3. 贴片元件的焊接（芯片焊接）

（1）焊前准备。

① 清洗焊盘。

② 在焊盘上涂上助焊剂。

（2）对角线定位。

① 定位好芯片。

② 点少量焊锡到尖头电烙铁上。

③ 焊接两个对角位置上的引脚，使芯片固定而不能移动。

（3）平口电烙铁拉焊。

使用平口电烙铁，顺着一个方向烫芯片的管脚。

① 注意力度均匀，速度适中，避免弄歪芯片的脚。

② 先拉焊没有定位的两边，避免芯片错位。

③ 可以涂抹助焊剂在芯片的管脚上，方便焊接。

（4）检查焊接质量。

检查是否有未焊好的或者有短路的地方，适当修补。

① 焊点要有足够的机械强度，保证被焊件在受振动或冲击时不致脱落、松动，不能用过多焊料堆积，这样容易造成虚焊、焊点与焊点的短路。

② 焊接可靠，具有良好导电性，必须防止虚焊。虚焊是指焊料与被焊件表面没有形成合金结构，只是简单地依附在被焊金属表面上。

③ 焊点表面要光滑、清洁，焊点表面应有良好光泽，不应有毛刺、空隙，无污垢，尤其是无助焊剂的有害残留物质，要选择合适的焊料与助焊剂。

（5）用酒精清洗电路板。

用棉签蘸取少量酒精擦拭电路板，将助焊剂擦拭干净。

（6）焊接检查确认。

手工焊完后，要检查并确认所焊元器件有无错误和焊接质量缺陷，确认无误后将已焊接的线路板或部件进行整理，并合理放置。

4. 整理归位

（1）将未用完的材料或元器件分类放回原位。
（2）将桌面上残余的锡渣或杂物扫入指定的周转盒中。
（3）将工具归位放好；保持台面整洁。
（4）关掉电源，按照电烙铁使用要求放好电烙铁，并做好防氧化保护工作。

工作人员应先洗净手后才能喝水或吃饭，以防锡残留对人体的危害。

实训2　冲击钻的使用

◆ 实训准备

1. 安全操作规范

（1）长期搁置不用的冲击钻，使用前必须用 500 V 兆欧表测定对地绝缘电阻。
（2）使用金属外壳冲击钻时，必须戴绝缘手套、穿绝缘鞋或站在绝缘板上，以确保操作人员的人身安全。
（3）冲击钻因故突然堵转时，应立即切断电源。
（4）在钻孔过程中，应经常把钻头从钻孔中抽出，以便排除钻屑。
（5）严禁把冲击钻电线拖置油水中，防止油水腐蚀电线。
（6）更换钻头时，应用专用扳手及钻头锁钥匙，严禁使用非专用工具敲打冲击钻。施工中途更换新钻头，沿原孔洞进行钻孔时，不要突然用力，防止折断钻头发生意外。

(7) 操作前应穿好合适的工作服，不可穿过于宽松的工作服，更不要戴首饰或留长发，严禁戴手套及袖口不扣操作电动工具。

2. 实操工具准备

(1) 设备准备：冲击钻、钻头，如图 1-32 所示。

(a) 冲击钻　　(b) 钻头

图 1-32　实训设备

(2) 工具准备（图 1-33）。
① 常用工具：十字螺钉旋具。
② 专用工具：钻头锁钥匙。

(a) 螺钉旋具　　(b) 钻头锁钥匙

图 1-33　实训工具

(3) 个人防护：工作服、工作鞋、绝缘手套。

◆ 实训步骤

1. 前期准备

(1) 查看电源是否与电动工具上的常规额定 220 V 电压相符，以免错接。
(2) 检查冲击钻的电源插座是否配备漏电开关装置，电源线是否有破损漏电现象。
(3) 检查并确认冲击钻绝缘完好，开关灵敏可靠，机体无螺钉松动现象。
(4) 检查并确认冲击钻辅助手柄及深度尺调节是否正常。
(5) 准备不同型号的合金钢冲击钻头或打孔通用钻头。

严禁使用劣质钻头,否则会对冲击钻和操作者造成损伤。

(6) 确认冲击钻相关连接导线良好。
(7) 确认佩戴护目镜。

2. 冲击钻钻孔

(1) 用铅笔或粉笔在墙上标出孔的位置,用中心冲子冲击孔的圆心。
(2) 根据钻孔大小,选择笔直、锋利、无损、与孔径相同的冲击钻头。
(3) 打开钻夹头,将钻头插到底,用钻头锁钥匙将钻夹头拧紧。
(4) 根据孔径的大小,选择适当的钻速,并接通冲击钻的冲击附件。

孔径大时用低速,孔径小时用高速。当钻坚硬的墙和石头时,要接通冲击钻的冲击附件。

(5) 双手用力把握冲击钻,将钻尖抵在中心冲子冲击的凹坑内,使钻头与墙面成 90°角。
(6) 启动冲击钻,进行钻孔,注意朝着钻孔方向均匀用力。

① 接通电源后应使冲击钻空转 1 min,以检查传动部分和冲击部分转动是否灵活。
② 在钻孔过程中要不时移出钻头以清除钻屑。
③ 作业现场不得有易燃、易爆物品。
④ 如用力压冲击钻时,必须使冲击钻垂直,而且固定端要牢固可靠。
⑤ 钻孔时应使钻头缓慢接触工件,不得用力过猛,防止钻头折断,烧坏电动机。

(7) 测量钻孔的深度。可用较细的硬棒伸到孔底,在棒上做一记号,然后取出硬棒测量孔深。

3. 整理归位

(1) 检查并确认冲击钻各部件是否正常,如机体螺钉是否完整,传动部分轴承、齿轮以及冷却风叶是否完好。
(2) 清洁冲击钻,并润滑冲击钻的转动部件。
(3) 检查并确认钻头是否正常,若正常,请润滑后妥善保管。
(4) 整理冲击钻等相关设备,清洁场地并将实训设备归位。

实训 3　万用表的使用

◆ 实训准备

1. 安全操作规范

（1）使用前，应检查万用表是否正常，并按照使用规范校准万用表。

（2）万用表使用时，应根据被测元件选择合适的量程，否则容易造成电路元器件或测量工具的损坏。

（3）使用后，应关闭电源，防止长期放置耗电。

（4）若长期不用，应将万用表内电池取出，以防电池电解液渗漏而腐蚀内部电路。

2. 实操工具准备

（1）设备准备：简单的灯泡工作电路、12 V 蓄电池，如图 1-34 所示。

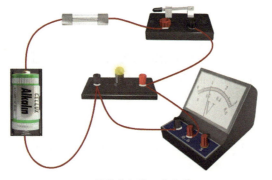 

（a）简单的灯泡工作电路　　　　（b）12 V 蓄电池

图 1-34　实训设备

（2）工具准备。

测量工具：数字式万用表，如图 1-35 所示。

（3）个人防护：工作服、工作鞋。

图 1-35　数字式万用表

◆ **实训步骤**

1. 前期准备

（1）检查并确认灯泡工作电路的线路连接正常。
（2）检查并确认 12 V 直流电源蓄电池电量充足。
（3）检查并确认万用表外观有无破损、万用表连接导线是否良好，显示屏是否正常。
（4）万用表校表。
① 将万用表的黑色表笔末端插入"COM"插孔。
② 红色表笔末端插入"VΩ"插孔，并确认插接牢靠。
③ 打开万用表，将功能开关调至"Ω"挡，量程调至"20 Ω"位置。
④ 短接万用表的红表笔和黑表笔，读取其数值，标准电阻应该小于 0.5 Ω。

注意事项

① 若万用表校表时，所测电阻值远大于标准值，说明其误差较大，不能使用，需要及时维修。
② 当万用表显示屏上出现类似"电池"的图形符号，表示电池电量不足，需要及时更换电池。

2. 测量电阻

（1）检查万用表功能开关挡位。
检查确认万用表功能开关位于"Ω"挡。
（2）检测元件电阻。
① 根据被测元件的电阻范围，将万用表调至"Ω"挡的合适量程。
② 连接万用表的红黑表笔至被测元件端。
③ 读取万用表的数值。

注意事项

① 当检测电阻时，需确认被测元件或电路位于断路状态，否则易损坏万用表。
② 若被测元件或电路的电阻超过所用量程，万用表上会显示"1"，需调节功能开关换用量程。
③ 若被测电阻的阻值在 1 MΩ 以上时，万用表需数秒后方能稳定读数，对于高电阻测量这是正常的。
④ 当使用 200 MΩ 量程进行测量时，需注意，在此量程，两表笔短接校表时读数为 1.0，这是正常现象，此读数为一个固定的偏移值。若被测电阻的阻值为 100 MΩ，读数为 101.0 MΩ，正确的电阻值应减去 1.0 MΩ 这个偏移值，即：101.0－1.0＝100.0 MΩ。
⑤ 测量高阻值时，尽可能将电阻直接插入 VΩ 和 COM 插孔中，长连接线在高电阻测量时容易感应干扰信号，使读数不稳定。

3. 测量直流电压

（1）调节万用表功能开关挡位。

将万用表功能开关调至"DCV"挡。

（2）检测元件电压。

① 根据被测电源或元件的电压范围，将万用表调至"DCV"档的合适量程。

② 将万用表的红表笔连接至被测电源的正极（"＋"端），黑表笔连接至被测电源的负极（"－"端）。

③ 读取万用表的数值。

> **注意事项**
>
> ① 当检测电压时，需确认被测元件状态，电源可以为断路状态，但是用电器必须为通路状态。
>
> ② 测量电压时，万用表应跨接（并联）到需要检测的两个端子上，并确保不要反接表笔。
>
> ③ 若不知道被测元件的电压范围，应将功能开关置于最大量程上并逐步降低量程进行检测（不能在测量过程中改变量程）。
>
> ④ 万用表的交流电压挡不适用测量较高频率的信号。

4. 测量直流电流

（1）重新连接万用表表笔。

① 黑色表笔末端插入"COM"插孔。

② 红色表笔末端插入"A"插孔，并确认插接牢靠。

（2）调节万用表功能开关挡位。

将万用表功能开关调至"DCA"挡。

（3）检测电路电流。

① 根据所测电路的电流范围，将万用表调至直流电流即"DCA"挡的正确量程。

② 断开电路开关，将万用表串联在被测电路中。红表笔连接靠近电源端，黑表笔连接靠近接地端。

③ 打开开关，电流由红表笔流入，黑表笔流出。

④ 读取万用表的数值。

> **注意事项**
>
> ① 当检测电流时，需确认电路为通路状态。
>
> ② 测量电路电流时，万用表必须串联在电路中。
>
> ③ 若不知道被测元件的电流范围，应将功能开关置于最大量程上并逐步降低量程进行检测（不能在测量过程中改变量程）。
>
> ④ 测量直流电流时，应注意万用表的连接极性，反接表笔，既看不出读数，也易损坏仪表。

5. 整理归位

(1) 检测操作完成,整理工具。
(2) 实训设备归位。

实训 4　手持式示波器的使用

◆ **实训准备**

1. 安全操作规范

(1) 使用手持式汽车示波器时,注意远离热源,例如排气管、催化器等,温度过高会损坏仪器。
(2) 汽车示波器在测试时,要注意测试线尽量离开风扇叶片、传动带等转动部件。
(3) 测试时确认发动机盖的支撑是好的,防止发动机盖自动下降时伤及头部或损坏汽车示波器。
(4) 路试中,不要将汽车示波器放在仪表台上方,最好是拿在手中测试。
(5) 测试点火高压线时,必须使用专用的电容探头,不能将示波器探头直接接入点火次级电路。
(6) 测试前,确保测试线连接可靠,没有虚接现象。

2. 实操工具准备

(1) 设备准备:手持式示波器、信号发生器、汽车,如图 1-36 所示。

(a) 手持式示波器　　　　　　(b) 别克威朗汽车

图 1-36　实训设备

(2) 个人防护:工作服、工作鞋、车内外三件套。

◆ **实训步骤**

1. 前期准备

(1) 取出示波器,检查并确认示波器本体、探头、充电器、备用电池等齐全正常。

(2) 确认示波器本体上端口与探头、充电器等能正常连接。

(3) 连接探头与示波器本体端口的"通道1"。

① 将探头连接器上的插槽对准示波器本体"通道1"的同轴电缆插接件上的凸键。

② 按下进行连接。

③ 向右旋转拧紧探头。

④ 将探针的小鳄鱼夹接蓄电池负极或搭铁。

(4) 连接探头与示波器本体端口的"通道2"。

① 将探头连接器上的插槽对准示波器本体"通道2"的同轴电缆插接件上的凸键。

② 按下进行连接。

③ 向右旋转以拧紧探头。

④ 将探针的小鳄鱼夹接蓄电池负极或搭铁。

2. 检查示波器功能

(1) 确认示波器已安装上电池后,长按示波器面板上"PWR"按键,检查手持式示波器显示屏是否正常。

> **注意事项**
>
> 如果按下"PWR"键示波器仍然黑屏,没有任何显示,请按下列步骤处理:
> ① 打开仪器电池后盖,检查供电电池是否有电或漏液、胀气等。
> ② 检查完毕后,重新启动仪器。

(2) 按下示波器本体功能按键区的"CH1"按键,找到设置"通道1"的显示开关菜单,将示波器探头上的开关设定到1X。

(3) 确认示波器探头与示波器"通道1"连接;并确认鳄鱼夹牢固连接至蓄电池负极或搭铁点。

(4) 把探头的探针连接到信号发生器的相应连接端上(建议输入1kHz,约3峰峰值的方波)。

(5) 按下"AUTO"按钮,几秒内可看到波形显示。

(6) 以同样的方法检查CH2。

3. 检测波形(以汽车传感器为例)

(1) 连接设备。

① 确认示波器探头与示波器"通道1"连接。

② 确认探头的鳄鱼夹牢固连接至蓄电池负极或搭铁点。

③ 连接示波器探头的探针至传感器的"信号线"。

④ 确认信号能正常输送至示波器的"通道1"。

(2) 关闭汽车所有附属设备,起动发动机,使其怠速运转,为信号检测做好准备。

(3) 按下示波器"PWR"按键,打开示波器。

(4) 进入主菜单,选择示波器功能。

(5) 按下"CH1"键,显示通道1的信号波形。

(6) 采集波形。
① 按下示波器功能区"RUN"键,可以采集波形。
② 再次按下"RUN"键,可以停止采集波形。

注意事项

① 若多个通道有信号,则具有最低频率信号的通道作为触发源。
② 若采集信号后,屏幕画面未出现信号的波形,请按下列步骤处理:
a. 检查探头是否正常接在信号连接线上。
b. 检查探头是否与待测物正常连接。
c. 检查待测物是否有信号产生。
d. 再重新采集信号一次。

4. 调整波形

(1) 调整波形垂直大小和位置。
① 按示波器功能区下"CH1"键,调节示波器功能键区"▼"或"▲",可以放大或缩小波形。
② 按示波器功能区下"CH1"键,调节示波器功能键区"◀"或"▶",可以上下移动整个波形。

注意事项

测量的电压幅度值比实际值大 10 倍或小 10 倍,应检查通道衰减系数是否与实际使用的探头衰减比例相符,并进行调整。

(2) 调整波形水平大小和位置。
① 调节水平刻度。
a. 按示波器功能区下"HOR1"键。
b. 调节示波器功能键区"▼"或"▲",可以上下改变水平间的刻度,从而调整波形。
② 调节波形水平位置。
a. 按示波器功能区下"HOR1"键。
b. 调节示波器功能键区"◀"或"▶",可以左右改变水平位置,从而调整波形。

注意事项

若检测的波形显示呈阶梯状,这种现象是正常的。可能波形的水平时基挡位过低,增大水平时基可以提高水平分辨率,可以改善显示。

5. 触发设置

（1）设置信号源。

① 按示波器功能区的"TRIG"键。

② 根据信号输入，按下"F2"键选择"CH1"和"CH2"。

> **注意事项**
>
> 若有波形显示，但不能稳定下来，可以检查触发菜单中的触发源设置是否与实际信号所输入的通道一致。

（2）设置触发电平。

① 按下示波器功能区的"CH1"键。

② 按示波器功能键区的"◀"或"▶"键，调节"通道1"标志。

③ 按示波器功能区的"TRIG"键。

④ 再按示波器功能键区的"▽""△"或"◀""▶"键，调节触发标志箭头、根据触发标志相对"通道1"标志位置和当前垂直方向每格代表的电压来设置触发电平大小。

⑤ 设置斜率。

a. 按下示波器功能区的"F1"键。

b. 再选择示波器功能键区的"▽"或"△"，可以设置波形至正常斜率。

⑥ 设置触发方式。

a. 按示波器功能区的"F3"键。

b. 选择合适的触发方式。

> **注意事项**
>
> ① 自动：波形在不管是否满足触发条件下都刷新。
>
> ② 正常：波形在满足条件时才刷新，不满足触发条件时不刷新，等待下一次触发事件的发生。
>
> ③ 单次：在满足触发条件时采集一次波形，然后停止。

6. 整理归位

（1）检测操作完成，整理工具。

（2）实训设备归位。

在新能源汽车电气系统的检测和维修过程中，电工电子常用工具和仪器发挥着重要的

作用,本任务主要介绍了电工电子常用工具和仪器仪表的功用、类型、使用方面的内容。

电工电子常用工具主要有螺钉旋具、电工刀、钳类工具、电烙铁、冲击钻、扳手、热风枪等。螺钉旋具是一种以旋转方式将螺钉就位或取出的工具,它可以旋出或旋入螺钉。常用的螺钉旋具主要有一字螺钉旋具和十字螺钉旋具两种。一般,一字螺钉旋具可以应用于十字螺钉,但其没有十字螺钉旋具的抗变形能力强。电工刀是电工常用的一种切削工具,适用于装配维修工作中割削导线绝缘外皮,以及割削木桩和割削绳索等操作。在电工电路中用的钳类工具有斜口钳、剥线钳、尖嘴钳、压线钳、钢丝钳;斜口钳专供剪断较粗的金属丝、线材及电线电缆等;剥线钳为专供电工剥除电线头部的表面绝缘层用;尖嘴钳适用于狭小的工作空间或带电操作,也可用于电气仪表制作或维修、剪断细小的金属丝等;压线钳是用来压制水晶头的一种工具;钢丝钳是一种夹钳和剪切工具,电工电子器件维修时,钢丝钳主要用于剪切、绞弯、夹持金属导线,也可用作紧固螺母、切断钢丝。电烙铁是电子制作和电器维修中手工焊接的基本工具,主要用途是焊接元件及导线。冲击钻是一种头部有钻头、内部装有单相整流子电动机、靠旋转来钻孔的手持电动工具,当开关在旋转带冲击,装上镶有硬质合金的钻头,便能在混凝土或砖墙等建筑构件上钻孔。扳手主要有活扳手和呆扳手两种。活扳手又称为活络扳手,是一种旋紧或拧松有角螺栓或螺母的工具;呆扳手分为双头呆扳手和单头呆扳手,其主要作用于机械检修、设备装置、家用装修、汽车修理等范畴。热风枪是一种适合于贴片元器件拆卸、焊接的工具。它利用发热电阻丝的枪芯吹出的热风来对元件进行焊接与摘取。

电工电子常用仪器仪表主要有试电笔、电流表、电压表、万用表、示波器等。试电笔笔体中有一氖泡,测试时如果氖泡发光,说明导线有电,或者为通路的火线;电流表串联在被测量的电路中,测量其电流值。按所测电流性质可分为直流电流表、交流电流表和交直两用电流表;电压表并联在被测电路中,用来测量被测电路的电压值。按所测电压的性质分为直流电压表、交流电压表和交直两用电压表;汽车示波器是用波形显示的方式表现电路参数的动态变化过程的专业仪器,它能够对电路上的电参数进行连续式图形显示,是分析复杂电路上电信号波形变化的专业仪器。汽车示波器通常有两个或两个以上的测试通道,它可以同时对多路电信号进行同步显示,具有高速、动态和方便分析各信号间相互关系的优点。我们常用的示波器主要有台式示波器、便携式示波器、手持式示波器和平板式示波器,汽车应用较多的为手持式示波器。

一、判断题

1. 螺钉旋具又称作螺丝批或螺丝起子,可以旋出或旋入螺钉。　　　　　　(　　)
2. 螺钉旋具只有一字螺钉旋具和十字螺钉旋具两种。　　　　　　　　　　(　　)
3. 电工刀的刀柄能在带电导线或器材上剖削。　　　　　　　　　　　　　(　　)
4. 可以用钳子代替扳手拧紧或拧松螺栓、螺母等带棱角的工件。　　　　　(　　)
5. 电烙铁是电子制作和电器维修中手工焊接的基本工具,主要用途是焊接元件及导线。

(　　)
6. 热风枪是一种适合于贴片元器件拆卸、焊接的工具。　　　　　　　　　(　　)

7. 试电笔内部可以没有安全电阻。( )
8. 汽车示波器能够简便地检测各种传感器和执行器的波形。( )

二、选择题

1. (　　)也叫老虎钳,是一种夹钳和剪切工具。【单选题】
   A. 钢丝钳　　　B. 剥线钳　　　C. 尖嘴钳　　　D. 压线钳
2. 下列是电压表的使用注意事项的是(　　)。【多选题】
   A. 电压表与被测电路并联
   B. 电压表与被测电路串联
   C. 电压表量程要大于被测电路的电压,以免损坏电压表
   D. 测量高电压时使用电压互感器
3. 下列工具属于电工电子部分常用的是(　　)。【多选题】
   A. 活扳手　　　B. 呆扳手　　　C. 棘轮扳手　　　D. 梅花扳手
4. 下列是电路维修过程中常用的钳类工具的是(　　)。【多选题】
   A. 斜口钳　　　B. 剥线钳　　　C. 尖嘴钳　　　D. 压线钳
5. 常规试电笔有(　　)两种。【多选题】
   A. 钢笔式　　　B. 螺丝刀式　　　C. 铅笔式　　　D. 毛笔式

三、简答题

1. 试电笔的使用注意事项有哪些?
2. 示波器的作用有哪些?如何使用示波器测波形?

任务 2　电力常用工具与仪器的认识与使用

🎯 任务目标

1. 了解电力工具和电力仪器仪表的种类及作用。
2. 掌握高压绝缘工具的使用方法。
3. 掌握电动工具的使用方法。
4. 掌握电力仪器、仪表的使用方法。

🔍 任务导入

某职业院校为提高新能源汽车技术专业学生的动手操作能力，安排学生去 4S 店轮岗实习。他们本次实习的任务是要学会电力常用工具和仪器的使用。假设你是他们实习的带教教师，请学习本任务内容，完成电力常用工具和仪器规范使用的带教任务。

📖 知识储备

近年来，以电力为驱动能源的纯电动汽车、混合动力汽车的使用越来越多。在维修方面，这些新能源汽车自然与传统汽车存在差别，涉及的检修、维护内容大多为电气部件。因此能够正确使用电力工具不仅能保证维修工作顺利实施，还能保障自身的人身安全。

一、电力工具

在维修工作中，除了电工电子常用工具外，高压绝缘工具和电动工具都是使用频率较高的工具。本任务主要介绍高压绝缘工具中的扳手及电动工具中的电动扳手、电动螺丝刀的使用方法及注意事项。

（一）高压绝缘工具

高压绝缘工具是指在常用金属工具的外表面采用具有绝缘强度的材料，以抵抗高压电气设备运行电压的安全工具。如图 1-37 所示，常用的高压绝缘工具通常分为扳手类、螺钉旋

图 1-37　高压绝缘工具套件

具、手锤、手钳类、绝缘剥线钳和绝缘电工脱皮刀。本任务着重讲解扳手类绝缘工具。

扳手类工具多用于拧紧或旋松螺栓、螺母等螺纹紧固件，它有以下几种类型。

1. 开口扳手

（1）作用。

开口扳手是最常见的一种扳手，又称呆扳手。它一端或两端制有固定尺寸的开口，如图1-38所示，用以拧转一定尺寸的螺母或螺栓。

（2）使用方法。

使用时，先将开口扳手套住螺栓或螺母六角的两个对向面，确保扳手与螺栓完全配合后再施力。施力时，一只手推住开口扳手与螺栓连接处，并确保扳手与螺栓完全配合，另一只手大拇指抵住扳头，另外四指握紧扳手柄往身边拉扳。当螺栓、螺母被扳转至极限位置时，将扳手取出并重复之前的过程，如图1-39所示。

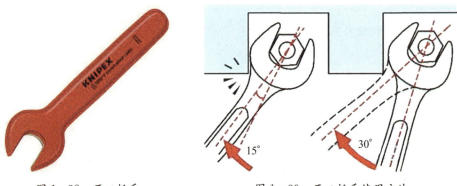

图1-38 开口扳手　　　　图1-39 开口扳手使用方法

（3）注意事项。

扳转时，禁止在开口扳手上加套管或锤击，以免损坏扳手或损伤螺栓螺母；禁止使用开口扳手拆卸大力矩螺栓；使用开口扳手时放置的位置不能太高或只夹住螺母头部的一小部分，避免在紧固或拆卸过程中造成打滑，从而损坏螺栓、螺母或扳手。

2. 梅花扳手

（1）作用。

梅花扳手是两端具有带六角孔或十二角孔的扳手，如图1-40所示。梅花扳手旋转螺栓部分和手柄部分上下错开。这种结构方便拆卸装配在凹陷空间的螺栓、螺母，并可以为手指提供操作间隙，以防止擦伤。它适用于工作空间狭小的场合，与开口扳手相比，梅花扳手强度高，使用时不易滑脱，但套上、取下不方便。

图1-40 梅花扳手

（2）使用方法。

使用梅花扳手时，左手需推住梅花扳手与螺栓的连接处，保持梅花扳手与螺栓完全配合,防止滑脱;右手握住梅花扳手另一端并加力,转动30°后更换位置。

(3) 注意事项。

梅花扳手严禁将加长的管子套在扳手上以延伸扳手长度、增加力矩;严禁使用带有裂纹和内孔已严重磨损的梅花扳手。

3. 套筒扳手

(1) 作用。

套筒扳手由多个带六角孔或十二角孔的套筒并配有手柄、接杆等多种附件组成,如图1-41所示。它适用于拧转空间十分狭小或凹陷深处的螺栓或螺母,是拆卸螺栓最方便、灵活且安全的工具。

(2) 使用方法。

使用套筒扳手时要选择合适的套筒,将套筒套在摇杆上,然后将套筒完全套在螺栓或者螺母上。左手握住摇杆端部并保持摇杆与所拆卸螺栓同轴;右手握住摇杆弯曲部迅速旋转拧出螺栓。

图1-41 套筒扳手

(3) 注意事项。

在使用套筒扳手拆卸或紧固螺栓时,一定要检查螺栓头部是否有杂物,若有杂物,应清理后再操作;使用时要选择合适的规格、型号,以防滑脱伤手。

4. 活动扳手

(1) 作用。

图1-42 活动扳手

活动扳手开口宽度可在一定尺寸范围内进行调节,能拧转不同规格的螺栓或螺母,如图1-42所示。它的规格以长度×最大开口宽度表示。电工常用的规格有150 mm×19 mm(6′)、200 mm×24 mm(8′)、250 mm×30 mm(10′)和300 mm×36 mm(12′)四种。它适用于尺寸不规则的螺栓、螺母,能在一定范围内任意调节开口尺寸。

(2) 使用方法。

使用活动扳手时,应先调整钳口,使活动扳手钳口与螺栓、螺母两对边完全贴紧;拧动螺栓时,使可调钳口部分受推力,固定钳口受拉力转动扳手。

(3) 注意事项。

活动扳手不可反用,以免损坏活动扳唇,也不可以用钢管接手长柄来增加力矩;要根据螺母大小选配规格。使用时,手越靠手柄后方,扳动起来越省力;拉动扳手时,用力一定要均匀,以免损坏扳手或螺栓、螺母的棱角。

5. 扭力扳手

(1) 作用及分类。

扭力扳手分为定扭式扭力扳手和指针式扭力扳手。

定扭式扭力扳手在拧转螺栓或螺母时,能显示出所施加的扭矩;或者当施加的扭矩到达规定值后,会发出光或声响信号,如图1-43所示;指针式扭力扳手头部连接着扭力杆,并配有指示针。当扭动力矩增加时,扭力杆发生扭曲,指针将摆动至相应的扭矩刻度。但由于指针式扭力扳手无法测量精确扭力值,因此不常用在需要精确控制扭矩的场合。

扭力扳手的使用方法

扭力扳手扭矩调节方法

指针式扭力扳手的使用

(a) 定扭式扭力扳手　　　　　　(b) 指针式扭力扳手

图 1-43　扭力扳手

(2) 使用方法。

① 使用扭力扳手前要选用合适量程的扳手,所测扭力值不可小于扭力扳手使用量程的 20%。

② 确定预设扭矩值。预设扭矩值时,将扳手手柄上的锁定环下拉,同时转动手柄,调节标尺主刻度线和微分刻度线数值至所需扭矩。调节好后松开锁定环,手柄自动锁定。

③ 确认扭力扳手与固定件连接可靠并已锁定。在加固扭力之前,设定需要加固的力矩值,并锁好锁紧装置,调整好方向,在使用时先快速、连续操作 5~6 次,使扳手内部组件上的特殊润滑剂能充分润滑,使扭力扳手更精确。

④ 紧固。将套筒套在螺栓上,握住扳手手柄的中心,缓慢向右旋转加力。旋转过程中要保持扳手水平,垂直作用于螺栓、螺母上。直到听到扭力扳手发出"ta"的声音,方可停止加力。

6. 内六角扳手

(1) 作用。

内六角扳手是成 L 形的六角棒状扳手,专用于拧转内六角螺栓,规格以六角形对边尺寸表示,如图 1-44 所示。它通过扭矩施加对螺栓的作用力,大大降低了使用者的用力强度;螺栓与扳手之间受力充分且不容易损坏。

图 1-44　内六角扳手

(2) 使用方法。

使用内六角扳手时,先将扳手插入内六角螺栓的六方孔中,用左手下压并保持两者的相对位置,以防转动时从六方孔中滑出;右手转动扳手,带动内六角螺栓紧固或松开。

(3) 注意事项。

使用内六角扳手时需注意不能将米制内六角扳手用于英制螺栓,也不能将英制内六角扳手用于米制螺栓,以免造成打滑而伤及使用者;不能在内六角扳手的尾端加接套管延长力臂,以防损坏内六角扳手。

(二)电动工具

电动工具是以电动机或电磁铁为动力,通过传动结构驱动工作头的一种机械化工具。电动工具一般用手握持操作。本任务主要介绍用于拧紧、旋松螺栓的两种电动工具:电动扳手和电动螺丝刀。

1. 电动扳手

(1)定义。

电动扳手的传动机构由行星齿轮和滚珠螺旋槽冲击机构组成,其外观如图 1-45 所示。常见规格有 M8、M12、M16、M20、M24、M30 等。

(2)分类。

① 按照电动机电源分类,电动扳手可以分为插电式电动扳手和充电式电动扳手。

插电式电动扳手由公共电网、自备发电机组或蓄电池组提供扳手电动机的电源。汽车保养行业较多使用低压直流电动扳手。

图 1-45 电动扳手

充电式电动扳手使用电池包供电。根据电池包与工具的装配形式又分为一体式充电扳手和分体式充电扳手。电池包与工具集成一体的称为一体式充电扳手;电池包与工具通过电源线连接的称为分体式充电扳手。

② 按照功能和用途分类,电动扳手可以分为冲击型电动扳手、定扭电动扳手、定转角电动扳手和扭剪型电动扳手。

(3)注意事项。

使用电动扳手时要注意,需根据螺母大小选择匹配的套筒并妥善安装;使用时尽可能找反向力矩支靠点,以防反作用力伤人;螺纹件需和套筒在一条直线上才能按动开关开始工作;使用时若想改变电动扳手转向,必须先停转电动机,然后再改变转向;若在使用过程中发现电动机碳火花异常,应立即停止工作进行检查处理,排除故障;应经常清除通风口的尘埃和油污,保持通风口清洁,防止杂物进入通风孔;若发现电刷磨损严重(约 5 mm 时),应及时更换电刷。

图 1-46 电动螺丝刀

2. 电动螺丝刀

(1)定义。

电动螺丝刀采用牙嵌离合器传动机构或齿轮传动机构,其外观如图 1-46 所示,常见规格有 M1、M2、M3、M4、M6 等。

(2)功能。

电动螺丝刀能够代替手动螺丝刀,用于松紧螺丝;可自动调节扭矩、扭转方向和转速;螺钉到位后,电动螺丝刀能自动停止转动,防止损坏螺钉或周边部件;同时,电动螺丝刀设有接地装置，有绝缘结构，可保障高压工作环境下的安全。

（3）注意事项。

使用电动螺丝刀时，需使电动螺丝刀头部和尾部成一条直线，不得倾斜；运转过程中不能突然改变电动螺丝刀方向；碰到难松紧的螺钉时，需扩孔或更换扭矩更大的电动螺丝刀，不能强行操作；要更换与电动螺丝刀配套的刀头，不能过紧或过松。

二、电力仪器与仪表

电力仪器、仪表常用于检测、统计、显示汽车供电系统中传送电能的相关部件。如进行常用于电力参数测量的电表：兆欧表、功率计、数字电桥、钳形电流表等；用于电能质量分析用的谐波分析、三相不平衡度分析等仪表。本任务主要介绍一些常用的电力仪器仪表。

（一）功率计

1. 作用及分类

（1）作用。

功率计是数字化的虚拟仪器，其功率单元采用先进的前端数字化技术，将被测对象在测量前端转换为数字信号进行传输，然后通过数字信号传输至信号处理器，在虚拟仪器上进行数据分析。其外观如图1-47所示。

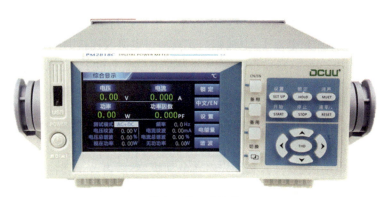

图1-47　功率计

功率计采用光纤作为通信的传输介质，主要用来测定电压、电流、频率、功率因数、谐波、实时波形等电参量。

（2）分类。

按照被测回路的相数，功率计可分为单相功率计、三相功率计、六相功率计及多相功率计。

按照电压相线可分为单相功率计和三相功率计。单相功率计广泛应用于电视机、变压器的测量；三相功率计适用于电动机等三相仪器的测量。

按照电流可分为交流功率计、直流功率计和交直流功率计。

按照测试精度可分为一般功率计和高精度功率计。一般功率计的精度为0.5级，即误差为千分之五；高精度功率计误差可降低至万分之五。

2. 组成

功率计由功率传感器和功率指示器两部分组成。

功率传感器也称功率计探头,它把高频电信号通过能量转换为可以直接检测的电信号;功率指示器包括信号放大、变换和显示器。功率传感器和功率指示器之间用电缆连接。

功率计的正面一般包含显示窗口、指示灯区、电源开关和功能按键区,如图1-48所示。

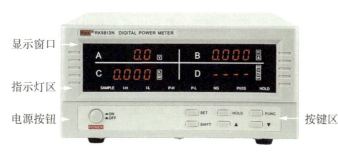

图1-48 功率计正面区域

功率计的背面一般为输入接线、输出接线、辅助输出插座、电源接口和熔丝,如图1-49所示。

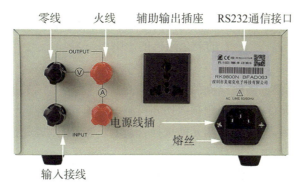

图1-49 功率计背面区域

3. 使用方法及注意事项

(1)预热。使用前需确认将电源线与仪器连接好后再按下电源开关,相应指示灯亮,进行预热。

(2)调零。使用前需对功率计进行调零,保证测量结果的准确性。

(3)校正。设置功率传感器的参考校正引子,连接传感器至功率计的 POWER REF 连接口后校正功率计。

(4)测量。设置想要测量的信号频率后读取数据。

功率计的使用温度为 0~40℃,要注意防潮湿、防灰尘、防振动及防热源;若功率计长时间存放于低温环境会发生冷凝,如立即开机使用会引起短路,损坏仪表。因此,使用前应在室温下放置一段时间后再使用;使用功率计测试,在开机前应保证功率计外壳接地;上电前应检查功率计和被测仪器的工作电压是否为 220 V;要熟悉仪器面板上的按钮名称、作用及调节方法,正确选择仪器功能。

(二) 数字电桥

1. 作用

数字电桥是采用交流方式测量电感、电容、电阻、阻抗等无源元件参数的仪器。

2. 组成

常见的数字电桥主要由探头和主机组成,主机部分主要包含显示屏、测试端口和按键控制区,如图 1-50 所示,显示屏用于显示仪器的测试功能;测试端口采用三端口和五端口两种;按键控制区可以控制手持式数字电桥的工作,并按照要求调整相应的波形。

图 1-50　数字电桥

3. 使用方法及注意事项

(1) 测试前,确保所有测试导线与仪表的测试端口连接牢固,没有虚接现象。

(2) 清零数字电桥。

使用数字电桥进行测量前,需先对仪器进行开路清零和短路清零。开路清零的作用是消除与被测元件并联的杂散元件的影响;短路清零的作用是消除与被测元件串联的剩余阻抗的影响。

(3) 测量。

① 接入被测元件,根据需要检测的内容选择测试参数,待显示数据稳定后读取读数。

② 若测量电路中元件,请确认测量前切断被测电路电源且线路上所有电容已放电。

③ 数字电桥使用时,应根据被测元件选择合适的量程,否则容易造成被测元件和测量工具的损坏。

(4) 使用完毕后,应将电源关闭,若长时间不使用,应将电池取出,以免漏液造成仪器损坏。

(5) 数字电桥适合户内、海拔 2 000 m 内使用。短时户外使用,应注意防日光直射、防水防潮、防电磁辐射、防尘防爆等防护措施。

(三) 钳形电流表

1. 作用及分类

(1) 作用。

钳形电流表是一种可以在不把电线切断,不需串联在电路中的情况下进行电流检测的仪器。

(2) 分类。

根据结构及用途,钳形电流表可以分为互感器式和电磁系两种。较为常用的是互感器式钳形电流表,用来测量交流电流;电磁系仪表可动部分的偏转与电流的极性无关,直流、交流电流都可以测量。

2. 组成

钳形电流表由钳口、钳口扳、数字显示屏、电流互感器和功能转换开关组成,如图 1-51 所示。

图 1-51 钳形电流表

电流互感器的原边绕组为穿过互感器中心的被测导线,副边绕组则缠绕在铁心上与电流表相连;功能转换开关实际上是量程选择开关;钳口扳用来控制电流互感器铁心的开关,以便钳入被测导线。

3. 使用方法及注意事项

(1) 测量前机械调零。
(2) 选择合适的量程,先选大,后选小量程或看铭牌值估算。
(3) 当使用最小量程测量,其读数还不明显时,可将被测导线绕几匝,匝数要以钳口中央的匝数为准,则读数=指示值×量程或满偏×匝数。
(4) 测量时,应使被测导线处在钳口的中央,并使钳口闭合紧密,以减少误差。
(5) 测量完毕,要将转换开关放在最大量程处。

使用钳形电流表的被测线路电压要低于钳表的额定电压;测量高压线路的电流时要佩戴绝缘手套、穿绝缘鞋、站在绝缘垫上;测量时钳口要闭合紧密,不能带电换量程。

(四) 兆欧表

1. 作用及分类

(1) 作用。

兆欧表刻度以兆欧(MΩ)为单位,主要用来检查电气设备、家用电器或电气线路对地及相间的绝缘电阻,以保证这些设备、电器和线路工作在正常状态,避免发生触电伤亡及设备损坏等事故。

(2) 分类。

兆欧表可以分为手摇式和数字式。手摇式兆欧表广泛适用于各种现场环境的绝缘电阻测量、操作简便,能够提供各测试挡位稳定的直流电压输出,如图 1-52 所示。
数字式兆欧表有多种电压输出选择,测量电阻量程范围可达 0~400 GΩ;有模拟指针和数字显示两种方式显示绝缘阻值;交直流两用、自动计算各种绝缘指标、各种测量结果具有防掉电功能等特点,是测量大容量变压器、互感器、发电机等绝缘电阻的理想测试仪器,如图 1-53 所示。

图 1-52 手摇式兆欧表

图 1-53 数字式兆欧表

2. 组成

(1) 手摇式兆欧表。

手摇式兆欧表由一个手摇发电机、表头和三个接线柱(即 L:线路端;E:接地端;G:屏蔽端)组成,如图 1-54 所示。

(2) 数字式兆欧表。

数字式兆欧表由液晶显示屏、按键控制区、功能选择区和线路连接区组成,如图 1-55 所示。

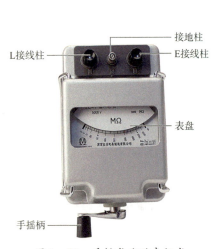

图 1-54 手摇式兆欧表组成

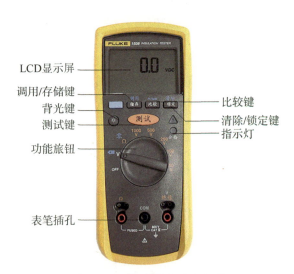

图 1-55 数字式兆欧表组成

① 液晶显示屏。显示位数为四位,如图 1-56 所示。
② 按键控制区。数字式兆欧表按键控制区及指示灯功能介绍见表 1-5。

图 1-56 数字式兆欧表显示屏

表 1-5 数字式兆欧表按键控制区功能符号

按钮/指示灯	功能说明
	选择测量功能
	保存上一次绝缘电阻或接地耦合电阻测量结果；第二功能：检索保存在内存中的测量值
	给绝缘测试设定通过/失败极限；第二功能：按此按钮来配置测试仪进行指数或介电吸收比测试。按"测试"开始测试
	测试锁定。如在按测试按钮之前按"测试"，则在再次按下锁定或测试按钮解除锁定之前测试将保持在活动状态；第二功能：清楚所有内存内容
	打开或关闭背光灯。背光灯在 2 min 后熄灭
	当旋转开关处于绝缘位置时启动绝缘测试；使测试仪供应(输出)高电压并测量绝缘电阻；当旋转开关处于欧姆位置时，启动电阻测试
	危险电压警告。表示在输入端检测到 30 V 或更高电压(交流或直流取决于旋转开关位置)。当在" V"开关位置上时，显示屏中显示" "，以及"bdtt"显示在显示屏上时也会出现该指示符。当绝缘测试正在进行时，"⚡"符号会出现
	通过指示灯。指示绝缘电阻测量值大于所选的比较限值

③ 功能选择区。数字式兆欧表功能选择区各功能介绍见表 1-6。

表 1-6 数字式兆欧表功能选择区功能符号

按钮/指示灯	功能说明
	AC(交流)或 DC(直流)电压，从 0.1 V 至 600 V
	Ohms(欧姆)，从 0.01 Ω 至 20.00 kΩ

按钮/指示灯	功能说明
	Ohms(欧姆),从0.01MΩ至10.0GΩ。利用50、100、250、500和1000V执行绝缘测试
	测试锁定。如在按测试按钮之前按"测试",则在再次按下锁定或测试按钮解除锁定之前测试将保持在活动状态;第二功能:清楚所有内存内容

④ 线路连接区。数字式兆欧表的线路连接区由三个表笔插孔组成,分别为"COM""Ω"和"V绝缘"三个插孔,如图1-57所示。负极表笔始终置于"COM"插孔中,正极表笔则需要根据测量工作类型在剩余两个插孔中切换;"Ω"为电阻测量的输入端子;"V绝缘"为电压或绝缘测试的输入端子。

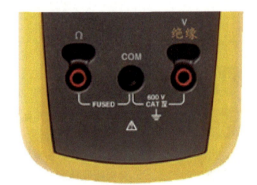

图1-57 数字式兆欧表线路连接区

3. 使用方法及注意事项

(1) 手摇式兆欧表使用方法与注意事项。

① 手摇表兆欧表使用前要校表。测量前应将绝缘表进行一次开路和短路试验,检查绝缘表是否良好。开路实验是将两连接线开路,摇动手柄,指针应指在"∞"处。短路实验是将两连接线短接,摇动手柄,指针应指在"0"处,符合上述条件者即良好,否则不能使用。

② 断开被测设备电源,对于大电容设备还要进行放电。

③ 选用电压等级符合的绝缘表。

④ 测量绝缘电阻时,一般只用"L"和"E"端,但在测量电缆对地的绝缘电阻或被测设备的漏电流较严重时,就要使用"G"端,并将"G"端接屏蔽层或外壳。线路接好后,可按顺时针方向转动摇把,摇动的速度应由慢而快,当转速达到120r/min左右时(ZC-25型),保持匀速转动,1min后读数,并且要边摇边读数,不能停下来读数。

⑤ 拆线放电。读数完毕,一边慢摇,一边拆线,然后将被测设备放电。放电方法是将测量时使用的地线从摇表上取下来与被测设备短接一下即可。

(2) 数字式兆欧表使用方法与注意事项。

① 数字兆欧表电量低时,会影响测量值的精确性,为保证测量数值的准确,请确保使用的数字兆欧表电量充足。

② 数字兆欧表使用时,应根据被测元件选择合适的量程,否则容易造成被测元件和测量工具的损坏。

③ 电阻测试只能在不通电的电路上进行。

④ 使用完毕后,将测量旋钮置于"OFF"位置,若长时间不使用,应将电池取出,以免漏液造成仪器损坏。

⑤ 测试时操作者必须带上绝缘手套并保持干燥。
⑥ 测试前,确保所有测试导线与仪表的测试端口连接牢固,没有虚接现象。
⑦ 测量读数时,测试线上附有很大的电流,可能导致人身受到伤害,请勿触摸任何裸露导线。

(五) 红外测温仪

1. 作用及分类

(1) 作用。

红外测温仪是一种采用红外线为原理的仪器。它集光电成像技术、计算机技术和图像处理技术于一身,通过接收物体发出的红外线,将其热像显示在荧光屏上,从而准确判断物体表面温度分布情况,具有准确、实时、快速的优点。

(2) 分类。

红外测温仪可分为接触式和非接触式两类。非接触式红外测温仪又分为便携式、在线式和扫描式三大类,如图1-58所示为便携式和在线式红外测温仪。非接触式红外测温仪对物体表面温度无影响,具有反应速度快、可测量运动中的物体和瞬时温度,测量范围宽、精度高、分辨率小、可对小面积进行测温等特点;接触式红外温度仪对测量物体表面温度有影响,且不适合测量瞬态温度,测量范围较小且耗材。

(a) 在线式红外测温仪　　(b) 便携式红外测温仪

图1-58　红外测温仪

根据原理,红外测温仪还可以分为单色测温仪和双色测温仪。在自然界中,当物体的温度高于绝对零度时,由于它内部热运动的存在,会不断向四周辐射电磁波,其中包含了波段位于 0.75～100 μm 的红外线,单色红外测温仪就是利用此原理制成;双色测温仪的工作原理是两个不同波段辐射能量的比值与温度有一定的对应关系,用两组窄带宽的单色滤光片,接收两个相临波段的辐射能量,转化成电信号后进行比较,用此比值就可以确定被测物的温度。

双色测温技术相对单色而言,其测温结果更稳定、准确。由于它是通过两个不同波段辐射能量之比来确定温度,从而减少了对绝对辐射能量值的依赖,比单色测温仪更能适应苛刻的测量环境。

2. 组成

红外测温仪由光学系统、光电探测器、信号放大器及信号处理器、显示输出等部分组成。光学系统汇聚被测物红外辐射能量，红外能量聚焦在光电探测器上并转变为相应的电信号，该信号再经换算转变为被测目标的温度值。其硬件结构如图 1-59 所示。

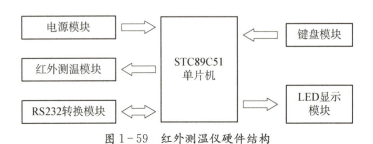

图 1-59 红外测温仪硬件结构

3. 使用方法

测量温度时，将测温仪瞄准目标，拉起并保持扳机按下不动；持续几秒后松开扳机以保持温度读数。为获得精确的温度参数，在测量的过程中，一定要考虑距离与光点尺寸比及视场。

"光点尺寸"即测温仪测量点的面积。距离目标越远，光点尺寸越大。随着被测目标距离的增大，仪器与所测区域的光点尺寸变大。当测温仪与目标之间的距离为 1 000 mm，产生 20 mm 的光点尺寸时，即可取得光点尺寸比；考虑视场即要保证目标大于光点。

实训 1　数字兆欧表的使用

◆ 实训准备

1. 安全操作规范

（1）数字兆欧表电量低时，会影响测量值的精确性，为保证测量数值的准确，请确保使用的数字兆欧表电量充足。

（2）数字兆欧表使用时，应根据被测元件选择合适的量程，否则容易造成被测元件和测量工具的损坏。

（3）使用完毕后，将测量旋钮置于"OFF"位置，若长时间不使用，应将电池取出，以免漏液造成仪器损坏。

（4）测试时操作者必须带上绝缘手套并保持干燥。

（5）测试前，确保所有测试导线与仪表的测试端口连接牢固，没有虚接现象。

（6）测量读数时，测试线上附有很大的电流，可能导致人身受到伤害，请勿触摸任何裸露导线。

2. 实操工具准备

（1）设备准备：数字兆欧表、吉利帝豪 EV300，如图 1-60 所示。

（a）数字兆欧表　　　　　　　　（b）吉利帝豪 EV300

图 1-60　实训设备

（2）个人防护：工作服、工作鞋、高压绝缘手套。

◆ 实训步骤

1. 前期准备

（1）取出数字兆欧表，检查并确认数字兆欧表本体、测试导线、鳄鱼夹是否有破损。
（2）检查数字兆欧表剩余电量，确保数字兆欧表能正常使用。
（3）连接测试导线。
① 将数字兆欧表的红色测试线插入"LINE"孔位。
② 将数字兆欧表的黑色测试线插入"EARTH"孔位。
③ 将数字兆欧表的绿色保护线插入"GUARD"孔位。

> **注意事项**
>
> ① 为使测量数字准确，需将测试线稳固地插入数字兆欧表相应孔位中。
> ② 绿色保护线只在测量电缆绝缘电阻时用到，测量时夹住保护线，以减少漏电流的影响。
> ③ 数字兆欧表电池盖被打开的情况下，请不要进行任何测量。

2. 测量电压

（1）将数字兆欧表的挡位调至"AC. V"位置。
（2）将数字兆欧表的红、黑测试线连接至被测元件正、负极上，等待数字兆欧表进行电压检测。
（3）等待屏幕中数值稳定后，记录被测电极电压。

> **注意事项**
>
> ① 请勿测量交流/直流电压在 600 V 以上的电路。
> ② 测量电压时,测试线上有很大的电流,可能会导致人身受到伤害,请勿触摸任何导线。
> ③ 测量电压时不需要按"TEST"键,仪器有 DC/AC 自检功能,并能识别 DC 的正负电压。
> ④ 测试完成后先将测试笔从被测元件正、负极移开,再旋转功能按钮至"OFF"位置进行关机。

3. 测量绝缘电阻

(1) 根据所测材料的绝缘程度将数字兆欧表的挡位调至相应电压挡位。
(2) 将数字兆欧表的红、黑测试线连接至被测元件上。
(3) 按下"TEST"键,进入测试状态,此时蜂鸣器会间歇地发出"嘀,嘀"声。
(4) 等待屏幕中数值稳定后,记录被测元件绝缘电阻。

> **注意事项**
>
> ① 测试前确定所测线路或电容不带电或已放电。
> ② 测试时操作者必须戴上一对绝缘手套并保持干燥。
> ③ 若数字兆欧表发出不正常声音时,请不要进行测试。
> ④ 当不知道被测元件绝缘电阻时可按最小量程进行尝试。
> ⑤ 拆除测试线时,需等待 LCD 屏幕显示"0 V"时方可进行拆除。

4. 整理归位

(1) 检测操作完成,整理工具。
(2) 实训设备归位。

实训 2　扭力扳手的使用

◆ 实训准备

1. 安全操作规范

(1) 使用扭力扳手前,应检查各部件是否正常,若发生锈蚀损坏等情况应停止使用。
(2) 严禁在扭力扳手尾端加接套管延长力臂,以防损坏扭力扳手。
(3) 使用定扭式扭力扳手时,一定要确定锁定环处于锁止状态。
(4) 应避免水分侵入扭力扳手,以防零件锈蚀。

（5）扭力扳手使用完毕，应将其调至小扭矩，使测力弹簧充分放松，以延长其寿命。

2. 实操工具准备

（1）设备准备：指针式扭力扳手、定扭式扭力扳手、固定螺栓、世达工具套装，如图1-61所示。

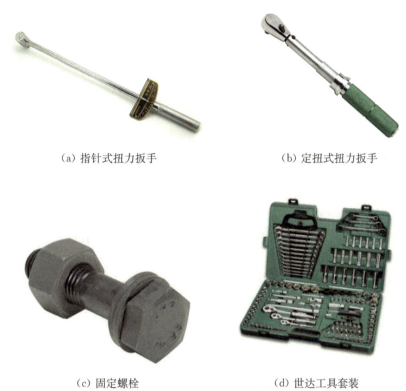

(a) 指针式扭力扳手　　　　　(b) 定扭式扭力扳手

(c) 固定螺栓　　　　　　　　(d) 世达工具套装

图1-61　实训设备

（2）个人防护：工作服、手套、工作鞋。

◆ 实训步骤

1. 前期准备

（1）取出扭力扳手，检查扭力扳手各部件是否正常。
（2）根据螺栓的大小和扭矩选择合适的接杆和套筒。

> **注意事项**
>
> ① 使用指针式扭力扳手时不可采用推转方式进行拆卸，以免造成操作者受伤。
> ② 使用指针式扭力扳手时不可以触碰扭力扳手指针，以免造成扭力数值不准确。
> ③ 使用扭力扳手时，应平衡缓慢地加载，切不可猛拉猛压，以免造成过载，导致输出扭矩失准。在达到预置扭矩后，应停止加载。

2. 预松固定螺栓

（1）组合套筒、接杆和指针式扭力扳手。
（2）将套筒套在螺栓头部或螺母上。
（3）逆时针旋转拆卸螺栓。
（4）使用指针式扭力扳手分多次预松固定螺栓。

> **注意事项**
> ① 使用指针式扭力扳手时，扭力扳手应与螺栓保持垂直，防止损坏螺栓或螺母。
> ② 扭力扳手扳转时应该使用拉力，推转扳手极易发生危险。

3. 紧固固定螺栓

（1）翻阅专业资料，查找螺栓的标准扭矩，调整定扭式扭力扳手的扭矩。
① 将定扭式扭力扳手锁定环下拉。
② 转动手柄，调节标尺主刻度线和微分刻度线数值至标准扭矩值。
③ 松开锁定环，锁定标准扭矩值。
（2）将套筒、接杆、定扭式扭力扳手组合起来。
（3）将套筒套在螺栓头部或螺母上。
（4）将定扭式扭力扳手顺时针旋转紧固螺栓。
（5）当听到"咔咔"声时紧固结束。

> **注意事项**
> ① 当听到"咔咔"声后不可再次紧固，再次紧固会造成扭矩过大损坏螺栓。
> ② 定扭式扭力扳手只可紧固螺栓，不可进行螺栓的拆卸。

4. 整理归位

（1）实训操作完成，整理工具。
（2）实训设备归位。

实训 3　钳形电流表的使用

◆ 实训准备

1. 安全操作规范

（1）钳形电流表电量低时，会影响测量值的精确性，为保证测量数值的准确，请确保使用的钳形电流表电量充足。

(2) 钳形电流表不能测量裸导线电流,以防触电和短路。

(3) 为了使读数准确,应保持钳口干净无损,如有污垢时,应清洗干净再进行测量。

(4) 钳形电流表使用时,应根据被测元件选择合适的量程,否则容易造成被测元件和测量工具的损坏。

(5) 使用完毕后,应将电源关闭,若长时间不使用,应将电池取出,以免漏液造成仪器损坏。

(6) 测量完后一定要将量程分档旋钮放到最大量程位置上。

2. 实操工具准备

(1) 设备准备:钳形电流表、别克威朗轿车,如图1-62所示。

(a) 钳形电流表　　　　　　　　　(b) 别克威朗轿车

图 1-62　实训设备

(2) 个人防护:工作服、手套、工作鞋。

◆ 实训步骤

1. 前期准备

(1) 根据所测导线的电源是交流电还是直流电,选择合适的钳形电流表。

(2) 取出钳形电流表,检查钳形电流表外观绝缘和测试导线是否良好,有无破损,显示屏是否良好,钳口有无锈蚀等。

2. 测量电流

(1) 调整钳形电流表挡位。

① 根据所测导线粗略计算电流值。

② 调整钳形电流表至合适挡位进行测量。

(2) 按下钳形电流表上的"zero"键,调整钳形电流表数值至零位。

(3) 根据导线的粗细选择合适的测量位置。

(4) 按下钳形电流表扳手,打开钳口,将被测导线放置于钳口中央,松开扳手。

(5) 待钳形电流表数值稳定后,读取并记录被测导线电流。

注意事项

① 由于钳形电流表本身精度较低,在测量小电流时,可采用下述方法:先将被测电路的导线绕几圈,再放进钳形表的钳口内进行测量。此时钳形表所指示的电流值并非被测量的实际值,实际电流应当为钳形表的读数除以导线缠绕的圈数。

② 钳形表每次只能测量单根导线的电流,被测导线应置于钳形窗口中央,不可以将多根导线都夹入钳形窗口测量,以免造成误差。

③ 被测电路电压不能超过钳形表上所标明的数值,否则容易造成接地事故,或者引起触电危险。

④ 若无法确认所测导线电流范围,应选择最大量程,再根据指针适当减小量程,但不能在测量时转换量程。

⑤ 如果测量大电流后立即测小电流,应开合钳口数次,以消除钳口中的剩磁,减小误差。

3. 测量电阻

(1) 钳形电流表校表。

① 将钳形电流表的黑色测试线插入"COM"插孔,红色测试线插入"VΩ"插孔,并确认插接牢靠。

② 打开钳形电流表,将功能开关调至"Ω"挡。

③ 短接钳形电流表的红表笔和黑表笔,读取其数值,标准电阻应该小于 $0.5\,\Omega$。

若钳形电流表校表时,所测电阻值远大于标准值,说明其误差较大,不能使用,需要及时维修。

(2) 检测元件电阻。

① 将钳形电流表的红黑表笔连接至被测元件的两端。

② 待钳形电流表数值稳定后,读取并记录被测元件电阻。

注意事项

① 当检测电阻时,需确认被测元件或电路位于断路状态,否则易损坏钳形电流表。

② 如果电阻小于 $30\,\Omega$,则会发出连续蜂鸣声,表示已连通。如果显示屏显示 OL,表示电路开路。

4. 测量直流电压

(1) 调整钳形电流表挡位。

① 根据所测元件粗略计算电压值。

② 调整钳形电流表至直流欧姆挡进行测量。
(2) 按下钳形电流表上的"zero"键，调整钳形电流表数值至零位。
(3) 将钳形电流表的红黑表笔分别接到被测元件两端。
(4) 待钳形电流表数值稳定后，读取并记录被测元件电压。

注意事项

① 当检测电压时，需确认被测元件状态，电源可以为断路状态，但是用电器必须为通路状态。

② 测量电压时，钳形电流表应跨接（并联）需要检测的两个端子上，并确保不要反接表笔。

③ 钳形电流表的交流欧姆挡，不适用测量较高频率的信号。

5. 整理归位
(1) 实训操作完成，整理工具。
(2) 实训设备归位。

实训 4　数字电桥的使用

◆ 实训准备

1. 安全操作规范

(1) 数字电桥电量低时，会影响测量值的精确性，为保证测量数值的准确，请确保使用的数字电桥电量充足。

(2) 测试前，确保所有测试导线与仪表的测试端口连接牢固，没有虚接现象。

(3) 若测量电路中元件，请确认测量前切断被测电路电源且线路上所有电容已放电。

(4) 数字电桥使用时，应根据被测元件选择合适的量程，否则容易造成被测元件和测量工具的损坏。

(5) 使用完毕后，应将电源关闭，若长时间不使用，应将电池取出，以免漏液造成仪器损坏。

(6) 此仪器适合户内、海拔 2 000 m 内使用。短时户外使用，应注意防日光直射、防水防潮、防电磁辐射、防尘防爆等防护措施。

2. 实操工具准备
(1) 设备准备：手持数字电桥、吉利帝豪 EV300，如图 1-63 所示。
(2) 个人防护：工作服、手套、高压绝缘手套、工作鞋。

（a）手持数字电桥　　　　　　　（b）吉利帝豪 EV300

图 1-63　设备准备

◆ **实训步骤**

1. 前期准备

（1）取出数字电桥，检查并确认数字电桥本体、测试导线、鳄鱼夹是否有破损。

（2）长按电源键，打开数字电桥。

（3）检查数字电桥剩余电量，确保数字电桥能正常使用。

（4）检查数字电桥各功能和按键是否正常。

（5）连接测试导线。

① 将红色鳄鱼夹测试线连接至数字电桥的"＋"孔位。

② 将黑色鳄鱼夹测试线连接至数字电桥的"－"孔位。

（6）校正数字电桥。

① 进入校正功能之前，请确保测试两端处于开路或短路状态。

② 长按"▲NULL"键进入校正界面，此时仪器自动识别是开路还是短路。

③ 短按"▲NULL"键进行开路（OPEN）或者短路（SHORT）校正，校正成功，副参显示"SUCCESS"。校正失败，则显示"FAILED"。

④ 短按"▲NULL"键结束校正，进入测量界面。

（7）按下"RANGE"按键直至界面上显示 AUTO。

2. 测量电阻

（1）按下"AUTO/R/C/L/Z"按键，直到界面上显示 Rs 才能进行电阻测量。

（2）将电阻插入测试槽，或选用合适的测试附件接入被测电阻。

（3）按下"FREQ"按键选择所需要的测试频率。

（4）按下"LEVEL"按键选择所需要的电平。

（5）如需选择另外参数，需按下"X/D/Q/θ/ES"按键。

（6）等待屏幕中数值稳定后，记录被测电阻数值。

① 请勿对带电电容进行测量,否则可能造成仪器损坏。

② 如对电路板器件在线测量,请先确认是在电路板断开电源情况下,不可对有电源电路直接测量。

③ 在粉尘环境中使用时,仪器易脏,应定期清洁,保护测试端,减少粉尘从测试端进入仪器内。

④ 请勿将仪器直接置于易爆、阳光直射以及过热环境中。

3. 测量电容

(1) 按下"AUTO/R/C/L/Z"按键,直到界面上显示 Cs 才能进行电容测量。
(2) 将电容插入测试槽,或选用合适的测试附件接入被测电容。
(3) 按下"FREQ"按键选择所需要的测试频率。
(4) 按下"LEVEL"按键选择所需要的电平。
(5) 如需选择另外参数,需按下"X/D/Q/θ/ES"按键。
(6) 等待屏幕中数值稳定后,记录被测电容数值。

电容器在接入测试前,一定要充分放电,如果接入未完全放电的电容器,可能会损坏仪器内部器件。

4. 测量电感

(1) 按下"AUTO/R/C/L/Z"按键,直到界面上显示 Ls 才能进行电感测量。
(2) 将电感插入测试槽,或选用合适的测试附件接入被测电感。
(3) 按下"FREQ"按键选择所需要的测试频率。
(4) 按下"LEVEL"按键选择所需要的电平。
(5) 如需选择另外参数,需按下"X/D/Q/θ/ES"按键。
(6) 等待屏幕中数值稳定后,记录被测电感数值。

5. 测量阻抗

(1) 按下"AUTO/R/C/L/Z"按键,直到界面上显示 Zs 才能进行阻抗测量。
(2) 将阻抗元件插入测试槽,或选用合适的测试附件接入被测元件。
(3) 按下"FREQ"按键选择所需要的测试频率。
(4) 按下"LEVEL"按键选择所需要的电平。
(5) 如需选择另外参数,需按下"X/D/Q/θ/ES"按键。
(6) 等待屏幕中数值稳定后,记录被测元件阻抗数值。

6. 整理归位

(1) 实训操作完成,整理工具。

（2）实训设备归位。

本任务介绍了电力工具、电力仪器和仪表的相关知识。

电力工具分为高压绝缘工具和电动工具。

高压绝缘工具是指在常用金属工具的外表面采用具有绝缘强度的材料，以抵抗高压电气设备运行电压的安全工具。常用的高压绝缘工具有开口扳手、梅花扳手、套筒扳手、活动扳手、扭力扳手和内六角扳手。

电动工具是以电动机或电磁铁为动力，通过传动结构驱动工作头的一种机械化工具。常用的电动工具包含电动扳手和电动螺丝刀。

电力仪器、仪表常用于检测、统计、显示汽车供电系统中传送电能的相关部件。常用的电力仪器和仪表有功率计、数字电桥、钳形电流表、兆欧表和红外测温仪。

功率计采用光纤作为通信的传输介质，主要用来测定电压、电流、频率、功率因数、谐波、实时波形等电参量。

数字电桥是采用交流方式测量电感、电容、电阻、阻抗等无源元件参数的仪器。

钳形电流表是一种可以在不把电线切断，不需串联在电路中的情况下进行电流检测的仪器。

兆欧表主要用来检查电气设备、家用电器或电气线路对地及相间的绝缘电阻，以保证这些设备、电器和线路工作在正常状态。

红外测温仪是一种采用红外线为原理的仪器。它集光电成像技术、计算机技术和图像处理技术于一身，通过接收物体发出的红外线，将其热像显示在荧光屏上，从而准确判断物体表面温度的分布情况。

任务练习

一、判断题

1. 活扳手适用于工作空间狭小的场合，使用时可接长手柄来增大力矩。（　　）
2. 按照功能、用途分，电动扳手可以分为一体式充电扳手和分体式充电扳手。（　　）
3. 电动螺丝刀采用的是牙嵌离合器传动机构或齿轮传动机构，它能够代替手动螺丝刀，用于松紧螺钉。（　　）
4. 使用数字电桥时需要对其进行开路清零和短路清零。短路清零的作用是消除与被测元件并联的杂散元件的影响；开路清零的作用是消除与被测元件串联的剩余阻抗的影响。（　　）
5. 使用钳形电流表测量时，若不清楚被测物量程应先选大量程再选小量程。（　　）

二、选择题

1. （　　）一端或两端制有固定尺寸的开口，又被称为"呆扳手"。【单选题】

A. 梅花扳手　　　　B. 开口扳手　　　　C. 套筒扳手　　　　D. 活扳手
2. 按(　　)分,功率计可以分为单相功率计和三相功率计。【单选题】
　　A. 被测回路　　　　B. 电流　　　　　　C. 电压相线　　　　D. 测试精度
3. (　　)不适合测量瞬态温度,测量范围较小。【单选题】
　　A. 接触式红外测温仪　　　　　　　　　B. 非接触式红外测温仪
　　C. 单色红外测温仪　　　　　　　　　　D. 双色红外测温仪
4. (　　)能够把高频电信号通过能量转换为直接检测的电信号。【单选题】
　　A. 功率计　　　　　B. 数字电桥　　　　C. 红外测温仪　　　D. 兆欧表
5. 使用扭力扳手时,所测扭力值不可小于扭力器使用量程的(　　)。【单选题】
　　A. 10%　　　　　　B. 15%　　　　　　C. 20%　　　　　　D. 25%

三、简答题

1. 请列举钳形电流表使用时的注意事项。
2. 请简述扭力扳手的使用方法。

项目二 电工基础

项目概述

电路由电源、负载和导线、开关等元件组成,可以分为直流电路和交流电路。不同的电路有不同的连接方式,需要用不同的方法进行分析。电路规模可以相差很大,由此也会带来用电隐患,掌握安全用电的方法能够有效保护自身安全,避免安全事故发生。

本项目详细介绍了电路基础知识,直流电路的相关定律、分析方法、等效变换方法及应用,交流电路的分析方法、三相交流电路的连接方式及应用,电与磁的相关知识及应用以及安全用电的相关知识。希望通过本项目的学习,学生能够熟练地对新能源汽车进行电气检测与维修。

任务 1　电路基础

任务目标

1. 了解电路的概念与组成。
2. 掌握电路基本物理量的定义、类型、大小和方向。
3. 掌握电路元件的类型及各类型的差别。

任务导入

在一堂物理实验课上,教师用 2 个小灯泡(L1 和 L2)、导线、电池组、电流表及电压表连接成一个电路,此时两个小灯泡都点亮,且电流表电压表显示相应的数值。接着,教师用一个导线连接在灯泡 L1 的两端,此时灯泡 L2 变亮,但电流表数值变大,而电压表则不显示数值。随后,教师将灯泡取下,闭合电路开关后观察,灯泡 L2 不再点亮,电流表不显示数值,电压表数值变大。这是为什么呢?请根据所学知识解释此现象。

知识储备

电工和电子技术的发展离不开电路。根据电路的作用,可以将电路分为两类,一种是用于实现电能的传输和转换,这种电路由于电压较高,电流和功率较大,习惯上被称为"强电"电路;另一种是用于实现电信号的传递和处理。这种电路由于电压较低,电流和功率较小,习惯上被称为"弱电"电路。由于电的应用很广泛,因此电路的具体形式千变万化。

本任务主要介绍电路的概念与组成、电路基本物理量及电路元件。

一、电路基本知识

(一) 电路概念

电路是电流流过的回路,它是将若干电工、电子元器件或设备按一定的方式相互连接、组合起来的整体。它是电力系统、控制系统、通信系统、计算机硬件等电系统的主要组成部分,起着产生、传输、转换、控制、处理和储存电能和电信号的作用。

电路种类繁多,应用广泛,在电子信息、通信、自动控制、计算机等领域都有应用。

（二）简单电路组成

简单电路主要由电源、负载（用电器）和中间环节组成，中间环节包括控制器件和连接导线，如图2-1所示，有些电路还有保护装置。电源是为电路提供电能的设备和器件，例如蓄电池、发电机等；负载是消耗电能的设备和器件，例如电动机、空调等；控制电路是控制电路工作状态的设备和器件，例如按钮、开关等；连接导线是将电气设备和元器件按一定方式，用导线连接起来，提供电流的通路，常用的导线有铜线、铝线等，如图2-1所示。

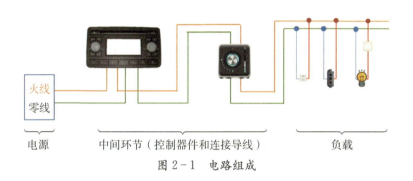

电路的组成

图2-1 电路组成

（三）电路工作状态

电路有三种状态，分别是通路、断路和短路，如图2-2所示。

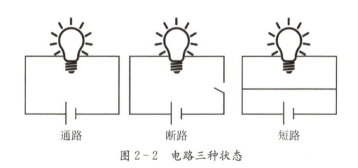

电路的工作状态

图2-2 电路三种状态

1. 通路

通路状态下，电源与负载接通，有电流通过，使电气设备和元器件获得一定的电压和电功率，进行能量转换。在这种状态下，电源端电压与负载电流的关系可以用电源外特性确定。

根据负载的大小，又分为满载、轻载和过载三种情况。负载在额定功率下的工作状态叫额定工作状态或满载；低于额定功率的工作状态叫轻载；高于额定功率的工作状态叫过载。由于过载很容易烧坏电器，所以一般情况都不允许出现过载。

2. 断路

断路就是电路中某处断开，导致没有电流通过，电源不向负载输送电能。对于电源来说,这种状态叫空载。断路状态的主要特点是:电路中的电流为零,电源端电压和电动势相等。

3. 短路

如果外电路被阻值近似为零的导体接通,此时电源就处于短路状态。

电源内阻一般很小,因而短路电流可能达到非常大的数值,导致电源有烧毁的危险。防止短路的最常见方法是在电路中安装保险管。保险管中的熔丝由低熔点的铅锡合金、银丝制成。当电流增大到一定数值时,熔丝首先被熔断,从而切断电路。

二、电路的基本物理量

电路的基本物理量包含电流、电压、电位、电动势、电能和电功率。在学习电工电子的过程中离不开物理量的计算。本任务主要介绍电流、电压和电动势三种物理量的相关知识。

(一) 电流

1. 定义

电路中带电粒子在电源作用下有规则的定向移动形成了电流,它是一种物理现象。在国际单位制中,电流的单位是安培,简称安,记作"A"。电流的单位有时也采用毫安(mA)、微安(μA)或千安(kA)。换算比例为 $1\text{ A} = 10^3 \text{ mA} = 10^6 \text{ }\mu\text{A} = 10^{-3} \text{ kA}$。

2. 类型

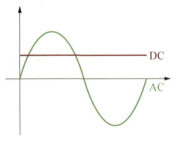

图 2-3 直流与交流波形

电流可以分为直流电流与交流电流,其波形如图 2-3 所示。

若电流的大小和方向不随时间发生变化,则称为直流电流,用"I"表示。生活中使用的可移动、外置式电源提供的是直流电。例如干电池、锂电池、蓄电池等。这些电源的电压都不超过 24 V,属于安全电源。

若电流的大小和方向随着时间的变化产生变化,则称为交流电流,用"i"表示。生活用电使用电源提供的是交流电。交流电则常用于发电机、变压器等。交流电电压较高,属于危险电源。

3. 大小

电流的大小用电流强度表示。电流强度是指单位时间内通过导体横截面的电荷量,假设在单位时间内通过某一横截面的电荷量为 q,则通过该截面的电流为:

$$i = \frac{\text{d}q}{\text{d}t}$$

式中,$\text{d}q$ 是通过导体横截面的电荷量,C;$\text{d}t$ 为电荷通过导体的时间,s。

4. 方向

导体中的带电粒子是自由电子,半导体中的带电粒子是自由电子和空穴,电解液中的带电粒子是正、负离子,因此电流既可以是正电荷,也可以是负电荷或者两者皆有的定向运动的结果。

习惯上规定电流的正电荷移动方向为电流的实际方向。但在实际应用中,电流的真实方向往往难以判定。对于交流电路,电流的移动方向还随时间的变化而变化。在对电路进行分析时,可以先任意假定电流方向,根据所假定的电流参考方向列写电路方程式求解。若电流为正值,则表示电流的实际方向与参考方向相同;若电流为负值,则表示电流的实际方向与参考方向相反,如图 2-4 所示。

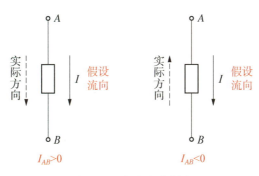

图 2-4　电流方向判定

(二) 电压

1. 定义

电压也称作电势差或电位差,是衡量单位电荷在静电场中由于电势不同所产生的能量差的物理量。电源是提供电压的装置,电压是形成电流的原因。在国际单位制中,电压的单位是伏特,简称伏,记作"V"。电压的单位有时也采用毫伏(mV)、微伏(μV)或千伏(kV)。换算比例为 $1\text{ V} = 10^3 \text{ mV} = 10^6\ \mu\text{V} = 10^{-3}\text{ kV}$。

2. 类型

电压按照不同的分类标准可以分为不同类型。

(1) 按电压方向分。

按电压方向,电压可分为直流电压和交流电压。

若电压的大小和方向不随时间发生变化,则称为直流电压,用"U"表示;若电压的大小和方向随着时间的变化产生变化,则称为交流电压,用"u"表示。

(2) 按电压大小分。

按大小,电压可分为高电压、低电压和安全电压。

以电气设备的对地电压值为依据,对地电压高于 1 000 V 的为高压,较常用的为 6 kV、10 kV、35 kV 等;对地电压小于或等于 1 000 V 的为低压,较常用的有 220 V 和 380 V。安全电压指人体较长时间接触而不致发生触电危险的电压。按照国家标准 GB3805-1983(已废止)规定,我国对工频安全电压规定了以下五个等级,分别为 6 V、12 V、24 V、36 V 和 42 V。

3. 大小

电压的大小等于单位正电荷因受电场力作用从 A 点移动到 B 点所做的功。假设电荷在移动过程中产生或失去的能量为 dW,则电压为:

$$u = \frac{dW}{dq}$$

式中，dq 是由电路的一点移到另一点的电荷量，C；dW 为转移过程中，电荷 dq 获得或失去的能量，J。

4. 方向

电压是由于两点之间电位的高低差而形成的。当元器件中有电流流过时，其流动方向总是从高电位流向低电位。

在大小和方向不随时间变化而变化的直流电路中，电压的实际方向从高电位流向低电位，即电位降低的方向；在大小和方向随时间变化而变化的交流电路中分析电压方向的方法同电流一样。首先假定电压的参考方向，根据所假定的电压参考方向列写电路方程式求解。若电压为正值，则表示电压的实际方向与参考方向相同；若电压为负值，则表示电压的实际方向与参考方向相反，如图 2-5 所示。

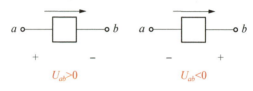

图 2-5 电压方向判定

当电压采用双下标时，如 U_{ab}，习惯上认为前一个下标(a)为端点，即高电位方向。后一个下标(b)为终点，即低电位方向。

（三）电动势

1. 定义

电动势是表征电源特征的物理量，它能够使电源两端产生电压。电源的电动势和非静电力密切相关。非静电力是指除静电力外能对电荷流动起作用的力，不同电源非静电力的来源不同，能量转换形式也不同。电动势在数值上等于非静电力将正电荷从电源负极通过电源内部移至正极所做的功。电动势用符号 E 表示，单位为伏特(V)。

2. 大小

电动势的大小等于非静电力把单位正电荷从电源的负极，经过电源内部移到电源正极所做的功。电动势越大，说明非静电力在电源内部从负极向正极移送的电荷量越多。电动势大小的计算公式为：

$$E = \frac{W}{q}$$

式中，W 为电源中非静电力把正电荷量 q 从负极经过电源移至电源正极时所做的功。

3. 方向

电动势的方向与电压方向相反，是从低电位流向高电位，即电位升高的方向。

三、电路元件

电路元件能够对电路提供整流、开关和放大功能,可分为无源元件和有源元件。

(一) 无源元件

电子元器件工作时,如果内部无任何形式的电源存在则叫作无源元件。无源元件自身消耗电能,可以把电能转变为不同形式的能量,它只需要输入信号,不需要外加电源就可以正常工作。

无源元件主要是电阻元件、电容元件和电感元件。

1. 电阻元件

电流通过导体时,导体对电流的阻碍作用称为电阻。在电路中起阻流作用的元器件称为电阻元件,主要用于降压、分压和分流。

电阻的标准单位是欧姆(Ω),在电路中记作 R。常用的单位还有千欧(kΩ)、兆欧(MΩ)。电阻将吸收的电能全部转换为热能,是不可逆的能量转换过程,因此电阻是耗能元件。

电阻元件上电压和电流之间的关系称为伏安特性。如果电阻元件的伏安特性在 $u-i$ 坐标轴中是一条通过坐标原点的直线,则称为线性电阻,如图2-6所示。

线性电阻不会随输入的电压电流值的改变而改变,其电压和电流之间呈线性函数关系,即电流的增减倍数与电压相同。

非线性电阻的阻值在某些条件下会发生急剧变化。其电阻元件的电压和电流之间不是线性函数关系。非线性电阻在 $u-i$ 坐标上的伏安特曲线可以通过坐标原点也可以不通过坐标原点。

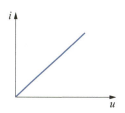

图2-6 线性电阻的伏安特性

2. 电容元件

电容元件简称电容。电容是电容器的简称,是电子设备中大量使用的电子元件之一。电容亦称作"电容量",是指在给定电位差下的电荷储藏量,因此电容是储能元件,其在某一时刻的储能只取决于该时刻的电压值,与电压的过去变化和进程无关。

电容的国际单位是法拉(F),在电路中记为 C,$C=\dfrac{Q}{u}$。电容的其他单位还有微法(μF)、纳法(nF)或皮法(pF),其单位换算是 $1\text{F}=10^6\,\mu\text{F}=10^9\,\text{nF}=10^{12}\,\text{pF}$。

两个相互靠近的导体,中间夹一层不导电的绝缘介质,就构成了电容器。当电容器的两个极板之间加上电压时,电容器就会储存电荷。电容器的电容量在数值上等于一个导电极板上的电荷量与两个极板之间的电压之比。一旦没有电压,只要有闭合回路,它又会放出电能。电容器在电阻中阻止直流通过,允许交流通过,交流的频率越高通过能力越强。因此,电容在电路中常起到去耦、旁路、滤波、储能等作用。

依据电荷量与电压之间是否为线性函数关系,电容也可以分为线性电容和非线性电容。线性电容的电流和端电压与时间的变化成正比。对于恒定电压,电容的电流为零。因此,在直流电路稳态的情况下,电容元件相当于开路。

3. 电感元件

电感元件简称为电感。电感是闭合回路的一种属性,用于描述线圈电流的变化。

当线圈有电流通过时,在线圈中会形成感应磁场,感应磁场又会产生感应电流来阻碍通过线圈中的电流。这种电流与线圈的相互作用关系称为电的感抗,也就是电感。电感的国际单位是亨利(H),在电路中记为 L。电感的其他单位还有毫亨(mH)、微亨(μH)或纳亨(nH),其单位换算是 $1H=10^3 mH=10^6 μH=10^9 nH$。

电感器是能够把电能转化为磁能而储存起来的元件,电感元件在某一时刻储存的能量只取决于该时刻的电流值,与电流之前的变化进程无关。最简单的电感器就是用导线绕几圈。在结构、基本特性相同的情况下,电感量大小受绕线匝数和有无磁芯影响。若线圈不含磁芯,绕线匝数越多,电感量越大,每圈匝数之间的间隔越大,电感越小;在同样匝数的情况下,线圈增加了磁芯后,电感量会增加。

电感器的特性与电容器的特性正好相反,具有阻止交流电、使直流电顺利通过的特性。直流信号通过线圈时的电阻就是导线本身的电阻,压降很小;交流信号通过线圈时,线圈两端会产生自感电动势,自感电动势的方向与外加电压的方向相反,阻碍交流的通过。在电路中,电感器经常和电容器一起工作,构成LC滤波器、LC振荡器等。

(二) 有源元件

电子元器件工作时,如果内部有电源存在则叫作有源元件。它是电子电路的核心,一切振荡、放大、调制、解调以及电流变换都离不开有源元件。有源元件自身同样消耗电能,需要外加电源才可以正常工作。

按照电源设备种类的特点,有源元件可以分为电压源和电流源。

1. 电压源

电压源是供给电压的电路元件,如干电池、直流稳压电源等。电压源可分为理想电压源和实际电压源。

(1) 理想电压源。

理想电压源的内阻为0,两端电压不随电流的变化而变化,总能保持定值或一定的时间函数值。通过电压源的电流由电源及外电路共同决定。因此理想电压源不能并联使用,两端不能被短路,否则将流过无穷大的电流。理想电压源的电路符号如图2-7所示。

(a) 交流/直流电压源   (b) 直流电压源

图2-7 理想电压源电路符号

电路符号中,图2-7(a)既可以表示交流电压源,也可以表示直流电压源;图2-7(b)只能用来表示直流电压源。

理想电压源的伏安特性为一条平行于电流轴的直线,如图2-8所示。若 $u_s=U_s$,即为直流电源;若 u_s 随着时间变化,则平行于电流轴的直线也会随着时间的变化而改变位置;电压为 0 的电压源,其伏安曲线与 i 轴重合,此时处于短路状态。

(2) 实际电压源。

实际电压源随着输出电流的增大,端电压将下降。实际电压源同样不允许短路,因其内阻小,若短路则可能烧毁电源。实际电压源可以用理想电压源串联一个内阻来等效,如图 2-9 所示。

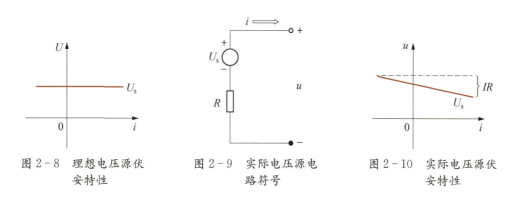

图 2-8　理想电压源伏安特性

图 2-9　实际电压源电路符号

图 2-10　实际电压源伏安特性

其伏安特性曲线如图 2-10 所示。电阻越大,斜率越大;电阻越小,越接近理想电压源。

2. 电流源

电流源是一种有源电路元件,能够为电路提供恒定电流,它是一种二端元件。同电压源相同,电流源也分为理想电流源与实际电流源。

(1) 理想电流源。

若流过二端元件的电流不随两端电压的变化而变化,保持固定数值,此元件则为理想电流源。电流源的输出电流由电源本身决定,与外电路无关;与两端电压方向、大小也无关。电流源两端的电压由电源及外电路共同决定,其内阻无穷大,其电路符号如 2-11 所示。理想电流源不能开路,不能串联使用。

理想电流源的伏安特性为一条平行于电压轴的直线,如图 2-12 所示。若 $i_s=I_s$,即为直流电流源。反映输出电流与端电压无关;若 i_s 随着时间变化,则其变化规律由其本身决定,与外电路无关;电流为 0 的电流源,其伏安曲线与 u 轴重合,此时处于开路状态。

图 2-11　理想电流源电路符号

图 2-12　理想电流源的伏安特性

(2) 实际电流源。

实际电流源由稳流电子设备产生。实际电流源是用一个理想电流源并联一个大内阻来表征,如图 2-13 所示。

其伏安特性曲线如图 2-14 所示。电阻越大,斜率越大;电阻越小,越接近理想电流源。

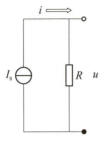 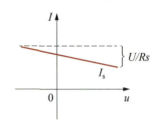

图 2-13 实际电流源电路符号　　图 2-14 实际电流源伏安特性

本任务介绍了电路的基本知识、基本物理量和电路元件。

电路是电流流过的回路,它是将若干电工、电子元器件或设备按一定的方式相互连接、组合起来的整体。

电路有通路、断路和短路三种状态。通路状态下,电源与负载接通,有电流通过;断路状态下,电路中无电流路过,又称为"空载"状态;短路状态下,电源两端直接连接,导致输出电流过大。

简单电路主要由电源、负载(用电器)和中间环节组成。

电路的基本物理量包含电流、电压和电动势。电流由电路中带电粒子在电源作用下有规则的定向移动形成;电压也称作电势差或电位差,是衡量单位电荷在静电场中由于电势不同所产生的能量差的物理量;电动势是表征电源特征的物理量。

电路元件分为有源元件和无源元件。

无源元件是电子元器件工作时,内部无任何形式的电源存在的元件。无源元件主要是电阻元件、电容元件和电感元件。

在电路中起阻流作用的元器件称为电阻元件,主要用于降压、分压和分流;电容元件简称电容,是电子设备中大量使用的电子元件之一;电感元件简称为电感,电感是闭合回路的一种属性,用于描述线圈电流的变化。

有源元件是电子元器件工作时,内部有电源存在的元件。有源元件主要是电压源和电流源。电压源是供给电压的电路元件,可分为理想电压源和实际电压源。理想电压源的内阻为 0,两端电压不随电流的变化而变化;实际电压源随着输出电流的增大,端电压将下降。

电流源能够为电路提供恒定电流,它是一种二端元件,可分为理想电流源与实际电流源。理想电流源流过二端元件的电流不随两端电压的变化而变化;实际电流源用一个理想电流源并联一个大内阻来表征。

一、判断题

1. 电路有两类。一类用于实现电能的传输和转换;另一类用于电信号的传递和处理。（　　）

2. 生活中使用的可移动、外置式电源提供的是交流电。（ ）
3. 电动势的方向和电压的方向相同，都是从高电位指向低电位。（ ）
4. 无源元件自身消耗电能，可以把电能转换为不同形式的能量。（ ）
5. 电容器是两个互相靠近的导体，中间夹一层不导电的绝缘介质。（ ）

二、选择题

1. 电路主要由（　　）组成。【多选题】
   A. 电源　　　　　B. 控制器件　　　　C. 连接导线　　　　D. 负载
2. （　　）是衡量单位电荷在静电场中由于电势不同产生的能量差。【单选题】
   A. 电流　　　　　B. 电压　　　　　　C. 电动势　　　　　D. 电功率
3. （　　）的主要作用是降压、分流和分压。【单选题】
   A. 电阻元件　　　B. 电压元件　　　　C. 电感元件　　　　D. 电容元件
4. 线性电阻的特点是（　　）。【多选题】
   A. 电阻随电压、电流的变化而变化　　　B. 电流的增减倍数与电压相同
   C. 电流之和等于电压之和　　　　　　　D. 电阻之和等于电流之和
5. （　　）的主要作用是降压、分流和分压。【多选题】
   A. 电阻元件　　　B. 电压元件　　　　C. 电感元件　　　　D. 电容元件

三、简答题

1. 请说出电路分析中，判定电流方向的方法。
2. 请简述有源元件的定义及特点。

任务 2　直流电路

任务目标

1. 掌握电路基本定律及应用。
2. 掌握电阻电路的等效变换方法。
3. 能够进行电阻电路的一般分析。
4. 理解欧姆定律、基尔霍夫定律、叠加定律和戴维宁定理之间的关系。

任务导入

一天,小明在家打开手电筒准备找东西,发现手电筒亮度不足,翻箱倒柜之后发现只剩一节新电池了。换下一节电池后电池亮度变亮了一些。晚上小明买好新电池换下第二节旧电池,发现手电筒亮度更高了。请根据所学知识,解释新、旧电池究竟是怎样影响手电筒亮度的?

知识储备

直流电是指大小和方向不随时间变化而变化的电流。直流电路是电流方向不变的电路,直流电路的电流大小是可以改变的。在直流电路中,电源的作用是提供不随时间变化的恒定电动势,为在电阻上消耗的焦耳热补充能量。

在比较简单的直流电路中,电源电动势、电阻、电流以及任意两点电压之间的关系可以根据欧姆定律得出;复杂的直流电路则可以根据基尔霍夫定律、戴维宁定理等进行分析。

本任务主要介绍电路的基本定律及应用、电阻电路的等效变换及电阻电路的一般分析。

一、电路基本定律及应用

（一）欧姆定律

同一电路中,在电阻一定的条件下,通过某一导体的电流跟这段导体两端的电压成正比;在电压一定的条件下,通过某一导体的电流与这段导体的电阻成反比,这就是欧姆定律。该定律由德国物理学家乔治·西蒙·欧姆提出。标准式为:

$$I = \frac{U}{R}$$

式中，I 为电流，A；U 为电压，V；R 为电阻，Ω。需要注意的是，由标准式可以推导出的 $R=\dfrac{U}{I}$ 或 $U=IR$，两个推导式不能得出电压是电流与电阻之积；电阻为电压与电流之比的结论。

1. 部分电路欧姆定律

部分电路欧姆定律也称作外电路欧姆定律。它忽略电源内阻，把电源看成一个理想的电动势提供者，电路如图 2-15 所示。用公式表述为：$I=\dfrac{U}{R}$。

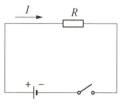

图 2-15　部分电路欧姆定律电路图

部分电路欧姆定律不涉及电源，常用于计算电路中某元件的电阻、电流与电压的关系，用于表示某金属导体在温度没有显著变化的前提下，电阻是不变的。

2. 全电路欧姆定律

全电路欧姆定律也称作闭合电路欧姆定律。它不忽略电源中的内阻，电源不是理想的电动势提供者，是存在着内阻的电源，其电路如图 2-16 所示。用公式表述为：$I=\dfrac{E}{R+r}$。

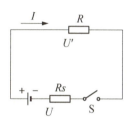

图 2-16　全电路欧姆定律电路图

全电路欧姆定律中，闭合电路的电流与电源的电动势成正比；与内、外电路的电阻之和成反比。在全电路欧姆定律中，电源电动势等于外电路电压与电流与内阻乘积的和，即 $E=U'+I\times R_s$。

3. 欧姆定律的应用

图 2-17 为一个小灯的串联电路，连接开关后小灯点亮。在此电路的基础上串联一个电阻，小灯亮度却变暗了，这是为什么？

由欧姆定律公式 $I=\dfrac{U}{R}$ 可知，电路中增加电阻，导致原电路中电阻变大，在电压恒定的情况下，电路中的电流必然变小，故小灯亮度变暗。

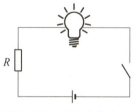

图 2-17　欧姆定律电路分析

欧姆定律验证实验

（二）基尔霍夫定律

基尔霍夫定律是电路中电压和电流所遵循的基本规律，是分析和计算复杂电路的基础。它包括电压和电流两个定律，由德国物理学家古斯塔夫·罗伯特·基尔霍夫提出。

在分别学习电压、电流定律前，先结合电路图 2-18 介绍基尔霍夫定律中的几个专业名词。

节点：是电路图中三个或三个以上的电路元件的连接点，如图 2-18 中的 a、b 和 c。

支路：是连接两个节点的电路，如图中 adb、bec 等。一条支路中电流处处相等。

回路：电路中任一闭合路径，如图中红色、绿色、黄色及紫色方框中的四条回路所示。

网孔：是电路中最简单的单孔回路，其内部不包含任何支路。如图中红色、绿色和黄色方框中的三条所示。

简单电路：是各部分以串、并联的形式连接的电路。简单电路可以用欧姆定律求解。

复杂电路：是至少有一部分电路既不是串联也不是并联的电路。复杂电路不能用欧姆定律分析，需要使用基尔霍夫定律分析。

基尔霍夫定律

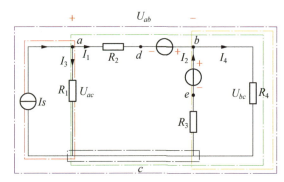

图 2-18　具有 3 个节点和 5 条支路的电路

1. 基尔霍夫电流定律

基尔霍夫电流定律又称基尔霍夫第一定律，简记为 KCL。其内容是在任一时刻，对电路中任意一个节点，流入该节点的电流之和必定等于流出该节点的电流之和。即：

$$\sum I_{入} = \sum I_{出}$$

在列写 KCL 节点时，首先要指定每一条支路电流的参考方向。参考方向离开节点的电流带正号，参考方向指向节点的电流带负号。需要注意的是，在确定多条电流的参考方向时要使用同一节点为参照物。因此对于图 2-18 中的节点 b，应用 KCL 可得到：

$$-I_1 - I_2 + I_4 = 0 \text{ 或 } I_4 = I_1 + I_2$$

基尔霍夫电流定律不仅适用于节点，也适用于任意闭合面，如图 2-19 中所示的晶体管就是一个广义节点，$I_E = I_B + I_C$。

2. 基尔霍夫电压定律

基尔霍夫电压定律又称基尔霍夫第二定律，简记为 KVL。在任一时刻，对任一回路，沿回路绕行方向上隔断电压的代数和为零，即：

$$\sum U = 0$$

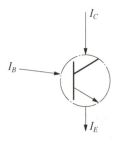

图 2-19　广义节点

应用 KVL 时,应在回路中选一个绕行方向作为参考。在图 2-18 中,规定当支路电压参考方向和回路的循行方向一致时带正号,反之带负号,则对于 a、b、c 三节点之间的支路电压为 U_{ab}、U_{ac}、U_{bc},其 KVL 方程为:

$$U_{ab}+U_{bc}-U_{ac}=0$$

若各支路是由电阻和电压源构成的,运用欧姆定律可以将此公式改为:

$$R_2 I_1 - U_{s1} + U_{s2} - R_3 I_2 - R_1 I_3 = 0$$

3. 基尔霍夫定律的应用

图 2-20 是一个混联电路,电路中有 4 个节点,6 条支路。已知 $I_1=25\,\text{mA}$,$I_3=16\,\text{mA}$,$I_4=12\,\text{mA}$,根据基尔霍夫电流定律可求 I_2、I_5 和 I_6 的电流。

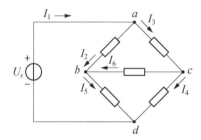

图 2-20 基尔霍夫电流定律的应用

根据基尔霍夫定律,对应节点 a,可列方程:$I_1=I_2+I_3$;对应节点 c,可列方程:$I_3=I_4+I_6$;对应节点 d,可列方程:$I_1=I_5+I_4$。

根据所列方程,可求出 $I_2=9\,\text{mA}$,$I_5=13\,\text{mA}$,$I_6=4\,\text{mA}$。

列写 KVL 方程比 KCL 略难。列写时应先选定未知电流的参考方向以及回路的绕行方向;接着根据选定的绕行方向和电流方向确定电压、电阻值的正负。当绕行方向与电流方向相同时一般取正值,反之取负值;最后再根据绕行方向与电动势方向确定电源电动势的正负。当绕行方向与电动势方向相同时一般取负值,反之取正值。

图 2-21 为一个混联电路。在电路中任意选定一个回路的绕行方向。根据电压与电流的参考方向可得:$U_{ab}+U_{bc}+U_{cd}+U_{da}=0$。

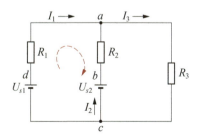

图 2-21 基尔霍夫电压定律应用

应用欧姆定律,可得 $U_{ab}=-I_2 R_2$,$U_{bc}=-U_{s2}$,$U_{cd}=-U_{s1}$,$U_{da}=I_1 R_1$,代入上式可得:

$$I_1R_1 - I_2R_2 + U_{s2} - U_{s1} = 0$$

(三)叠加定理

1. 叠加定理的内容

在线性电路中,由两个或两个以上的独立源共同作用所产生的某一支路的电流或电压,等于各独立电源作用时分别在该支路所产生的电流或电压的代数和。当其中某一独立电源单独作用时,其余的独立电源应除去,电压源予以短路(用导线直接连通),电流源予以开路(断开),如图 2-22 所示。

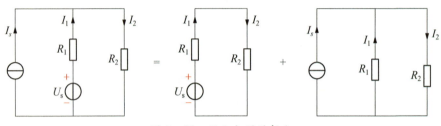

图 2-22 独立电源的拆分

需要注意的是,叠加定理只限于线性电路中电流和电压的分析计算,不适用于计算功率。若电路中含有受控源,当某个独立源单独作用除去其他独立电源时,受控源仍要保留在电路中,不能除去。

2. 叠加定理的应用

在图 2-23 所示电路中,已知 $U_s=10\text{V}$,$I_s=1\text{A}$,$R_1=10\,\Omega$,$R_2=R_3=5\,\Omega$,求流过 R_2 的电流 I_2。

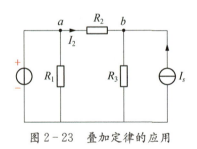

图 2-23 叠加定律的应用

根据叠加定理的内容,将图 2-23 拆成两个独立电源控制的电路,如图 2-24 所示。

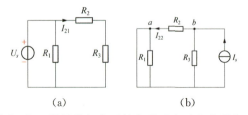

图 2-24 根据叠加定理拆分的两个独立电源电路

当 U_s 单独作用时,I_s 被开路,电流的参考方向如图 2-24(a)所示,I_{21} 可得:

$$I_{21} = \frac{U_s}{R_2 + R_3} = \frac{10}{5+5} = 1\,\text{A}$$

当 I_s 单独作用时,U_s 处被短路,电流的参考方向如图 2-24(b)所示,I_{22} 可得:

$$I_{22} = \frac{R_3}{R_2 + R_3} I_s = \frac{5}{5+5} \times 1\,\text{A} = 0.5\,\text{A}$$

当 U_s 和 I_s 共同作用时,根据图 2-23 和图 2-24 所标的电流参考方向,可得:

$$I_2 = I_{21} - I_{22} = 0.5\,\text{A}$$

(四) 戴维南定理

1. 戴维南定理的内容

任何网络,只要有两个引出端与外电路相连,就叫作二端网络。根据其内部是否含有电源,二端网络可分为有源二端网络和无源二端网络。任一个无源二端网络都可以用一个等效电阻来代替,这个电阻叫作该二端网络的输入电阻,即从两个端点看进去的总电阻,无源二端网络电路如图 2-25 所示。

图 2-25 无源二端网络电路

而线性有源二端网络则可以根据戴维南定理简化为一个电压源。戴维南定理指出,对外电路而言,一个线性有源二端网络可用一个电压源和一个电阻串联来等效。该电压源的电压等于此有源二端网络的开路电压,串联电阻等于此有源二端网络除去独立电源后在其端口处的等效电阻,如图 2-26 所示。

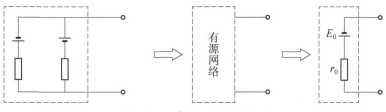

图 2-26 有源二端网络电路

2. 戴维南定理的应用

应用戴维南定理简化复杂电路求解某一支路电流的方法是先将电路分为有源二端网络和待求支路;再移开待求支路,求出有源二端网络的开路电压,等效电源的电动势等于开路电压,且极性与开路电压保持一致;接着将有源二端网络中所有的电动势短接,变为无源二端网络,求出等效电源的内阻;最后画出有源二端网络的等效电路,并接上待求支路后求出电流。

应用戴维南定理求解时需注意,该定理只对外电路等效,对内电路不等效。不能用该定理求出等效电源电动势和内阻之后又返回去求原电路的电流和功率;戴维南定理只适用于线性有源二端网络。

图 2-27 所示电路中,已知 $E_1=45\,\text{V}$,$E_2=20\,\text{V}$,$R_1=10\,\Omega$,$R_2=15\,\Omega$,$R_3=64\,\Omega$,应用戴维南定理可求得流过 R_3 的电流。

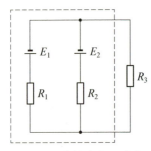

图 2-27 戴维南定理的应用

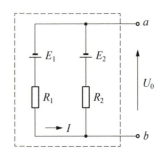

图 2-28 根据戴维南定理变形的电路

依据戴维南定理,首先将电路分为有源二端网络和待求支路。移开待求支路,开路电压 U_0=等效电源的电动势 E_0,如图 2-28 所示。

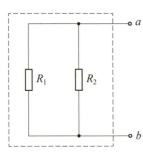

图 2-29 根据戴维南定理变形的无源二端网络

$$I=\frac{E_1-E_2}{R_1+R_2}=1\,\text{A}$$

$$E_0=U_0=E_1-IR_1=35\,\text{V}$$

将有源二端网络中所有的电动势短接,使其变为无源二端网络,如图 2-29 所示,求输入电阻 R_0。

$$R_0=\frac{R_1 R_2}{R_1+R_2}=6\,\Omega$$

画出有源二端网络的等效电路,并接上待求支路 R_3,可求得其流过的电流:

$$I_3=\frac{E_0}{R_0+R_3}=0.5\,\text{A}$$

二、电阻电路的等效变换

电阻电路是指仅由电源和电阻构成的电路。按照电路是否包含线性电阻元件,可分为线性电阻电路和非线性电阻电路;按照电路电阻是否随时间变化,可分为非时变电阻电路和时变电阻电路。分析电阻电路除了之前讲的欧姆定律和基尔霍夫定律,还可以用等效变换的方法进行分析。电路等效的条件是两电路具有相同的 VCR(电压电流关系),电路等效后可以化简电路、方便计算。

（一）电阻的串联、并联和混联

1. 串联

串联电阻是将两个或两个以上的电阻连成一串，每个电阻的首端与前一个电阻的尾端连成一个节点。电路图如图 2-30 所示。

串联电阻电路中，各处电流相等；总电压等于各串联电阻电压之和；总电阻等于各串联电阻之和（即 $R=R_1+R_2+\cdots+R_n$）。串联电阻越多，总电阻越大；阻值越大的电阻分得的电压越多，反之则越少。

串联电阻的等效电路图如图 2-31 所示。串联电阻等效电路中，$R_{eq}=R_1+R_2+R_3+\cdots+R_n=\Sigma R_k$。

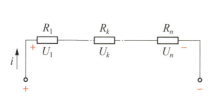

图 2-30 电阻的串联

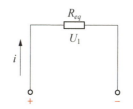

图 2-31 串联电阻的等效电路

串联电路

2. 并联

并联电阻也是将两个或两个以上的电阻连接起来，每个电阻的首端与下一个电阻的首端相连，电路图如图 2-32 所示。

并联电阻电路中，干路电流等于各支路电流之和；各电阻电压相等，干路电压等于各支路电压；总电阻的倒数等于各支路电阻的倒数之和（即 $R=R_1\times R_2\times\cdots+R_n/R_1+R_2+\cdots+R_n$）。并联电阻越多，总电阻越小。阻值越大的电阻分得的电流越少，反之则越多。

并联电阻的等效电路如图 2-33 所示。并联电阻等效电路中：$\dfrac{1}{R_{eq}}=\dfrac{1}{R_1}+\dfrac{1}{R_2}+\dfrac{1}{R_3}+\cdots+\dfrac{1}{R_n}=\Sigma\dfrac{1}{R_k}$。

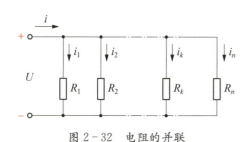

图 2-32 电阻的并联

图 2-33 并联电阻的等效电路

并联电路

3. 混联

混联电阻电路是指在电路中,既有串联电阻,也有混联电阻。混联电阻的计算规则是先算支路再算干路。

(二) 星型连接与三角形连接电阻的等效变换

三个电阻元件首尾相连,形成一个封闭的三角形,三角形的三个顶点接到外部电路的三个节点,此连接方式称为电阻的三角形连接,如图2-34(a)所示;三个电阻元件的一端连接在一起,另一端分别连接到外部电路的三个节点,此连接方式称为电阻的星型连接,如图2-34(b)所示。

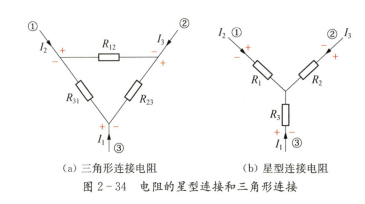

(a) 三角形连接电阻　　　　(b) 星型连接电阻

图2-34　电阻的星型连接和三角形连接

三角形连接和星型连接都是通过三个节点与外部电路相连,它们之间等效变换的要求是外部特性相同,也就是两电路之间对应的节点之间有相同的电压和电流。

1. 三角形电阻等效为星型电阻

图2-34的星型连接中,①、②两端间的端口等效电阻由R_1和R_2串联组成;三角形连接中①、②两端的等效电阻由R_{23}和R_{31}串联再并联R_{12}组成。根据并联电阻的计算方式,可得:

$$R_1 + R_2 = \frac{R_{12}(R_{23}+R_{31})}{R_{12}+R_{23}+R_{31}}$$

$$R_2 + R_3 = \frac{R_{23}(R_{12}+R_{31})}{R_{12}+R_{23}+R_{31}}$$

$$R_1 + R_3 = \frac{R_{31}(R_{12}+R_{23})}{R_{12}+R_{23}+R_{31}}$$

三式联立可得:

$$R_1 = \frac{R_{12}R_{31}}{R_{12}+R_{23}+R_{31}}$$

$$R_2 = \frac{R_{23}R_{12}}{R_{12}+R_{23}+R_{31}}$$

$$R_3 = \frac{R_{31}R_{23}}{R_{12}+R_{23}+R_{31}}$$

由此可知,星型连接中的电阻等于三角形连接中连接至对应端点的两邻边电阻之积除以三边电阻之和。

2. 星型电阻等效为三角形电阻

根据得出的 R_1、R_2 和 R_3,可得出三角形连接中的 R_{12}、R_{23} 和 R_{31}。

$$R_{12} = R_1 + R_2 + \frac{R_1 R_2}{R_3}$$

$$R_{23} = R_3 + R_2 + \frac{R_3 R_2}{R_1}$$

$$R_{31} = R_3 + R_1 + \frac{R_3 R_1}{R_2}$$

由此可知,三角形连接中一边的电阻,等于星型连接中连接至两对应端点的电阻之和再加上这两电阻之积除以另一电阻。

(三) 电压源与电流源的等效变换

1. 理想电源

理想电源是指从实际电源元件中抽象出来,当电源本身的功率损耗可以忽略不计,而只产生电能,可以用理想有源元件表示。理想电源分为理想电压源和理想电流源两种。此部分内容在任务一中已经介绍,此处不再赘述,本部分主要介绍理想电压源和理想电流源的串、并联。

(1) 理想电流源的串、并联。

理想电流源串联要保证每一个元件电流相同,且每个电流源的端电压不确定,其电路如图 2-35 所示。串联理想电流源中 $I_{s1} = I_{s2} = I_s$。

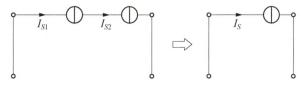

图 2-35 理想电流源串联

理想电流源并联中的元件可以有不同的电流,并联后的总电流为各元件电流之和,其电路如图 2-36 所示。并联理想电流源中 $I_s = I_{s2} + I_{s1}$。

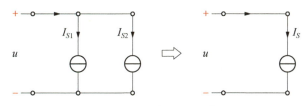

图 2-36 理想电流源并联

(2) 理想电压源的串、并联。

理想电压源串联中的元件可以为不同的电压,串联后的总电压为各元件电压之和,其电路如图 2-37 所示。串联理想电压源中 $U_s = U_{s2} + U_{s1}$。

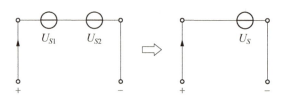

图 2-37　理想电压源串联

理想电压源并联要保证每一个元件电压相同,且电源中的电流不确定、电源参考方向相同。其电路如图 2-38 所示。并联理想电压源中 $U_s = U_{s2} = U_{s1}$。

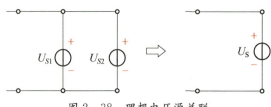

图 2-38　理想电压源并联

(3) 理想电压源与理想电流源的串、并联。

理想电压源与理想电流源串联后理想电压源不起作用,理想电流源阻抗无穷大,理想电压源相当于没有接入,其电路如图 2-39 所示。

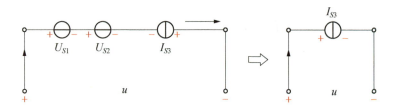

图 2-39　理想电流源和理想电压源串联

理想电压源与理想电流源并联后理想电流源不起作用,理想电压源阻抗为零,理想电流源的电流不向外电路输送,其电路如图 2-40 所示。

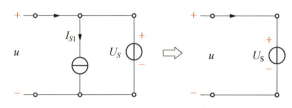

图 2-40　理想电流源和理想电压源并联

2. 实际电源

(1) 实际电源的两种模型。

实际电源不具备理想电源的特性,当外接电阻 R 变化时,电源提供的电压和电流都会发生变化。因此实际电源可以用理想电源元件组合电阻元件来表征。实际电压源可以用理想电压源 U_s 和电阻 R 串联的电路模型表示。输出电压 U 和输出电流 I 之间的关系为:

$$U = U_s - RI$$

实际电流源可以用理想电流源 I_s 和电阻 R 并联的电路模型表示。输出电压 U 和输出电流 I 之间的关系为:

$$U = RI_s - RI$$

实际电源及其两种模型的电路如图 2-41 所示。

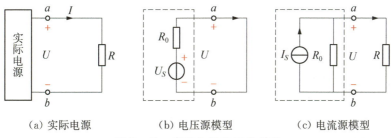

(a) 实际电源　　(b) 电压源模型　　(c) 电流源模型

图 2-41　实际电源及两种模型

(2) 实际电源的等效变换。

一个电压源与一个电流源对同一负载如果能提供等值的电压、电流和功率,则这两个电源对此负载是等效的。换言之,即如果两个电源的外特性相同,则对任何外电路它们都是等效的。具有等效条件的电源互为等效电源。在电路中用等效电源互相置换后,不影响外电路的工作状态。

电压源与电流源对外电路等效的条件为 $U_s = I_s R_0$ 或 $I_s = \dfrac{U_s}{R_0}$,且两种电源的模型内阻相等,如图 2-42 所示。

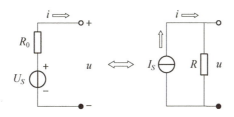

图 2-42　电流源和电压源的等效电路

需要注意的是,等效变换的"等效"是指对外电路等效,即等效互换前后对外伏安特性一致,内部电路不等效;理想电压源与理想电流源之间不能进行等效变换;等效变换时需注意电源方向,电流源的流向是电压源负极到正极的方向。

三、电阻电路的一般分析

电阻电路的分析方法主要是根据 KCL、KVL 及元件的电压电流关系列方程、解方程。根据列方程时所选变量的不同可以分为支路电流法、网孔电流法和回路电流法。

要想正确理解、分析电阻电路,首先要认识电路图。

(一) 电路的图

电路的"图"由支路和节点组成,通常用 G 表示。图中的支路和节点与电路的支路和节点一一对应。

1. 图的特点

在电路的图中,节点和支路各是一个整体;移去图中的支路,与它所连接的节点依然存在;若要在图中把节点移去,则应把与它连接的全部支路同时移去。

2. 图的相关知识

(1) 路径。从图的一个节点出发沿着一些支路连续移动到达另一节点所经过的支路构成了路径。

(2) 连通图和非连通图。图的两节点间至少有一条路径时称为连通图;非连通图中至少存在两个分离部分。

(3) 子图。若图 G_1 中所有的支路和节点都是图 G 中的支路和节点,则称 G_1 是 G 的子图,如图 2-43 所示。

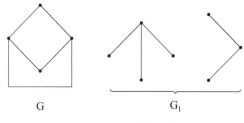

图 2-43 图和子图

(4) 树。树是连通图的子图,它包含所有节点且不含闭合路径,如图 2-44 所示。树支为树中包含的支路,它等于节点数减 1;树以外的支路称为该树的连支,数量为支路减去树支。

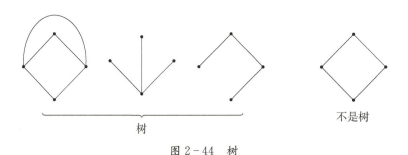

图 2-44 树

（5）平面图。一个图，若它的各条支路除所联结的节点外不再交叉，则称为平面图。

（6）回路。回路也是连通图的子图。回路要构成一条闭合路径，每个节点要关联 2 条支路，如图 2-44 所示。对于平面电路而言，网孔数等于基本回路数。

（7）独立回路数。对一个节点数为 n、支路数为 b 的连通图，其独立的回路数为 $b-n+1$。

（二）支路电流法

支路电流法是以支路电流为未知量，直接应用 KCL、KVL 列出与支路电流数目相等的独立节点电流方程和回路电压方程，然后联立解出各支路电流的方法。在方程数目不多的情况可以使用支路电流法。

列写电流、电压方程时需注意：列写方程前需标定支路电流（电压）的参考方向；对于有 n 个节点、b 条支路的电路，独立的 KCL 方程为 $n-1$ 个；独立的 KVL 为 $b-(n-1)$ 个；列出 b 个独立的电路方程，便可求解支路电流。

如图 2-45 所示为一个混联电路图，电路中有 4 个节点、6 个支路电流，故需要列写 3 个 KCL 方程、3 个 KVL 方程，共 6 个方程求解未知数。

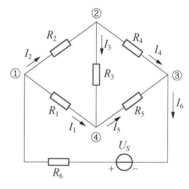

KCL 方程为：
①：$I_1+I_2-I_6=0$
②：$-I_2+I_3+I_4=0$
③：$-I_4-I_5+I_6=0$
取网孔为独立回路，沿顺时针方向绕行，KVL 方程为：
回路 1：$U_2+U_3-U_1=0$
回路 2：$-U_3+U_4-U_5=0$

图 2-45 支路电流法的应用

应用欧姆定律取消支路电压可得：
$$R_2I_2+R_3I_3-R_1I_1=0$$
$$R_4I_4-R_5I_5-R_3I_3=0$$
$$R_1I_1+R_5I_5+R_6I_6=U_s$$

（三）网孔电流法

网孔电流法是以网孔电流作为独立变量，根据 KVL 列出关于网孔电流的电路方程，进行求解的过程。对于一个节点数为 n、支路数为 b 的平面电路，其网孔数为 $b-n+1$ 个，网孔电流数也为 $b-n+1$ 个。支路电流等于流过该支路的网孔电流的代数和。网孔电流法只适用于平面网络。

网孔电流有两个特点，一个是独立性。网孔电流自动满足 KCL 且相互独立；另一个特点是完备性，电路中所有支路电流都可以用网孔电流表示。

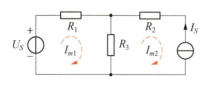

图 2-46 理想电流源位于边沿支路

若电路中含有理想电流源支路且理想电流源位于边沿支路，如图 2-46 所示。计算时应先选取网孔电流绕行方向，其中含理想电流源支路的网孔电流为已知量：$I_{m2}=-I_s$。对不含电流源的支路的网孔可列方程：$(R_1+R_3)I_{m1}-R_3I_{m2}=U_s$。

若电路中含有理想电流源且理想电流源位于公共支路，如图 2-47 所示。计算时应选取网孔电流绕行方向，虚设电流源电压为 U；根据所学知识列出公式：$(R_1+R_2)I_{m1}-R_2I_{m2}+U=U_s$；$-R_2I_{m1}+(R_3+R_2)I_{m2}-U=0$。添加约束方程：$I_{m2}-I_{m1}=I_s$。

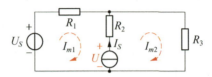

图 2-47 理想电流源位于公共支路

若电路中含有受控源，如图 2-48 所示。计算时应选取网孔电流绕行方向，先将受控源视作独立源处理，根据所学知识可列方程：$(R_1+R_2)I_{m1}-R_2I_{m2}=U_s$；$-R_2I_{m1}+(R_3+R_2)I_{m2}=-rI$。再将控制量用未知量表示：$I=I_{m1}-I_{m2}$。整理可得：

$$(R_1+R_2)I_{m1}-R_2I_{m2}=U_s$$
$$(r-R_2)I_{m1}+(R_3+R_2-r)I_{m2}=0$$

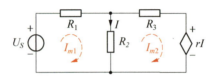

图 2-48 含有受控源的电路

如图 2-49 所示的电路中，根据网孔电流与支路电流的关系，列写 KCL 方程可得：$I_1=I_{l1}$；$I_2=-I_{l1}+I_{l2}$；$I_3=I_{l2}$。

指定网孔电流的参考方向，并以此作为列写 KVL 方程的绕行方向，KVL 方程为：

$$R_1I_1-R_2I_2=U_{s1}-U_{s2}$$
$$R_2I_2+R_3I_3=U_{s2}$$

代入回路电流可得：

$$R_1I_{l1}+R_2I_{l1}-R_2I_{l2}=U_{s1}-U_{s2}$$
$$-R_2I_{l1}+R_2I_{l2}+R_3I_{l2}=U_{s2}$$

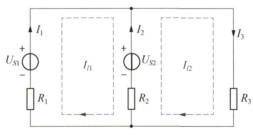

图 2-49 网孔电流法的应用

（四）回路电流法

设想在每个回路中都有一个电流沿回路边界环流，这种在一个回路内环行的假相电流叫回路电流。回路电流法是以回路电流作为电路独立变量进行电路分析的方法。它适用于含多个理想电流源支路的电路。一个具有 b 条支路、n 个节点的电路，其独立回路数为 $b-n+1$ 条。回路电流法对平面和非平面网络均适用。

回路电流法中列写方程的依据依然是基尔霍夫定律和支路性质对支路电压和支路电流的约束。在列写回路方程时需注意：

◆ 应先选择一个树来确定一组基本回路，并指定各回路电流的基本方向。

◆ 按一般公式列出回路电流方程时，自阻总是正的。互阻的正负由相关的两个回路电流通过公共电阻时，两者的参考方向是否相同来确定。

◆ 电路中有电流源和受控源需另外处理，处理方法如下：

（1）电路中有电流源：

① 若电流源有并联电阻，应先做电源的等效变换再列回路电流方程。

② 若电路中存在无伴电流源，要把无伴电流源两端电压作为一个求解变量列入方程，同时增加一个回路电流与无伴电流源的约束方程，最后联立回路方程与约束方程求解。

（2）电路中有受控源：

① 若电路中含有受控电压源，应先把受控电压源的控制量用回路电流表示。将受控电压源视为独立电压源，按列回路电流方程的一般方法把电源电压值列于 KVL 方程右边；把用回路电流所表示的受控源电压项移至方程的左边。

② 若电路中含有受控电流源，应先用回路电流表示受控电流源的控制量；再将受控电流源视作独立电流源，然后按含有电流源的电路进行处理。

◆ 如果 R 为回路 1 和回路 2 的共同电阻，则在列回路 2 方程时需要减去 R 与回路 1 电流的乘积。

图 2-50 所示为含有受控电压源的电路图。根据电路中含有受控电压源的处理方法列出公式为：

回路 1：$(R_1+R_3)i_1-R_3i_2=U_s$

回路 2：$-R_3i_2+(R_2+R_3)i_2=50U_1$

$$U_1=R_1i_1$$

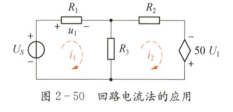

图 2-50　回路电流法的应用

本任务介绍了电路的四种基本定律及其应用、电阻电路的等效变换及其一般分析。

分析直流电路的四种基本定律分别是欧姆定律、基尔霍夫定律、叠加定律和戴维南定理。

欧姆定律是指同一电路中，在电阻一定的条件下，通过某一导体的电流跟这段导体两端的电压成正比；在电压一定的条件下，通过某一导体的电流与这段导体的电阻成反比。

基尔霍夫定律分为电流定律和电压定律。电流定律的内容是在任一时刻，对电路中任意一个节点，流入该节点的电流之和必定等于流出该节点的电流之和；电压定律是在任一时刻,对任一回路,沿回路绕行方向上隔断电压的代数和为零。

叠加定律是指在线性电路中,由两个或两个以上的独立源共同作用所产生的某一支路的电流或电压,等于各独立电源作用时分别在该支路所产生的电流或电压的代数和。

戴维南定理是指对外电路而言,一个线性有源二端网络可用一个电压源和一个电阻串联来等效。该电压源的电压等于此有源二端网络的开路电压,串联电阻等于此有源二端网络除去独立电源后在其端口处的等效电阻。

电阻电路的等效变换可分为星型连接和三角形连接电阻的等效变换和电压源与电流源的等效变换。三角形连接和星型连接都是通过三个节点与外部电路相连,它们之间等效变换的要求是外部特性相同,也就是两电路之间对应的节点之间有相同的电压和电流。电压源与电流源的等效变换条件是具有等效条件的电源互为等效电源。在电路中用等效电源互相置换后,不影响外电路的工作状态。

电阻电路的分析方法主要是根据 KCL、KVL 及元件的电压电流关系列方程、解方程。根据列方程时所选变量的不同可以分为支路电流法、网孔电流法和回路电流法。

一、判断题

1. 从欧姆定律公式可知,电压是电流与电阻之积。( )
2. 复杂电路也可以用欧姆定律进行分析。( )
3. 应用叠加定律拆分电路时,电压源应以短路处理,电流源以开路处理。( )
4. 欧姆定律指出,在同一电路中电阻一定的条件下,通过某一导体的电流跟这段导体两端的电压成正比。( )
5. 任意有源二端网络都可以用等效电阻来代替。( )

二、选择题

1. ( )包含所有节点且不含闭合路径。【单选题】
   A. 回路　　　　　　　　　　　　B. 连通图
   C. 子图　　　　　　　　　　　　D. 树
2. 戴维南定理适用的电路有( )。【单选题】
   A. 无源二端网络　　　　　　　　B. 有源二端网络
   C. 线性有源二端网络　　　　　　D. 线性无源二端网络
3. 以下( )是串联电阻电路的特点。【多选题】
   A. 各处电流都相等　　　　　　　B. 各电阻电压相等
   C. 串联电阻越多,总电阻越大　　　D. 总电阻等于各串联电阻之和
4. 以下( )是并联电阻电路的特点。【单选题】
   A. 各处电流都相等
   B. 各电阻电压相等
   C. 并联电阻越多,总电阻越大
   D. 总电阻等于各并联电阻的倒数之和

5. 根据戴维南定理,对于外电路来说,一个线性有源二端网络可用(　　)等效。【多选题】
   A. 一个电压源　　　　　　　　　　B. 一个串联电阻
   C. 一个电流源　　　　　　　　　　D. 两个电压源

三、简答题

1. 请简述支路电流法求解电路的过程及求解过程中的注意事项。
2. 请简述网孔电流法求解电路的过程及求解过程中的注意事项。

任务 3　交流电路

1. 了解正弦交流电的三要素和表示方法。
2. 了解三相交流电的基本概念、特点及相序。
3. 掌握交流电路的分析方法及提高功率因数的方法。
4. 掌握三相交流电的连接方式及功率的计算方法。

任务导入

在一堂实验课上,老师拿来了一个自制发电机。该发电机由塑料棒、塑料膜、磁性铁片、纸板、导线、铜线及多节蓄电池制成。接着将此自制发电机连接在一个小风扇上,随着老师不断地摇动自制发电机,小风扇慢慢转了起来。摇动自制发电机速度越快,小风扇转得越快。请想一想,为什么如此简易的自制发电机能够使小风扇转起来呢?是什么原理使自制小风扇的转速随着自制发电机的摇动速度不断加快?

知识储备

交流电路是指电源的电动势随时间作周期性变化,使得电路中的电压、电流也随时间作周期性变化的电路。交流电的产生有两种方式,一种是利用交流发电机产生;另一种是含有电子器件,如电子管、半导体晶体管的电子振荡器产生的。日常生活中常见的电灯、电动机等用的电都是交流电。在电路中,交流电用符号"～"表示,其类型如图 2-51 所示。

交流电类型

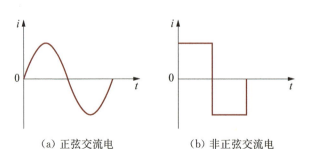

(a) 正弦交流电　　(b) 非正弦交流电

图 2-51　交流电类型

交流电的最基本形式是正弦电流,按照相位又可以分为单相交流电和三相交流电。本任务主要介绍正弦交流电和三相交流电的相关内容。

一、正弦交流电

(一) 正弦交流电的基本概念

电流、电压或电动势的大小和方向随时间按正弦规律变化的即为正弦交流电。正弦电压、电流等物理量统称为正弦量。正弦交流电是一种最基本、应用最广泛的交流电。

1. 正弦量的三要素

正弦交流电有三要素,分别是振幅、频率和初相角。

(1) 振幅。

正弦值在任意时刻的数值为瞬时值。最大的瞬时值即为振幅,也称最大值。正弦电动势、电压和电流的瞬时值分别用字母 e、u 和 i 表示,振幅(最大值)用 E_m、U_m 和 I_m 表示;瞬时值有正有负,振幅也有正有负,但在习惯上都以绝对值表示。

交流电是不断变化的,瞬时值和振幅都不能代表交流电实际做功的效果,因此需要使用有效值来衡量做功能力。假设交流电流和直流电流通过一电阻,在相同的时间内产生的热量相同,则直流电流和交流电流在发热方面是等效的,该直流电数值即为交流电的有效值。交流电流、电压和电动势的有效值符号分别为 I、U 和 E。

需要注意的是,交流电的大小总是指有效值。交流电气设备上标注的额定电压和额定电流的数值也是有效值。

(2) 角频率。

交流电每重复一次变化所需要的时间称为周期,用字母 T 表示,单位是秒(s);交流电 1s 内重复变化的次数称为频率,用字母 f 表示,单位是赫兹(Hz);周期和频率互为倒数;交流电在 1s 内变化的电角度称为角频率,用字母 ω 表示,单位是弧度/秒(rad/s)。角频率与频率的关系为 $\omega = 2\pi f$。

周期、频率和角频率都是表示正弦交流电变化快慢的物理量。

(3) 初相位。

正弦交流电压在变化过程中任意时刻对应的电角度称为相位,或相位角,用 $\omega t + \varphi$ 表示;$t = 0$ 时对应的相位角 φ 称为初相角,或初相位。初相位反映了正弦交流电计时起点的状态。在正弦量的解析式中,通常规定初相位不得超过 $\pm 180°$。初相位为正角时,正弦量对应的初始值一定为正值;初相位为负角时,正弦量对应的初始值一定为负值。

两个同频率的正弦交流电在变化过程中的相位关系和先后顺序的差别称为相位差,用字母 $\Delta \varphi$ 表示。两个同频率的正弦量之间的相位差等于初相之差,不得超过 $\pm 180°$;不同频率的正弦量不存在相位差。

2. 正弦量的表示方法

正弦交流电有三种表示方法,分别是解析表示法、波形表示法和向量表示法。

(1) 解析表示法。

用三角函数式表示正弦交流电随时间变化而变化的方法叫作解析法。正弦交流电动势、电压和电流的解析式为:

$$e = E_m \sin(\omega t + \varphi_e)$$
$$u = U_m \sin(\omega t + \varphi_u)$$
$$i = I_m \sin(\omega t + \varphi_i)$$

(2) 波形表示法。

根据解析式的计算数据,在平面直角坐标系中做出波形图的方法叫作波形法。如图 2-52 所示为电压和电流的正弦波形图,其中纵轴为交流电的瞬时电压和电流,横轴为电角度 ωt 或时间 t。

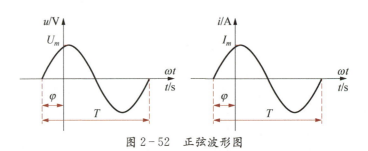

图 2-52　正弦波形图

(3) 向量表示法。

① 向量的相关知识。向量是既有大小也有方向的量。在图形上,向量是在一端有箭头的矢量,它的长短表示向量的大小,与横轴的夹角表示向量的方向。

通常,假设向量在一端围绕一个称为"原点"的固定零点旋转,而箭头表示数量,在每个完整旋转的角速度(ω)下沿逆时针方向自由旋转。矢量的这种逆时针旋转被认为是正旋转,顺时针旋转被认为是负旋转。

向量图则相当于"时间函数",它由每时每刻交替量的相位组成。

② 正弦交流电的向量表示法。正弦量的瞬时值可以用旋转矢量在纵轴上的投影值来表示,此种表示方法即为向量表示法。向量表示法能使正弦交流电的表示更形象,计算更简便。

在描绘正弦曲线时,以坐标原点为端点做一条有向线段,线段长度为正弦函数最大值,旋转矢量的起始位置与 x 轴正方向的夹角为正弦量的初相角 φ_0,它以正弦量的角频率 ω 为角速度,绕原点逆时针匀速旋转 360°,它在各不同角度时的纵轴投影即为各对应角的正弦函数,如图 2-53 所示。

正弦交流电动势

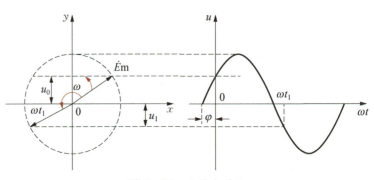

图 2-53　旋转矢量法

在旋转矢量法中,旋转向量的长度代表正弦交流电的最大值。最大值向量任意瞬间在纵轴上的投影即为瞬间正弦交流电的瞬时值,最大值常用 $\dot{U}_m$、$\dot{E}_m$ 和 $\dot{I}_m$ 表示。若旋转向量长度为 $\dot{E}_m$,则在 $\dot{E}_m$ 时刻旋转向量在纵坐标上的投影为 $y=e=\dot{E}_m\sin(\omega t+\varphi)$。

在实际运算中,交流电各量的表示一般常用有效值,因此往往采用有效值向量图来计算同频率正弦量的加减。有效值向量用 $\dot{U}$、$\dot{E}$ 和 $\dot{I}$ 表示。在有效值向量图中,向量长度代表正弦交流电的有效值;向量与水平方向的夹角仍表示正弦交流电的初相角,逆时针旋转为正,顺时针旋转为负;在表示几个正弦交流电的相位关系时,既可以选择横轴正方向为参考,也可以任意选择一个向量作为参考,并取消直角坐标轴。

旋转变量法方便进行加、减运算,旋转矢量的加、减运算服从平行四边形法则;旋转矢量既可以反映正弦量的三要素,又可以通过它在纵轴上的投影求出正弦量的瞬时值;在同一坐标系中,运用旋转矢量可以处理多个同频率旋转矢量之间的关系。需要注意的是,只有正弦量才能用旋转矢量表示,只有同频率正弦量才能借助平行四边形法则进行旋转矢量的加、减运算。

(二) 电阻、电感、电容元件的交流电路

1. 单一参数的正弦交流电路

(1) 纯电阻电路。

负载中只有电阻的交流电路称为纯电阻电路,如图 2-54 所示。

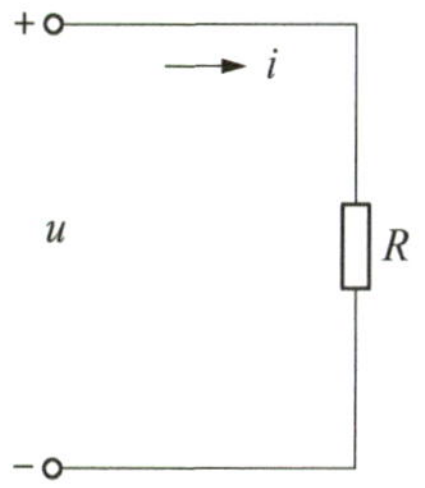

在电阻 R 两端加上正弦电压 u 时,电阻中就有电流 i 流过。假设电阻两端的电压和电流采用关联方向,选择电压经过零值向正值增加的瞬间为及时起点,电阻两端的电压为:

$$u_R = U_R \sin \omega t$$

在任意瞬间,电阻上电压和电流之间符合欧姆定律,即:

$$i = \frac{u_R}{R} = \frac{u_{Rm}}{R}\sin \omega t$$

图 2-54 纯电阻元件交流电路

比较电压和电流的关系可得:电阻两端的电压和电流频率相同,电压与电流的有效值关系符合欧姆定律且电压与电流同相,其电压、电流波形如图 2-55(a) 所示,向量图如图 2-55(b) 所示。

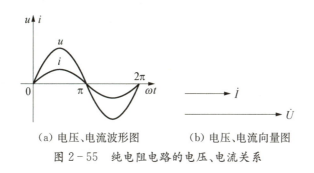

(a) 电压、电流波形图　　(b) 电压、电流向量图

图 2-55 纯电阻电路的电压、电流关系

(2) 纯电感电路。

电阻为零的线圈称为纯电感线圈,如果将它接到交流电源上,则构成了纯电感电路,如

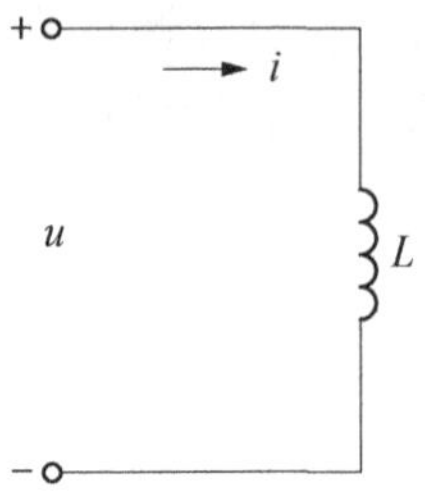

图 2-56 所示。

电感线圈上电压、电流的瞬时值关系为：

$$u = -e_L = L\frac{\mathrm{d}i}{\mathrm{d}t}$$

式中，L 为线圈的电感，H；e_L 为线圈产生的感应电动势；u 为线圈两端的交流电压。设交流电路中的正弦电流为：

$$i = I_m \sin\omega t$$

则：

$$u = L\frac{\mathrm{d}i}{\mathrm{d}t} = LI_m\omega\cos\omega t = I_m\omega L \sin\left(\omega t + \frac{\pi}{2}\right) = U_m \sin\left(\omega t + \frac{\pi}{2}\right)$$

图 2-56 纯电感元件交流电路

比较电压和电流的关系可得：电感两端电压和电流是同频率的正弦量；电压的相位超前电流 90°；电压与电流在数值上满足：$U_m = I_m\omega L$。其电压、电流波形如图 2-57(a)所示，向量图如图 2-57(b)所示。

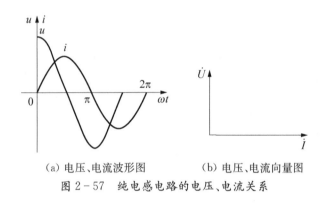

(a) 电压、电流波形图　　(b) 电压、电流向量图

图 2-57 纯电感电路的电压、电流关系

（3）纯电容电路。

由介质损耗很小、绝缘电阻很大的电容器组成的交流电路，可以看成纯电容电路，如图 2-58 所示。

纯电容电路中，电压的瞬时值不断变化，引起电容器极板上电荷量的变化，从而产生电流。因此，电流的瞬时值等于电荷量的变化率，即：

$$i = \frac{\mathrm{d}q}{\mathrm{d}t} = \frac{\mathrm{d}Cu}{\mathrm{d}t} = C\frac{\mathrm{d}u}{\mathrm{d}t}$$

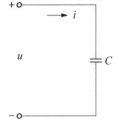

图 2-58 纯电容电路

式中，C 为电容器的电容量，F。如果在电容 C 两端加上正弦电压，$u = U_m\sin\omega t$。则：

$$i = C\frac{\mathrm{d}u}{\mathrm{d}t} = CU_m\omega\cos\omega t = U_m\omega C\left(\omega t + \frac{\pi}{2}\right) = I_m\sin\left(\omega t + \frac{\pi}{2}\right)$$

比较电压和电流的关系可得：电容两端电压和电流是同频率的正弦量；电流的相位超前电压 90°，电压与电流在数值上满足关系式：$I_m = \omega CU_m$。其电压、电流波形如图 2-59(a)所示,向量图如图 2-59(b)所示。

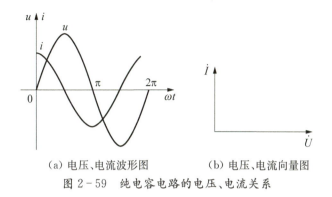

(a) 电压、电流波形图　　(b) 电压、电流向量图

图 2-59　纯电容电路的电压、电流关系

2. 电阻、电感、电容器的串联电路

在含有线圈的交流电路中,当线圈的电阻不能被忽略时,就构成了 RL 串联交流电路;当线圈与电容器串联时,就构成了 RLC 串联电路。RLC 串联电路如图 2-60 所示。

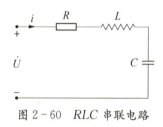

图 2-60　RLC 串联电路

(1) 电流与电压的频率关系。

由于纯电阻电路、纯电感电路、纯电容电路的电流与电压频率相同,所以 RLC 串联电路中电流与电压的频率也相同。

(2) 电流与电压的相位关系。

由于纯电阻电路的电流与电压相同,纯电感电路的电压超前电流 90°,纯电容电路的电压滞后电流 90°。又因串联电路中电流处处相等,所以 RLC 串联电路两端的电压不与电流同相,各电压相位也不同。为了求得各电路各量的关系,最简单的处理方法是先画出电路电压和电流以及各电压间的向量图。

图 2-61 是以总电流为参考正弦量做出的向量图。图中 $\dot{U}_R$、$\dot{U}_L$ 和 $\dot{U}_C$ 分别表示电阻、电感和电容两端交流电压的有效值向量,$\dot{U}$ 表示总电压向量。由图可知,总电压 $\dot{U}$ 超前或滞后电流 $\dot{I}$ 某一角度,且 $0° < \varphi < 90°$。通常把总电压超前电流的电路叫作感性电路;把总电压滞后电流的电路叫作容性电路。

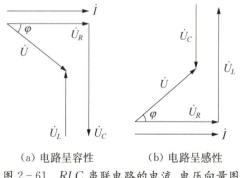

(a) 电路呈容性　　(b) 电路呈感性

图 2-61　RLC 串联电路的电流、电压向量图

(3) 电流与电压的数量关系。

对于电阻、电感和电容元件来说，它们两端的电压和电流以及电阻之间的关系仍然满足欧姆定律。要求总电压和电流之间的数量关系，首先要讨论电流和各分电压之间的数量关系。由于各分电压之间存在相位差，因此总电压不等于各分电压之和，应是各分电压的向量和，即 $\dot{U} = \dot{U}_R + \dot{U}_L + \dot{U}_C$。

从向量图可以看出，总电压和分电压的数量关系为：

$$U = \sqrt{U_R^2 + (U_L - U_C)^2}$$

又因为 $U_R = IR$，$U_L = IX_L$，$U_C = IX_C$，则：

$$U = \sqrt{U_R^2 + (U_L - U_C)^2} = I\sqrt{R^2 + (X_L - X_C)^2}$$

令：

$$U_X = U_L - U_C,\ X = X_L - X_C,\ |Z| = \sqrt{R^2 + X^2}$$

可得常见欧姆定律形式：

$$I = \frac{U}{|Z|}$$

式中，$|Z|$ 为 RLC 串联电路对交流电流的阻碍作用，称为 RLC 串联电路的阻抗；X 称为电抗。

电流与电压之间的相位差可由下式求得：

$$\varphi = \arctan\frac{U_X}{U_R} = \arctan\frac{X}{R}$$

当 $X = X_L - X_C > 0$ 时，$\varphi > 0$，电路的电流滞后于总电压 φ 角，这时电路呈感性；当 $X = X_L - X_C = 0$ 时，$\varphi = 0$，电路的电流与总电压同相位，这时电路呈阻性；当 $X = X_L - X_C < 0$ 时，$\varphi < 0$，电路的电流超前于总电压 φ 角，这时电路呈容性。

（三）功率与功率因数的提高

1. 功率的定义

功率是指物体在单位时间内所做功的多少，它是用来表征做功快慢的物理量。功的数量一定时，时间越短，功率值越大。功率用字母 P 表示，单位为瓦特，简称瓦，记作 W。

在串联电路中（$I_1 = I_2$），$P_1 : P_2 = U_1 : U_2 = R_1 : R_2 = W_1 : W_2$；在并联电路中（$U_1 = U_2$），$P_1 : P_2 = I_1 : I_2 = R_1 : R_2 = W_1 : W_2$。

2. 功率的测量与计算

功率可分为视在功率、瞬时功率、平均功率(有功功率)和无功功率。

(1) 视在功率。

视在功率表示交流电器设备容量的量，用字母 S 表示，单位为伏安(VA)或千伏安(kVA)。它等于电压有效值和电流有效值的乘积，它相当于在给定电压和电流下所能获得的最大有功功率。在正弦交流电路中，有功功率一般小于视在功率。

$$S = UI$$

(2) 瞬时功率。

电路在某一瞬间吸收或放出的功率称为瞬时功率，即 $p = ui$。瞬时功率有正有负，正表示网络从电源吸收功率；负表示网络向电源回馈功率。

① 电阻的瞬时功率。在纯电阻交流电路中，当电流 i 流过电阻 R 时，电阻上要产生热量，把电能转化为热能，电阻上必然有功率消耗。由于流过电阻的电流和电阻两端的电压都是不断变化的，所以电阻 R 上消耗的功率也在不断变化。电阻中某一时刻消耗的电功率叫作瞬时功率，它等于电压 u 与电流 i 瞬时值的乘积，并用小写字母 p 表示。即：

$$p = U_R I_R \sin^2 \omega t$$

将电压和电流同一时刻的数值逐点相乘，即可得到瞬时功率的变化曲线，如图 2-62 所示。在任何瞬时，恒有 $p \geqslant 0$。由于电阻电压与电流同相，所以当电压、电流同时为零时，瞬时功率也为零；电压、电流到达最大值时，瞬时功率达最大值。

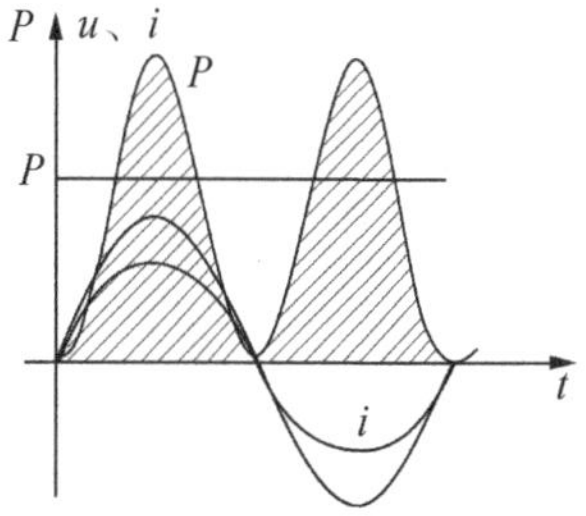

② 电感的瞬时功率。在纯电感电路中，电压瞬时值和电流瞬时值的乘积称为瞬时功率。即：

$$P_L = ui = U_m \sin\left(\omega t + \frac{\pi}{2}\right) I_m \sin \omega t$$

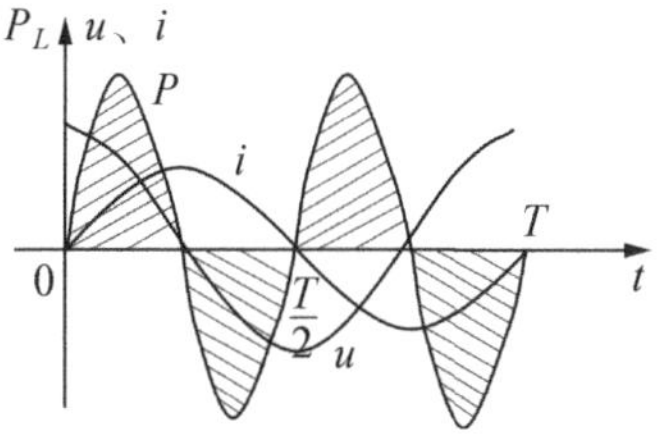

图 2-62 电阻元件瞬时功率波形图

由于纯电感瞬时功率的频率是电压和电流频率的两倍，因此在交流电的第一个及第三个 1/4 周期内，P_L 为正值，电感吸收电源的能量并以磁场能的形式存储在线圈中；在第二及第四个 1/4 周期内，P_L 为负值，电感把存储的能量送回电源。其波形图如图 2-63 所示。

③ 电容的瞬时功率。在纯电容电路中，电压瞬时值和电流瞬时值的乘积称为电容的瞬时功率，即：

$$P_C = ui = U_m \sin \omega t I_m \sin\left(\omega t + \frac{\pi}{2}\right)$$

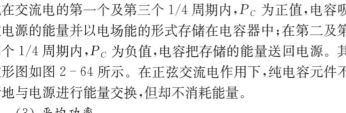

图 2-63 纯电感电路瞬时功率波形图

由于纯电容瞬时功率的频率是电压和电流频率的两倍，因此在交流电的第一个及第三个 1/4 周期内，P_C 为正值，电容吸收电源的能量并以电场能的形式存储在电容器中；在第二及第四个 1/4 周期内，P_C 为负值，电容把存储的能量送回电源。其波形图如图 2-64 所示。在正弦交流电作用下，纯电容元件不断地与电源进行能量交换，但却不消耗能量。

(3) 平均功率。

电路在电流变化一个周期内瞬时功率的平均值称为平均功率或有功功率。因为电路中的电感和电容并不消耗功率，因此电路中的平均功率即电阻消耗的功率。

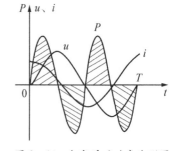

图 2-64 电容瞬时功率波形图

① 电阻的平均功率。瞬时功率虽然表明了电阻中消耗功率的瞬时状态，但不便于表示和比较大小。因此常用一个周期内瞬时功率的平均值表示功率。因为电阻消耗电能说明电

流做了功,从做功角度而言,又把平均功率称为有功功率,用大写字母 P 表示,单位为瓦(W)。经数学证明,有功功率等于最大瞬时功率的一半,即:

$$p = \frac{1}{2}U_R I_R$$

② 电感的平均功率。不同的电感与电源交换能量的规模不同,观察图 2-63 可得,瞬时功率在一个周期内的平均值为零,则纯电感电路中的平均功率为零,即:

$$P = 0$$

③ 电容的平均功率。不同的电容与电源交换能量的规模不同,观察图 2-64 可得,瞬时功率在一个周期内的平均值为零,则纯电容电路中的平均功率为零,即:

$$P = 0$$

(4) 无功功率。

无功功率是指在具有电抗的交流电路中,电场或磁场在一定周期内,一部分从电源吸收能量,另一部分则释放能量,使整个周期内平均功率为零,依靠建立交变磁场使能量在电源和电抗元件之间不断交换。所谓的"无功"并不是"无用"的电功率,"无功"的含义是"交换"而不是"消耗",它表示电源与电感负载之间的能量交换。无功功率的单位为乏(var)。

① 电感的无功功率。纯电感 L 虽不消耗功率,但是它与电源之间有能量交换。为了表示能量交换的规模大小,将电感瞬时功率的最大值定义为电感的无功功率,简称感性无功功率,用 Q_L 表示,即:

$$Q_L = UI = I^2 X_L = \frac{U^2}{X_L}$$

② 电容的无功功率。虽然纯电容不消耗功率,但在供电系统中,只要有电容负载,电容器与电源之间就存在能量交换。为了表示能量交换的规模大小,将电容瞬时功率的最大值定义为电容的无功功率,用 Q_C 表示,即:

$$Q_C = UI = I^2 X_C = \frac{U^2}{X_C}$$

3. 功率因数的提高

在交流电路中,电压与电流之间的相位差 φ 角的余弦称为功率因数,用 $\cos\varphi$ 表示。功率因数在数值上等于有功功率和视在功率之比。

由于电源设备的容量就是视在功率 UI,而输出的有功功率为 $UI\cos\varphi$,因此为了充分利用电源设备的容量,就需要提高电路的功率因数。提高功率因数的方法可以分为提高自然功率因数和人工补偿法。

(1) 提高自然功率因数。

① 选择合适的电动机容量,减少电动机无功消耗。

② 对于平均负荷小于其额定容量 40% 左右的轻载电动机,可将线圈改为三角形接法。

③ 合理配置变压器,恰当选择其容量。

(2) 人工补偿法。

人工补偿法多采用在感性负载上并联电容器的方法。电力系统中的负载大部分是感性的,在交流电路中,纯电阻电路负载中的电流与电压同相位;纯电感负载中的电流滞后于电压 90°;纯电容的电流则超前于电压 90°,电容中的电流与电感中的电流相差 180°,能互相抵消。因此在感性负载上并联电容器,用电容器的无功功率来补偿感性负载的无功功率,从而能够减少感性负载与电源之间原有的能量交换,提高功率因数。

(四) 谐振电路

对于包含电容和电感及电阻元件的无源一端口网络,如果无功功率得到完全补偿,使电路的功率因数为 1,电压和电流同相,整个电路呈现纯阻性,则称此电路为谐振电路。谐振的实质是电容中的电场能与电感中的磁场能相互转化,此增彼减。

按电路连接方式的不同,谐振电路可以分为串联谐振和并联谐振两种。

1. 串联谐振

在串联电路发生的谐振称为串联谐振,其电路图和向量图如图 2-65 所示。

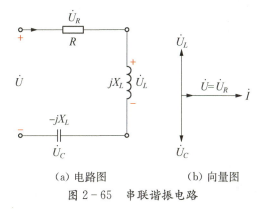

(a) 电路图　　(b) 向量图

图 2-65　串联谐振电路

在 RLC 串联谐振电路中,$X_L = X_C$,$\dot{I}$ 和 $\dot{U}$ 同相,整个电路呈阻性。设串联谐振时的频率为 f_0,由 $2\pi f_0 L = \dfrac{1}{2\pi f_0 C}$,用频率表示串联谐振的条件,$f_0$ 为:

$$f_0 = \frac{1}{2\pi\sqrt{LC}}$$

由式中可以看出,谐振频率只与电路参数 L 和 C 有关。调整 f、L、C 中的任意一个参数都能产生谐振。串联谐振时的感抗或容抗称为谐振电路的特性阻抗,用 ρ 表示,即:

$$\rho = \omega_0 L = \frac{1}{\omega_0 L} = \frac{\sqrt{LC}}{C} = \sqrt{\frac{L}{C}}$$

串联谐振电路有以下特点:

① 总阻抗最小;电源电压一定时,电流最大;电路呈阻性,电容或电感上的电压可能高于电源电压。

② $\dot{U}_L = -\dot{U}_C$。即 $\dot{U}_L$ 与 $\dot{U}_C$ 的有效值相等,相位相反,相互抵消。若 $X_L = X_C \gg R$,则 $U_L = U_C \gg U$。通常把串联谐振时 U_L 或 U_C 与 U 之比称为串联谐振电路的品质因数,也称为

Q 值。

2. 并联谐振

在并联电路发生的谐振称为并联谐振,其电路图和向量图如图 2-66 所示。

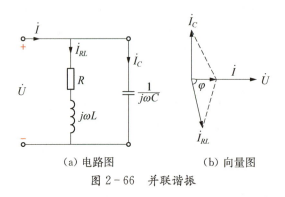

(a) 电路图　　(b) 向量图

图 2-66　并联谐振

在并联谐振电路中,线圈和电容器并联。电路中的总电流 $\dot{I}$ 和端电压 $\dot{U}$ 同相。设并联谐振时的频率为 f_0,用频率表示并联谐振的条件,f_0 为:

$$\frac{2\pi f_0 L}{R^2 + (2\pi f_0 L)^2} = 2\pi f_0 C$$

$$f_0 = \frac{1}{2\pi\sqrt{LC}}\sqrt{1 - \frac{C}{L}R^2}$$

并联谐振电路有以下特点:
① 电压一定时,谐振时电流最小。
② 等效阻抗较大且具有纯电阻性质。
③ 电路呈阻性,支路电流可能会大于总电流。

二、三相交流电

(一) 三相交流电的基本概念

1. 定义

由三个幅值相等、频率相同、相位互差 120°的单相交流电源构成的电源为三相电源。由三相电源构成的电路称为三相电路。

通常,从发电厂发出的三相交流电很少直接到达用户端,而是经升压、输电、降压等环节再进入配电网络。其输电过程如图 2-67 所示。因此,对用户而言,三相电源一般来自发电机或变压器二次侧的三相绕组。

2. 特点

三相交流电是目前世界上应用最为广泛的交流电,它具有以下优点:
(1) 在尺寸相同的情况下,三相发电机比单相发电机输出功率大。
(2) 在输电距离、输电电压、输送功率和线路损耗相同的条件下,三相输电比单相输电可

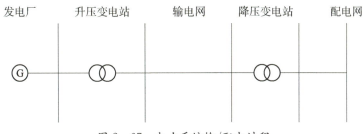

图 2-67 电力系统输/配电过程

节省 25% 的有色金属。

(3) 单相电路的瞬时功率随时间变化,而对称三相电路的瞬时功率是恒定的,这使得三相电动机具有恒定转矩,比单相电动机性能好,结构更加简单,维护方便。

3. 相序

三相电路中,每一相依次用 U、V、W 表示,分别称为 U 相、V 相和 W 相,其电路图和波形图如图 2-68 所示。

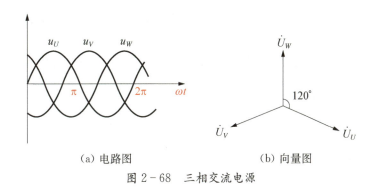

(a) 电路图 (b) 向量图

图 2-68 三相交流电源

三相电源每相电压出现最大值或最小值的先后次序称为相序。图 2-68 所示的三相电源出现最大值的次序是 U、V、W 相,因此电压的正相序为 U→V→W→U,反相序为 U→W→V→U。

若以第一相为参考正弦量,可得三相电动势的解析式如下:

$$e_U = E_m \sin \omega t$$
$$e_V = E_m \sin(\omega t - 120°)$$
$$e_V = E_m \sin(\omega t - 240°) = E_m \sin(\omega t + 120°)$$

(二) 三相交流电的连接

三相交流电电源和负载都有两种连接方式且连接方式相同。

1. 三相电源的连接方式

(1) 星型连接。

将三个绕组的末端 U_2、V_2、W_2 相连,三个绕组的连接点称为中性点或零点,用字母 N 表示。从中性点引出的导线称为中性线或零线。三相绕组的三个始端 U_1、V_1、W_1 引出的线称为相线或端线,又称为火线。引出中性线的电源称为三相四线制电源,不引出中性线的供电方式称为三相三线制,如图 2-69 所示。

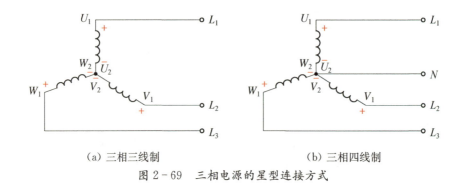

(a) 三相三线制　　　　　　　　(b) 三相四线制

图 2-69　三相电源的星型连接方式

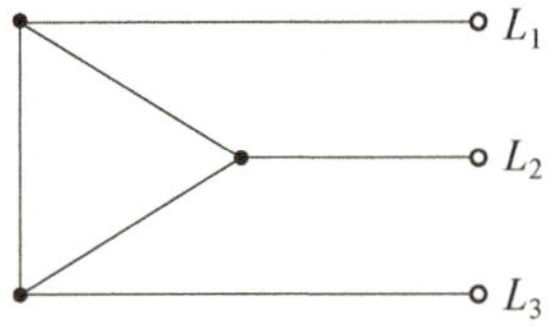

三相四线制可以输出两种电压。一种是相线与相线之间的电压,叫做电源线电压;另一种是相线与中性线之间的电压,即各相绕组的起端与末端之间的电压,叫作电源相电压。线电压和相电压相位不同,线电压总是超前与之相对应的相电压 30°。

(2) 三角形连接。

将三相电源首尾相接形成闭环,在电源的三个连接点分别向外引出三根火线,如图 2-70 所示。

图 2-70　三相电源的三角形连接方式

三相电源绕组作三角形连接时,线电压等于电源绕组的感应电压,只提供一种供电方式;不允许首尾端反接,否则会在三角形环路中引起大电流而致使电源过热烧损。

2. 三相负载的连接方式

三相电路中,电源是对称的,而各相的负载阻抗可以相同,也可以不同。阻抗相同的称为对称三相负载;阻抗不同的称为不对称三相负载。三相负载有星型连接和三角形连接两种方式。在学习两种连接方式之前,首先让我们了解一下相关的概念。

① 负载相电压:每相负载两端的电压。
② 负载线电压:相线与相线之间的电压。
③ 相电流:流过各相负载的电流叫作相电流。
④ 线电流:流过相线的电流叫作线电流。
⑤ 中性线电流:流过中性线的电流。

(1) 星型连接。

三相负载的星型连接是把三相负载分别接到三相电源的一根相线和中性线的接法,三相负载的星型连接也叫做 Y 形连接,其电路如图 2-71 所示。三相负载的星型连接中各相负载的额定电压等于电源的相电压。

在三相负载的星型连接中,相电流等于对应负载的线电流。电源相电压 $\dot{U}_U$、$\dot{U}_W$ 和 $\dot{U}_V$ 在图 2-71 中采用大写字母;负载相电压 $\dot{U}_u$、$\dot{U}_w$ 和 $\dot{U}_v$ 的下标

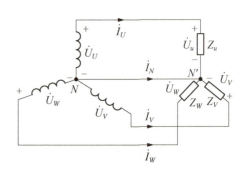

图 2-71　三相负载的星型连接

则采用小写字母。

当三相负载对称时,各相负载阻抗的模与阻抗角完全相等,即 $Z_u=Z_v=Z_w=Z$;相电流与线电流对称,各相电流(或线电流)振幅相等、频率相同,相位彼此差 120°;中性线电流 $\dot{I}_N=0$,说明在三相负载对称时,把中性线去掉不影响电路运行。

当三相负载不对称时,说明至少有一相负载阻抗的模或阻抗角与其他不相等。在三相负载不对称时必须要包含中性线,使三相负载的相电压对称,从而保证负载正常工作。

(2)三角形连接。

三相负载的三角形连接是把三相负载分别接到三相电源的两根相线之间,使负载作三角形连接的,也称 Δ 形连接,其电路如图 2-72 所示。

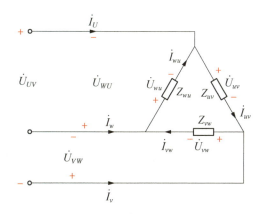

图 2-72 三相负载的三角型连接

对于三角形连接的每相负载来说,也是单相交流电路,所以各相电流、电压和阻抗三者之间的关系仍与单相电路相同。由于三角形连接的各相负载接在两根相线之间,因此负载的相电压等于线电压;相电流是线电流的 $\sqrt{3}$ 倍,线电流总是滞后与之相对应的相电流 30°;在负载对称的情况下,各相电流大小相等,相位差互为 120°;三角形连接的相电压是星型连接相电压的 $\sqrt{3}$ 倍。

(三)三相电路功率

任何接法的三相负载,其每相功率的计算方法与单相电路完全相同。三相负载消耗的总功率为各相负载消耗的功率之和。即:

$$P=P_u+P_v+P_w=U_u I_u \cos\varphi_u + U_v I_v \cos\varphi_v + U_w I_w \cos\varphi_w$$

式中,U_u、U_v 和 U_w 为各相负载的相电压;I_u、I_v 和 I_w 为各相负载的相电流;$\cos\varphi_u$、$\cos\varphi_v$ 和 $\cos\varphi_w$ 为各相负载的功率因数;φ 为负载相电压与相电流之间的相位差。在对称三相电路中,各相负载的相电压、相电流的有效值相等,功率因数也相等,因而上式可变为:

$$P=3U_{相} I_{相} \cos\varphi$$

当负载为星型连接时:

$$P_Y=3U_{相} I_{相} \cos\varphi = 3\frac{U_{线}}{\sqrt{3}} I_{线} \cos\varphi = \sqrt{3} U_{线} I_{线} \cos\varphi$$

当负载为三角形连接时：

$$P_\triangle = 3U_相 I_相 \cos\varphi = 3\frac{U_线}{\sqrt{3}} I_线 \cos\varphi = \sqrt{3} U_线 I_线 \cos\varphi$$

由式中可以看出三相对称负载不论是星型连接还是三角型连接，其有功功率均为：

$$P = 3U_线 I_线 \cos\varphi$$

同样，对称三相负载的无功功率也等于各相无功功率之和，即：

$$P = 3U_线 I_线 \sin\varphi$$

对称三相负载的视在功率为：

$$S = \sqrt{P^2 + Q^2} = \sqrt{3} U_线 I_线$$

任务小结

本任务介绍了正弦交流电和三相交流电的相关知识。

电流、电压或电动势的大小和方向随时间按正弦规律变化的即为正弦交流电。

正弦交流电有三要素，分别是振幅、频率和初相角。正弦值的最大瞬时值即为振幅；交流电在1s内变化的电角度称为角频率；正弦交流电压在 $t=0$ 的时刻对应的电角度称为初相位。

正弦交流电有三种表示方法，分别是解析表示法、波形表示法和向量表示法。将正弦量的瞬时值用旋转矢量在纵轴上的投影值来表示即向量表示法。

电阻、电感、电容元件的交流电路分为单一参数的正弦交流电和电阻、电感、电容的串联电路。

功率是指物体在单位时间内所做功的多少，可分为视在功率、瞬时功率、平均功率（有功功率）和无功功率。

为了充分利用电源设备的容量，就需要提高电路的功率因数。提高功率因数的方法可以分为提高自然功率因数和人工补偿法。

对于包含电容和电感及电阻元件的无源一端口网络，如果无功功率得到完全补偿，使电路的功率因数为1，电压和电流同相，整个电路呈现纯阻性，则称此电路为谐振电路。

按电路连接方式的不同，谐振电路可以分为串联谐振和并联谐振两种。

由三个幅值相等、频率相同、相位互差120°的单相交流电源构成的电源为三相电源。三相电源每相电压出现最大值或最小值的先后次序称为相序。

三相电源有星型连接和三角形连接两种连接方式。将三个绕组的末端相连，从三个绕组的始端引出一条线的连接方式称为星型连接；将三相电源首尾相接形成闭环，在电源的三个连接点分别向外引出三根火线的连接方式称为三角形连接。

三相负载也有星型连接和三角形连接两种连接方式。三相负载的星型连接是把三相负载分别接到三相电源的一根相线和中性线的接法；三相负载的三角形连接是把三相负载分别接到三相电源的两根相线之间的接法。

任何接法的三相负载,其每相功率的计算方法与单相电路完全相同。三相负载消耗的总功率为各相负载消耗的功率之和。

一、判断题

1. 交流电是不断变化的,瞬时值和振幅即交流电的实际做功。（　）
2. 向量的长短表示大小,与横轴的夹角表示方向。（　）
3. 在纯电感电路中,电压的相位滞后电流 90°。（　）
4. 在 RLC 串联电路中,总电压等于各分电压之和。（　）
5. 三相四线制可以输出两种电压。一种是电源线电压,另一种是电源相电压。（　）

二、选择题

1. 正弦交流电的三要素是(　　)。【多选题】
   A. 频率　　　　　B. 振幅　　　　　C. 初相角　　　　　D. 相位
2. 交流电气设备上标注的额定电压和额定电流的数值是(　　)。【单选题】
   A. 瞬时值　　　　B. 最大值　　　　C. 有效值　　　　　D. 最小值
3. 两个同频率的正弦量之间的相位差等于初相之差,不得超过(　　)。【单选题】
   A. 45°　　　　　B. 90°　　　　　C. 120°　　　　　　D. 180°
4. 以下关于旋转变量法,说法正确的是(　　)。【多选题】
   A. 旋转矢量的运算服从平行四边形法则
   B. 只能用来处理单个同频率的旋转矢量
   C. 只有正弦量才能用旋转矢量表示
   D. 不同频率的正弦量无法计算
5. (　　)表示交流电器设备容量的量。【单选题】
   A. 视在功率　　　B. 瞬时功率　　　C. 平均功率　　　　D. 有功功率

三、简答题

1. 请简述提高功率因数的方法。
2. 请列举三相负载的连接方式并简述其特点。

任务 4　电与磁

任务目标

1. 理解磁路基本物理量。
2. 掌握磁路的基本定律。
3. 了解铁磁材料的性能。
4. 掌握电磁铁概念及工作原理。
5. 了解电与磁在实际生产、生活中的应用。

任务导入

在一堂物理实验课上，教师用 1 节 5 号电池、1 块磁铁、30 cm 的细铜丝、1 把小剪刀、1 卷透明胶带和 1 颗螺丝钉自制了一个玩具。首先，将细铜丝剪成 3 小段，其中的两段大约 5 cm，另一段 20 cm，并且用 5 cm 的细铜丝制作 2 个小线圈，用 20 cm 的做成 1 个大线圈。之后，教师将 2 个小线圈用透明胶固定在电池正负极，并将磁铁吸附在电池上方，并将大线圈架在两个小线圈中。接通电池电源后，大线圈开始快速地旋转起来。只要持续通电，大线圈就会一直旋转。想一想，大线圈为什么会旋转？请学习电与磁的相关内容，解释其中的原理。

知识储备

实际电路中经常采用电感元件，如电磁铁、变压器、电机等，一般电感线圈中都有铁心。线圈通电后铁心就构成磁路，磁路又会影响电路。因此，电工技术不仅有电路问题，同时也有磁路问题，只有同时掌握了电路和磁路的基本理论，才能对电感元件作全面的分析。

本任务主要介绍磁路相关的物理量、基本定律以及电与磁的基本应用。

一、电与磁基础知识

在物理学中我们已经知道，电流产生磁场，也就是说通电导体周围存在着磁场，如图 2-73 所示。在电磁铁、变压器、发电机等电工设备中，为了用较小的电流产生较大的磁场，通常把线圈绕在由铁磁材料制成的铁心上。这时，当电流通过线圈时，产生的磁通绝大部分也通过铁心，通过铁心的磁通称为主磁通，用字母 ϕ_m 表示。

电与磁的关系

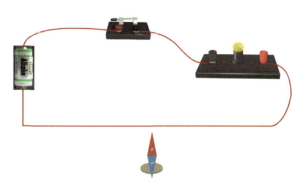

图 2-73 电与磁的关系

（一）磁路的基本物理量

1. 磁感应强度 B

磁感应强度 B 是表示磁场内某一点的磁场强弱和方向的物理量，它是一个矢量。如图 2-74 所示的电磁铁磁路中，当线圈中通有励磁电流时，在铁心内就产生磁场。磁场的大小与线圈的匝数和电流的大小有关，用通过垂直于磁场方向单位面积的磁感应线数目表示磁感应强度 B 的大小。磁场的方向与励磁电流的方向有关，这个关系可以用右手螺旋定则来确定。磁感应强度用符号 B 来表示，单位是特斯拉（T），也就是韦伯/平方米（Wb/m^2）。

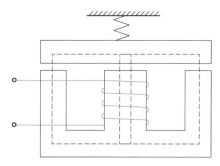

图 2-74 电磁铁的磁路

磁感应强度 B 也被称为磁通量密度或磁通密度。在物理学中磁场的强弱使用磁感应强度 B 来表示，磁感应强度 B 越大，表示磁感应越强；磁感应强度 B 越小，表示磁感应越弱。

如果磁场内各点的磁感应强度的大小相等、方向相同，这样的磁场则称为匀强磁场。

2. 磁通（磁通量）ϕ

磁感应强度 B 与垂直磁场方向的曲面面积 S 的乘积叫磁通，它是用来表示磁场分布情况的物理量。即 $\phi=BS$。其中，ϕ 为磁通量，单位是韦伯（Wb），也就是伏·秒（V·s）；B 为磁感应强度；S 为曲面面积。

磁通

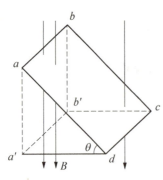

图 2-75 S 与 B 存在夹角 θ

如图 2-75 所示,当 S 与 B 的垂面存在夹角 θ 时,$\phi = B \cdot S\cos\theta$。磁通量是标量,$\theta < 90°$ 为正值,$\theta > 90°$ 为负值。

3. 磁导率

磁导率(magnetic permeability)是表征磁介质磁性的物理量,它的单位是亨/米(H/m)。表示在空间或在磁芯空间中的线圈流过电流后,产生磁通的阻力或是其在磁场中导通磁力线的能力。公式为 $\mu = B/H$,其中 H 为磁场强度;B 为磁感应强度;μ 为介质的磁导率,或称绝对磁导率。

真空磁导率 μ_0 是一个常数,$\mu_0 = 4\pi \times 10^{-7}$ H/m。某材料的相对磁导率 $u_r = \dfrac{u}{u_0}$。

根据磁导率的大小,可将物质分为磁性材料和非磁性材料。

4. 磁场强度

把磁场中某点磁感应强度 B 与介质磁导率 μ 的比值叫作该点的磁场强度,用符号 H 表示,即 $H = \dfrac{B}{\mu}$。

在国际单位制(SI)中,磁场强度的单位是安培/米(A/m)。高斯单位制(CGS)中,磁场强度单位是奥斯特(O_e)。

磁场强度是计算磁场时所引用的一个物理量。磁场强度只与产生磁场的电流以及这些电流的分布有关,而与磁介质的磁导率无关。其作用是用来确定磁场与电流之间的关系。

(二)磁路基本定律

1. 安培环路定律

安培环路定律又称全电流定律,是计算磁场的基本定律。其内容是:磁场强度矢量在磁场中沿任何闭合回路的线积分,等于穿过该闭合回路所包围面积内电流的代数和,即:

$$\oint_l \dot{H} \cdot d\dot{l} = \sum I$$

计算电流代数和时,绕行方向符合右手螺旋定则的电流取正号,反之取负号。

如图 2-76 所示,闭合回路上各个点的磁场强度 H 相等且其方向与闭合回路的切线方向一致,则安培环路定律可简化为

$$HL = \sum I$$

式中,L 为回路(磁路)长度。由于电流 I 和闭合

磁学三定律

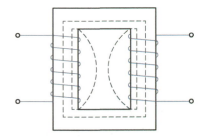

图 2-76 变压器的磁路

回路绕行方向符合右手螺旋定则,如线圈有 N 匝,电流就穿过回路 N 次,因此

$$\sum I = NI = F$$

所以

$$HL = NI = F$$

式中,F 称为磁动势,A。

2. 磁路的欧姆定律

磁路的欧姆定律用来确定磁路的磁通 ϕ、磁动势 F 和磁阻 R_m 之间的关系。三者之间的定量关系可以表示为:$\phi = F/R_m$。

式中,R_m 是磁阻,单位为安培匝/韦伯,或匝数/亨利;F 是磁动势,单位为安培匝;ϕ 是磁通量,单位为韦伯。即磁路中的磁通 ϕ 等于作用在该磁路上的磁动势 F 除以磁路的磁阻 R_m,这就是磁路的欧姆定律。磁路与电路有很多相似之处,如表 2-1 所示。

表 2-1 磁路电路欧姆定律

项目	电路	磁路
基本物理量	电动势 E 电流 I 电阻 R 电导率 γ	磁动势 F 磁通 ϕ 磁阻 R_m 磁导率 μ
基本关系	电阻 $R = \dfrac{I}{\gamma S}$ 电阻欧姆定律 $I = \dfrac{E}{R}$ 电阻的基尔霍夫电压定律 $\sum IR = \sum E$	磁阻 $R_m = \dfrac{I}{\mu S}$ 磁路的欧姆定律 $\phi = \dfrac{F}{R_m}$ 磁路的安培环路定律 $\sum HL = \sum I$

3. 电磁感应定律

电磁感应定律也叫法拉第电磁感应定律,电磁感应现象是指因磁通量变化产生感应电动势的现象。例如,闭合电路的一部分导体在磁场里做切割磁感线的运动时,导体中就会产生电流,产生的电流称为感应电流,产生的电动势(电压)称为感应电动势。

电路中感应电动势的大小,与穿过这一电路的磁通变化率成正比,若感应电动势用 ε 表示,则:

$$\varepsilon = \frac{\Delta \phi}{\Delta t}$$

这就是电磁感应定律。

若闭合电路为一个 n 匝的线圈,则又可表示为:

$$\varepsilon = n \frac{\Delta \phi}{\Delta t}$$

式中，n 为线圈匝数；$\Delta \phi$ 为磁通量变化量，Wb；Δt 为发生变化所用时间，s；ε 为产生的感应电动势，V。

电磁感应定律中电动势的方向可以通过右手定则来确定。右手定则内容：伸平右手，使拇指与四指垂直，手心向着磁场的 N 极，拇指的方向与导体运动的方向一致，四指所指的方向即为导体中感应电流的方向，其中感应电动势的方向与感应电流的方向相同，如图 2-77 所示。

图 2-77 右手定则图解

右手定则指出，感应电流的磁场要阻碍原磁通的变化。简而言之，就是磁通量变大，产生的电流有让其变小的趋势；而磁通量变小，产生的电流有让其变大的趋势。

（三）铁磁材料的磁性能

1. 高导磁性

铁磁材料之所以具有高导磁性，是因为在其内部具有一种特殊的物质结构——磁畴。

铁磁材料内部往往有相邻的几百个分子电流流向一致，这些分子电流产生的磁场叠加起来，就形成了一个个天然的小磁性区域——磁畴。不同铁磁物质内部磁畴的数量不同。

显然，磁畴是由分子电流产生的。

这些磁畴相当于一个个小磁铁。通常情况下，铁磁材料内部的磁畴排列杂乱无章，其磁性相互抵消，因此对外不显磁性，如图 2-78 所示。

磁畴在外界磁场的作用下，均发生归顺性转向，使得铁磁材料内部形成一个很强的附加磁场，如图 2-79 所示。

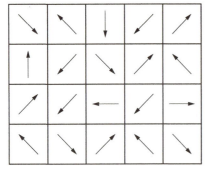
图 2-78 磁畴杂乱无章

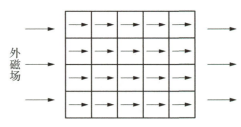
图 2-79 磁畴归顺转向

2. 磁滞性

磁感应强度 B 的变化滞后于磁场强度 H 的变化，这种现象称为磁滞现象。也就是说，铁磁材料具有磁滞性。铁磁物质在交变磁化过程中 H 和 B 的变化规律如图 2-80 所示。

当磁场强度 H 由零增加到某个值($H=+H_m$)后,如减少 H,此时 B 并不沿着原来的曲线返回而是沿着位于其上部的另一条轨迹减弱。当 $H=0$ 时 $B=B_r$,B_r 称为剩磁感应强度,简称剩磁。只有当 H 反方向变化到 $-H_c$ 时,B 才下降到零,H_C 称为矫顽力。

如果继续增大反向磁场强度,到达 $H=-H_m$ 时,把反向磁场强度逐渐减小,到达 $H=0$ 时,再把正向磁场强度逐渐增加到 $+H_m$,如此在 $+H_m$ 和 $-H_m$ 之间进行反复磁化,得到的是一条如图 2-80 所示的闭合曲线,这条曲线称为磁滞回线。

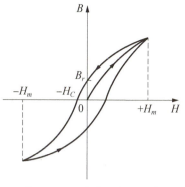

图 2-80 磁滞性变化曲线

3. 磁饱和性

磁饱和是一种磁性材料的物理特性,当磁场强度 H 增大到一定值后,磁感应强度 B 不能继续增强,这就是铁磁材料的磁饱和性。

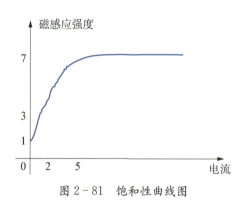

图 2-81 饱和性曲线图

磁饱和在有些场合是有害的,但有些场合是有益的。例如,磁饱和稳压器,就是利用铁心的磁饱和特性达到稳定电压的目的。但对于电源变压器,如果加上的电压大大超过额定电压,则电流剧增,变压器很快就会发热烧毁。

假设有一个电磁铁,通上一个单位电流的时候,产生的磁感应强度是 1,电流增加到 2 的时候,磁感应强度会增加到 3;电流是 5 的时候,磁感应强度是 7;但是电流到 6 的时候,磁感应强度还是 7,如果进一步增加电流,磁感应强度保持是 7 不再增加,这时就说电磁铁产生了磁饱和,其饱和曲线如图 2-81 所示。

(四)交流铁心线圈电路

将线圈绕制在铁心上便组成铁心线圈,当线圈通入电流时,铁心形成的磁路就有磁通。铁心线圈是电磁铁、变压器、电机等电气设备的基础。根据线圈所接的电源,铁心线圈分为直流铁心线圈和交流铁心线圈。

直流铁心线圈的分析比较简单。因为励磁电流是直流,产生的磁通是恒定的,不会在线圈中产生感应电动势;在电压 U 一定时,线圈中的电流只与线圈本身的电阻 R 有关;功率损耗($\Delta P=R$)由电流及电阻大小确定,与磁路无关。

交流铁心线圈的励磁电流是交流,产生的磁通是交变的,会在线圈中产生感应电动势,因此交流铁心线圈的特性要比直流铁心线圈复杂得多。

1. 电压、电流和磁通的关系

将交流铁心线圈接通交流电源,铁心形成的磁路就有交变磁通 $\varPhi$。由于铁心的导磁性能比空气好得多,所以绝大部分磁通将在铁心内通过,这部分磁通称为主磁通,用 $\varPhi_m$ 表示;同时在空气中产生漏磁通 $\varPhi_\sigma$。这两个磁通分别在线圈中产生主磁电动势 e 和漏磁电动势 e_σ。

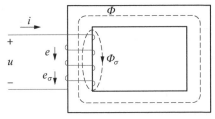

图 2-82 交流铁心线圈

设线圈电压 U、电流 I、线圈匝数 N、磁通 Φ 及感应电动势 e 的参考方向如图 2-82 中所示。由基尔霍夫电压定律得：

$$u+e+e_\sigma=iR$$

式中，R 为铁心线圈的电阻。

设主磁通按正弦规律变化，则有，

$$\phi=\phi_m\sin\omega t$$

如忽略线圈电阻及漏磁通，则有：

$$U=-e=N\frac{\mathrm{d}\phi}{\mathrm{d}t}=N\omega\phi_m\sin\left(\omega t+\frac{\pi}{2}\right)=2\pi fN\phi_m\sin\left(\omega t+\frac{\pi}{2}\right)=U_m\sin\left(\omega t+\frac{\pi}{2}\right)$$

式中，$U_m=2\pi fN\phi_m$ 为主磁电动势 e 的振幅，其有效值为：

$$U=-e=\frac{U_m}{\sqrt{2}}=\frac{2\pi fN\phi_m}{\sqrt{2}}=4.44fN\phi_m$$

于是：

$$U\approx E=4.44fN\phi_m$$

2. 功率损耗

铁心线圈的功率损耗包括铜损 ΔP_{Cu} 和铁损 ΔP_{Fe} 两部分。铜损 ΔP_{Cu} 由线圈导线发热引起，其值为 $\Delta P_{Cu}=I^2R$，其中 I 是线圈的电流，R 是线圈的电阻。铁损 ΔP_{Fe} 主要是由磁滞和涡流产生的。

铁心线圈接通交流电源后，磁路的交变磁通不仅使线圈产生感应电动势，铁心也产生感应电动势，这个电动势使铁心产生涡状电流，简称涡流。涡流使铁心发热而产生功率损耗，称为涡流损耗。

工程中常用两种方法减少涡流损耗：一是增大铁心材料的电阻率，在钢中渗硅，即保持良好的导磁性，又使电阻率大为提高；二是同片型，在片间涂上绝缘漆。这种由硅钢片叠成的铁心代替整块铁心，即增长了涡流路径，又增加涡流电阻，使涡流损耗大大减少。

综上所述，铁心线圈交流电路的有功功率为：

$$P=UI\cos\phi=\Delta P_{Cu}+\Delta P_{Fe}=I^2R+I^2R_0$$

式中，R_0 是和铁损相应的等效电阻。直流铁心线圈没有磁滞和涡流损耗，其铁心不必造成片状。

3. 等效电路

铁心线圈的总损耗包括有功损耗与无功损耗。有功损耗就是铜损 ΔP_{Cu} 和铁损 ΔP_{Fe}，无功损耗就是由铁心线圈中能量的储放（与电源发生能量交换）引起的，设反应此无功损耗大小的感抗为 X_0，则交流铁心的等效电路如图 2-83 所示。

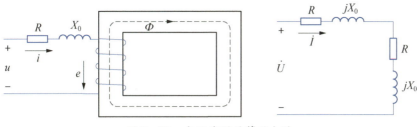

图 2-83 交流线圈的等效电路

(五) 电磁铁

1. 电磁铁概念

电磁铁是通电产生电磁的一种装置。在铁心的外部缠绕与其功率相匹配的导电绕组,这种通有电流的线圈像磁铁一样具有磁性,它也叫作电磁铁(electromagnet)。

我们通常把它制成条形或蹄形状,以使铁心更加容易磁化。另外,为了使电磁铁断电立即消磁,我们往往采用消磁较快的软铁或硅钢材料来制作。这样的电磁铁在通电时有磁性,断电后磁就随之消失。电磁铁在我们的日常生活中有着极其广泛的应用,由于它的发明也使发电机的功率得到了很大的提高。

2. 电磁铁结构和原理

电磁铁主要由线圈、铁心及衔铁三部分组成,如图 2-84 所示,铁心和衔铁一般用软磁材料制成。另外,电磁铁的铁心用软铁制作,而不能用钢制做。否则钢一旦被磁化后,将长期保持磁性而不能退磁,则其磁性的强弱就不能用电流的大小来控制,而失去电磁铁应有的优点。

电磁铁的工作原理如图 2-85 所示。当开关 S_1 闭合时,电磁铁通电产生磁性,将衔铁吸下,开关 S 的触点接通,工作电路中有电流通过,电动机便转动起来。

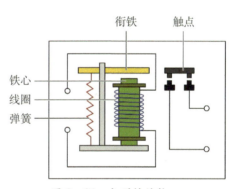

图 2-84 电磁铁结构

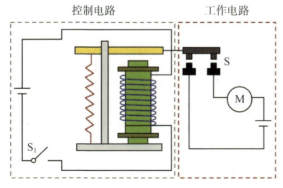

图 2-85 电磁铁工作原理

保护作用的继电器控制电路

3. 电磁铁的应用

电磁铁在以下方面得到广泛应用：
（1）起重机：为工业用的强力电磁铁，通上大电流，可用以吊运钢板、货柜、废铁等。
（2）电磁选矿机。
（3）安培计、伏特计、检流计。
（4）电铃。
（5）自动化控制设备。
（6）工业自动化控制、办公自动化。
（7）包装机械、医疗器械、食品机械、纺织机械等。
（8）电磁继电器。
（9）磁悬浮列车。

二、电与磁应用

电磁感应在工业生产、汽车、医疗以及其他方面都有广泛应用。

（一）继电器

继电器（relay）是一种电控制器件，是当输入量（激励量）的变化达到规定要求时，在电气输出电路中使被控量发生预定的阶跃变化的一种电器。它具有控制系统（又称输入回路）和被控制系统（又称输出回路）之间的互动关系。它通常应用于自动化的控制电路中，实际上是用小电流去控制大电流运作的一种"自动开关"，故在电路中起着自动调节、安全保护、转换电路等作用。

1. 继电器的分类

（1）按照继电器的工作原理或结构特征分，继电器可以分为以下八种类型：

① 电磁继电器：利用输入电路内电流在电磁铁铁心与衔铁间产生的吸力作用而工作的一种电气继电器。

② 固体继电器：指电子元件履行其功能而无机械运动构件的、输入和输出隔离的一种继电器。

③ 温度继电器：当外界温度达到给定值时而动作的继电器。

④ 舌簧继电器：利用密封在管内，具有触电簧片和衔铁磁路双重作用的舌簧动作来开、闭或转换线路的继电器。

⑤ 时间继电器：当加上或除去输入信号时，输出部分需延时或限时到规定时间才闭合或断开其被控线路的继电器。

⑥ 高频继电器：用于切换高频、射频线路而具有最小损耗的继电器。

⑦ 极化继电器：有极化磁场与控制电流通过控制线圈所产生的磁场综合作用而动作的继电器。继电器的动作方向取决于控制线圈中流过的电流方向。

⑧ 其他类型的继电器：如光继电器、声继电器、热继电器、仪表式继电器、霍尔效应继电器、差动继电器等。

（2）按照继电器的外形尺寸分，继电器可以分为以下三种类型：

① 微型继电器：最长边尺寸不大于 10 mm 的继电器。

② 超小型微型继电器：最长边尺寸大于 10 mm，但不大于 25 mm 的继电器。
③ 小型微型继电器：最长边尺寸大于 25 mm，但不大于 50 mm 的继电器。
（3）按继电器的负载分，继电器可以分为以下四种类型：
① 微功率继电器：当触点开路电压为直流 28 V 时，(阻性)为 0.1 A、0.2 A 的继电器。
② 弱功率继电器：当触点开路电压为直流 28 V 时，(阻性)为 0.5 A、1 A 的继电器。
③ 中功率继电器：当触点开路电压为直流 28 V 时，(阻性)为 2 A、5 A 的继电器。
④ 大功率继电器：当触点开路电压为直流 28 V 时，(阻性)为 10 A、15 A、20 A、25 A、40 A……的继电器。
（4）按照继电器的防护特征分，继电器可以分为以下三种类型：
① 密封继电器：采用焊接或其他方法，将触点和线圈等密封在罩子内，与周围介质相隔离，且泄漏率较低的继电器。
② 封闭式继电器：用罩壳将触点和线圈等密封（非密封）加以防护的继电器。
③ 敞开式继电器：不用防护罩来保护触电和线圈等的继电器。
以上继电器在电子制作中最常用的是电磁继电器和干簧继电器两种。

2. 继电器的基本结构

以电磁式继电器为例，其结构包含低压控制电路和高压工作电路两部分。控制电路由低压电源、开关、电磁铁组成。工作电路由高压电源、触点、用电器组成，如图 2-86 所示。

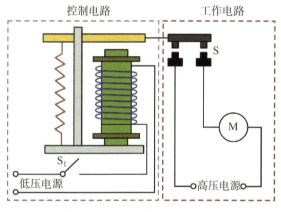

图 2-86　电磁式继电器结构

3. 继电器的应用

继电器的作用是自动调节、安全保护和转换电路，因此继电器主要应用于汽车、家用电器和工业控制继电器三个领域。

（1）汽车领域。
比较常见的汽车继电器有：起动机的起动继电器、喇叭继电器、电动机或发电机短路继电器、充电电压和电流调节继电器、转换信号闪光继电器、灯光高度控制继电器以及空调控制继电器、推拉门自动开闭控制继电器、玻璃窗升降控制继电器。

（2）家用电器。
空调继电器主要用于控制压缩机电动机、风扇电动机和冷却泵电动机。

(3) 工业控制继电器。

在工业控制上,主要的控制功能由通用交流继电器完成。通常由按钮或限位开关驱动继电器。继电器可以控制电磁阀、较大的起动电机以及指示灯。

(二) 变压器

变压器是根据电磁感应原理制成的一种静止的电器设备,它的用途可归纳为:经济地输电、合理地配电、安全地用电。它具有变换电压、变换电流、变换阻抗的功能,因而在电力系统输电和用户输电以及工程的各个领域得到广泛应用。

1. 变压器的组成及工作原理

(1) 变压器的组成。

变压器由铁心(或磁芯)和线圈组成,线圈有两个或两个以上的绕组,其中接电源的绕组叫初级线圈,其余的绕组叫次级线圈。它可以变换交流电压、电流和阻抗。最简单的铁心变压器由一个软磁材料做成的铁心及套在铁心上的两个匝数不等的线圈构成,如图 2-87 所示。

变压器的种类和用途

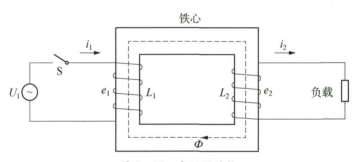

图 2-87 变压器结构

变压器的工作原理

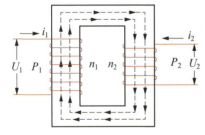

图 2-88 变压器工作原理

(2) 变压器的工作原理。

变压器是利用电磁感应原理制成的静止用电器。当变压器的原线圈接在交流电源上时,铁心中便产生交变磁通,交变磁通用 ϕ 表示,如图 2-88 所示。

原、副线圈中的 ϕ 是相同的,ϕ 也是简谐函数,表示为:

$$\phi = \phi_m \sin \omega t$$

由法拉第电磁感应定律可知,原、副线圈中的感应电动势为 $e_1 = -L_1 \dfrac{d\phi}{dt}$、$e_2 = -L_2 \dfrac{d\phi}{dt}$。式中,$L_1$、$L_2$ 为原、副线圈的匝数。由图可知 $U_1 = -e_1$,$U_2 = -e_2$(原线圈物理量用下角标 1 表示,副线圈物理量用下角标 2 表示),其有效值为 $U_1 = -e_1 = -jL_1\omega\phi$、$U_2 = -e_2 = -jL_2\omega\phi$,令 $K = L_1/L_2$,称为变压器的变压

比。由上式可得 $U_1/U_2=L_1/L_2=K$，即变压器原、副线圈电压有效值之比等于其匝数比。而且原、副线圈电压的相位差为 π。一般用字母"T"表示变压器。

(3) 变压器的主要参数。

变压器的主要参数如表 2-2 所示。

表 2-2 变压器主要参数

参数序号	变压器主要参数	参 数 定 义
①	工作频率	变压器铁心损耗与频率关系很大，故应根据使用频率来设计和使用，这种频率称工作频率
②	额定功率	在规定的频率和电压下，变压器能长期工作而不超过规定温升的输出功率
③	额定电压	指在变压器的线圈上所允许施加的电压，工作时不得大于规定值
④	电压比	指变压器初级电压和次级电压的比值，有空载电压比和负载电压比的区别
⑤	空载电流	变压器次级开路时，初级仍有一定的电流，这部分电流称为空载电流。空载电流由磁化电流(产生磁通)和铁损电流(由铁心损耗引起)组成。对于 50 Hz 电源变压器而言，空载电流基本上等于磁化电流
⑥	空载损耗	指变压器次级开路时，在初级测得功率损耗。主要损耗是铁心损耗，其次是空载电流在初级线圈铜阻上产生的损耗(铜损)，这部分损耗很小

2. 常用汽车变压器

(1) 自耦变压器。

自耦变压器是指它的绕组是原边和副边线圈在同一条绕组上，原、副绕组直接串联，自行耦合的变压器。根据结构还可细分为可调压式和固定式。自耦的耦是电磁耦合的意思，普通的变压器是通过原副边线圈电磁耦合来传递能量，原副边没有直接电的联系。自耦变压器的原副边有直接电的联系，它的低压线圈就是高压线圈的一部分。通信线路的防护设备中也会使用自耦变压器等保护设备。

(2) 电流互感变压器。

电流互感变压器是依据电磁感应原理制成的。电流互感变压器由闭合铁心和绕组组成。它的一次绕组匝数很少，串接在需要测量的电流的线路中，因此它经常有线路的全部电流流过。二次绕组匝数比较多，串接在测量仪表和保护回路中。电流互感变压器在工作时，它的二次回路始终是闭合的，因此测量仪表和保护回路串联线圈的阻抗很小，电流互感变压器的工作状态接近短路。

传统汽车上最常见的变压器就是点火线圈，它能将汽车电源系统提供的低压，变为高达几千伏甚至上万伏的高压电，用于点燃发动机内的可燃混合气。

在新能源汽车上最常见的变压器就是逆变器，它可以把一种电压、电流的直流电能转换成相同频率的另一种电压、电流的交流电能，以达到改变电压的作用。

(3) 电压互感器。

电压互感器(简称 VT)和变压器类似,是用来变换电压的仪器。但变压器变换电压的目的是方便输送电能,因此容量很大,一般都是以千伏安或兆伏安为计算单位;而电压互感器变换电压的目的,主要是用来给测量仪表和继电保护装置供电,用来测量线路的电压、功率和电能,或者用来在线路发生故障时保护线路中的贵重设备、电机和变压器,因此电压互感器的容量很小,一般都只有几伏安、几十伏安,最大也不超过一千伏安。

(4) 仪用互感器。

仪用互感器是一种特殊的变压器,指用以传递信息供给测量仪器、仪表和保护、控制装置的变换器。也称测量用互感器,是测量用电压互感器和测量用电流互感器的统称。

3. 变压器的特性

(1) 变压器的外特性。

变压器一次电压 U_1 为额定值时,$U_2 = f(I_2)$ 的变化曲线称为变压器的外特性,它是用来描述输出电压 U_2 随负载电流 I_2 变化而变化的情况,如图 2-89 所示。

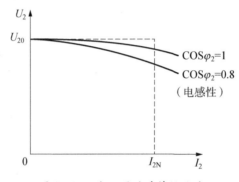

图 2-89 变压器的外特性曲线

图中 U_{20} 是空载时二次电压,称为空载电压,其大小等于主磁通在二次绕组中产生的感应电动势 E_2;φ_2 为 $\dot{U}_2$ 和 $\dot{I}_2$ 的相位差。分析表明,当负载为电阻或感性时,二次电压 U_2 将随电流 I_2 的增加而降低,这是因为随着 I_2 的增大,二次绕组的电阻电压降和漏磁通感应电动势增大而造成的。

由于二次绕组电阻压降和漏磁通感应电动势较小,U_2 的变化一般不大。电力变压器的电压变化率:

$$\Delta U\% = \frac{U_{20} - U_2}{U_{20}} \times 100\%$$

$\Delta U\%$ 为 3%~6%。式中 U_{20} 和 U_2 分别为空载和额定负载时的二次电压。

(2) 变压器的损耗和效率。

变压器的输入功率除了大部分输出给负载外,还有一小部分损耗在变压器内部。变压器的损耗包括铁损 P_{Fe} 和铜损 P_{Cu}。铁损是由交变磁通在铁心中产生的,包括磁滞损耗和涡流损耗。当外加电压 U_1 和频率 f 一定时,主磁通 ϕ_m 基本不变,铁损也基本不变,故铁损又称固定损耗。铜损是由电流 I_1、I_2 流过一次、二次绕组的电阻所产生的损耗,它随电流变化而变化,故称为可变损耗。由于变压器空载运行时铜损 $R_1 I_0^2$ 很小,此时从电源输入的功率(称为空载功率)基本上损耗在铁心上,故可认为空载损耗等于铁损。

变压器的输出功率 P_2 和输入功率 P_1 之比称为变压器的效率,通常用百分数表示

$$\eta = \frac{P_2}{P_1} \times 100\% = \frac{P_2}{P_2 + P_{Fe} + P_{Cu}} \times 100\%$$

图 2-90 为变压器的效率曲线 $\eta = f(P_2)$。由图可见,效率随输出功率而变,并有一个最大值。变压器效率一般较高,大型电力电压器的效率可达 99% 以上。这类变压器往往不是一直在满载运行,因此在设计时通常使最大效率出现在 50%~80% 的额定负载。

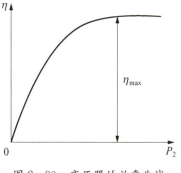

图 2-90 变压器的效率曲线

(3) 变压器线圈极性的判别。

变压器可以改变交流信号的电压或电流大小,但不能改变交流信号的频率。当一次绕组的交流电压极性变化时,二次绕组上的交流电压极性也会变化,它们的极性变化有一定的规律。下面以图 2-91 来说明这个问题。

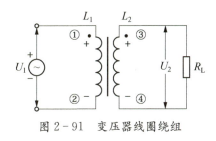

图 2-91 变压器线圈绕组

◆ 同名端

交流电压 U_1 加到变压器的一次绕组 L_1 两端,在二次绕组 L_2 两端会感应出电压 U_2,并送给负载 R_L。假设 U_1 的极性是上正下负,L_1 两端的电压也为①正②负(即上正下负),L_2 两端感应出来的电压有两种可能:一是③正④负,二是③负④正。

如果 L_2 两端的感应电压极性是③正④负,那么 L_2 的③端与 L_1 的①端的极性是相同的,也就说 L_2 的③端与 L_1 的①端是同名端,为了表示两者是同名端,常在该端标注"●"。当然,因为②端与④端极性也是相同的,故它们也是同名端。

如果 L_2 两端的感应电压极性是③负④正,那么 L_2 的④端与 L_1 的①端的极性是相同的,L_2 的④端与 L_1 的①端就是同名端。

◆ 同名端的判别

根据不同情况,可采用右手定则的方法来判别变压器的同名端。

对于已知绕向的变压器,可分别给两个绕组通电流,然后用右手螺旋定则来判断两个绕组产生磁场的方向,以此来确定同名端。

如果电流流过两个绕组,两个绕组产生的磁场方向一致,则两个绕组的电流输入端为同名端。如图 2-92(a)所示,电流 I_1 从①端流入一次绕组 L_1,它产生的磁场方向为顺时针,电

流 I_2 从③端流入二次绕组 L_2，L_2 产生的磁场也为顺时针，即两绕组产生的磁场方向一致，两个绕组的电流输入端①、③为同名端。

如果电流流过两个绕组，两个绕组产生的磁场方向相反，则一个绕组的电流输入端与另一个绕组的电流输出端为同名端。如图 2-92(b)所示，绕组 L_1 产生的磁场方向为顺时针，L_2 产生的磁场为逆时针，即两绕组产生的磁场方向相反，绕组 L_1 的电流输入端①与 L_2 的电流输出端④为同名端。

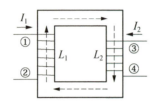
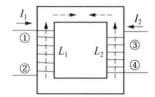

(a) 绕线方向相同变压器极性判别　　(b) 绕线方向不同变压器极性判别

图 2-92　变压器极性判别

（三）点火线圈的应用

随着汽车汽油发动机向高转速、高压缩比、大功率、低油耗和低排放的方向发展，传统的点火装置已经不适应使用要求。点火装置的核心部件是点火线圈和开关装置，提高点火线圈的能量，火花塞就能产生足够能量的火花，这是点火装置适应现代发动机运行的基本条件。

1. 点火线圈的结构与原理

通常的点火线圈里面有两组线圈，初级线圈和次级线圈。初级线圈用较粗的漆包线，通常用线径 0.5～1 mm 左右的漆包线绕 200～500 匝左右；次级线圈用较细的漆包线，通常用线径 0.1 mm 左右的漆包线绕 15 000～25 000 匝左右。

初级线圈一端与车上低压电源（＋）连接，另一端与开关装置（断电器）连接。次级线圈一端与初级线圈连接，另一端与高压线输出端连接输出高压电。

点火线圈之所以能将车上蓄电池提供的 12 V 的低压电变成点火所需的 1～2 kV 的高电压，是由于有与普通变压器相同的形式，但点火线圈工作方式却与普通变压器不一样。普通变压器的工作频率是固定 50 Hz，又称工频变压器，而点火线圈则是以脉冲形式工作的，可以看成是脉冲变压器，它根据发动机不同的转速以不同的频率反复进行储能及放能。

当初级线圈接通电源时，随着电流的增长四周会产生一个很强的磁场，铁心储存了磁场能；当开关装置使初级线圈电路断开时，初级线圈的磁场迅速衰减，次级线圈就会感应出很高的电压。

初级线圈的磁场消失速度越快，电流断开瞬间的电流越大，两个线圈的匝数比越大，则次级线圈感应出来的电压越高。

2. 点火线圈分类

点火线圈依照磁路可以分为开磁路式及闭磁路式两种。

（1）开磁路式点火线圈。

开磁路式点火线圈一般为罐状结构。它以数片硅钢片叠合成棒状铁心，次级线圈和初级线圈分别绕在铁心的外侧。次级线圈为线径 0.05～0.1 mm 漆包线，匝数 2～3 万匝。初级线圈的线径为0.5~1 mm,较次级线圈粗,且匝数仅150~300匝而已。初级线圈绕在次级线圈的外侧,故次级线圈所产生的磁通变化与初级线圈完全相同。初级线圈和次级线圈的绕线方向相同,次极线圈的始端连接高压输出接头,其末端则连接于初级线圈的始端,并连接于外壳的"+"接柱,初级线圈的末端连接于外壳的"-"接柱,并接于点火器内功率晶体管的集电极上,由点火器控制其初级线圈电流的通断。

(2) 闭磁路式点火线圈。

闭磁路式点火线圈的铁心是封闭的,磁通全部经过铁心内部,铁心的导磁能力约为空气的一万倍,故开磁路式点火线圈欲获得与闭磁路式点火线圈相同的磁通,则其初级线圈非有较大的磁动势(安培匝数)不可。因此,必须采用匝数较多、线径较大的初级线圈;初级线圈的匝数多,如欲获得同样匝数比,则次级线圈的匝数也需增加,因此,开磁路式点火线圈的小型化是办不到的。反之,闭磁路式点火线圈,由于磁阻小,可有效降低线圈的磁动势,将点火线圈小型化。

目前,闭磁路式点火线圈已相当小型化,可与点火器合二为一,甚至可与火花塞连体化。经火花塞点燃气缸内的可燃性压缩气体。传统的点火线圈是用开磁路式,其铁心用0.3 mm左右的硅钢片叠成,铁心上绕有次级与初级线圈。闭磁路式则采用形似Ⅲ的铁心绕初级线圈,外面再绕次级线圈,磁力线由铁心构成闭合磁路。闭磁路式点火线圈的优点是漏磁少,能量损失小,体积小,因此电子点火系统普遍采用闭磁路式点火线圈。

3. 汽车点火系统组成和原理

目前汽车发动机点火系统有三种:传统点火系统、电子点火系统和微机控制点火系统(分为有分电器和无分电器)。电子点火系统,其主要由电源、传感器、ECU、点火器、点火线圈、分电器、火花塞等组成。

而现代汽车大都采用微机控制点火系统,主要由传感器、ECU、点火模块、点火线圈以及火花塞等组成,如图2-93所示。

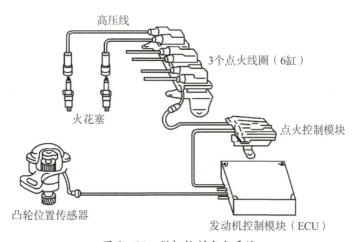

图2-93 微机控制点火系统

首先ECU根据传感器信号,确定出最佳点火提前角和通电时间,并以此向点火器发出指令,点火器再根据指令,控制点火线圈初级电路的导通和截止。当电路导通时,点火线圈初级电路导通。当初级电路被切断时,次级线圈中感应出高压,经分电器或直接送至工作气缸的火花塞,完成点火。

(四) 汽车电磁干扰及其抑制

1. 汽车电磁干扰现象

当以点火发动机驱动的汽车在公路上运行之时,汽油发动机的高压点火系统会产生强电磁波,干扰其周围的无线电波和无线电通信业务的正常运行,并且对电磁环境造成污染。自此人们将电磁污染列入汽车造成的三大污染源之一(排放、噪声、电磁)。

国际无线电组织开始对这种高能量脉冲形式的干扰源进行研究并提出了测量方法和限制要求。目前,这种电磁污染的控制要求已被列入到世界各国的技术法规中。经过多年的技术规范,市场上运行的汽车基本实现了点火脉冲电磁干扰的有效控制。

汽车产生电磁干扰源有:高压点火系统;各种感性负载(如电机类电器部件);各种开关类部件(闪光继电器);各种电子控制单元(ECU);甚至各种灯具、无线电设备等。这些部件产生的干扰会在汽车内部造成相互影响。下面列举一些实际发生的现象。

现象1:某种高档轿车,具有高性能 ABS 系统。样车在一次实况测试中遇到了雨天,启动刮水器,在某一车速运行时,ABS 突然失去了作用。

现象2:国内生产的某一型号微型汽车,发电机调节器经常出现易被击穿损坏现象。经查,当刮水器工作时,这种损坏现象就容易发生。

现象3:一种国内开发生产的安全气囊,在汽车整车装配线上突然引爆。经对该安全气囊的电子引爆控制器进行试验检查,发现其不能承受较强的环境辐射电磁场,当有静电放电发生时,会有误动作。

2. 汽车电磁干扰特点

车内电磁干扰特点主要有以下四个方面:

(1) 感性负载产生沿电源线传导的干扰。汽车内使用的各种感性负载,如:刮水器驱动电动机、汽车起动机、暖风电动机等。当供电被突然切断时,会产生反向瞬变电压 U_C,线圈初始储能越大,关断速度越快,瞬变过电压就越高。一般 U_C 为 $-100\sim300\,\mathrm{V}$;t 为 $0.2\sim0.5\,\mathrm{s}$。这类干扰虽然不具有连续性,但是它的瞬变电压的幅值相当大,会对电子模块造成严重影响,甚至损坏。发电机调节器击穿损坏就是因这种反向瞬变电压造成的严重后果。

(2) 静电放电对车内电子部件的干扰,遇到导体就会释放出来。当静电储存到一定程度后,会通过空气放电,甚至会有火花产生,人们就会有强烈的放电感觉。在使用汽车时,这种静电放电现象不可避免地会产生干扰。

放电的干扰特点是高电压、短时间、微小电流。其干扰影响程度是巨大的,会使一些电子控制单元产生误动作,严重的会损坏电子单元。

(3) 部件或线缆间的相互耦合干扰。汽车中经常将各种线缆捆绑成一束沿汽车内侧布置,电源线中的瞬变干扰会耦合到信号线或控制线中,形成差模信号,会对车内 ECU 等电子模块产生影响。

(4) 辐射干扰。

干扰能量的电磁波辐射频率范围是 $150\,\mathrm{kHz}\sim1000\,\mathrm{MHz}$。汽车电子设备的 EMI 干扰源主要在点火系统和充电系统。

点火系统的干扰在接收机音频中表现为有韵律的爆声或滴答声,且音调直接与发动机转速有关,当发动机负荷增大时干扰幅度也增大。通常解决点火噪声的方法是安装电阻火花塞和线。目前,大多数汽车都配有电阻火花塞和线。通常更换新的火花塞和线将有助于减小噪声,因为很多噪声都源于点火系统元件故障。

充电系统有干扰主要是因为交流发电机由固态稳压器控制。由于交流电在交流发电机中仅经过整流,经过滤波,输出存在纹波。充电系统噪声通过汽车布线传到设备,影响接收机和发射机的音频部分。该噪声可以从接收机音频或者发射信号中的呜呜声来辨别,更准确的方法是将充电系统暂时断开。充电系统噪声的音调、强度与发动机转速和充电系统负载有关。当开灯时充电系统负载增大,可以发现呜呜声更大。这时应检查交流发电机与电池的连线是否腐蚀或者接触不良,及固态稳压器是否良好。如都正常,则用 $0.47\,\mu F$ 和 $0.01\,\mu F$ 电容并联,接到输出与地线间进行滤波。

3. 电磁干扰的抑制

(1) 抑制汽车电路网络干扰。

汽车电气设备的连接导线应尽量缩短,并避免互相平行、靠近。合理布置导线是抑制电路网络干扰的有效途径。

① 对干扰敏感部件的供电采用独立电源分列用线,并在其输入端加抗干扰衰减滤波器。

② 合理布置地线,地线应避免构成闭合回路,采用一点接地法,将强弱信号和大小不同电流的地线分隔布置,防止干扰信号通过地线窜入各级,以降低电磁干扰和辐射。

③ 增大电源滤波电容,加设 RC 去耦电路,以减少电路耦合。

(2) 抑制汽车电磁辐射干扰。

① 加装 R-C-D 网络保护。在干扰源处采取有效的瞬态抑制措施,不仅可减小感性负载的电磁辐射,同时也保护和控制感性负载的触点。常见的感性负载的几种网络保护可以使电流中断时电感上产生的瞬态电压减小到最低值。

另外,在高频振荡电路中串入阻尼电阻,使高频振荡受到削弱,也可有效抑制电磁辐射的生成,如在调节器电池接线柱与搭铁接线柱之间并联 $0.2\sim0.8\,\mu F$ 的电容;在冷却液温度表、机油压力表传感器触点间并联 $0.1\sim0.2\,\mu F$ 的电容;在闪光器和喇叭的触点间并联大于 $0.5\,\mu F$ 的电容,可吸收火花能量减轻干扰。

② 采用金属屏蔽。凡是场的干扰都可以采用屏蔽的方法抑制。在容易产生火花的电气装置处,如点火线圈、发电机、调节器和仪表及传感器等位置,用金属罩遮盖,将高频电流通过的导线用密织金属网或金属管罩屏蔽,并使之搭铁,可有效防治电磁波的辐射和传播。在移动通信接收频段内,一般选择铝材料进行电磁屏蔽,由于高频集肤效应,电磁屏蔽体无须做得很厚。

③ 采用电子控制部件。利用电子控制,可降低触点电流。电喇叭工作时触点闭合电流为 3A,当触点开闭时会产生电火花和噪声,如果设置一个晶体管开关电路,取晶体管的基极电流为触点电流,则触点闭合电流仅为几十毫安,从而减少了电火花,同时也消除了噪声。采用无触点点火装置或无分电器点火系统也可消除干扰源,降低电磁辐射。

本任务介绍了电与磁基础知识和电与磁的应用。

电与磁基础知识中主要介绍了磁路相关的物理量、基本定律、铁磁材料的性能和电磁铁相关内容。

磁路基本物理量主要是反映磁场性能的磁感应强度、磁通、磁导率、磁场强度；磁路的基本定律主要介绍了常用的安培环路定律、磁路的欧姆定律、电磁感应定律；铁磁材料的磁性能主要是高导磁性、磁滞性、磁饱和性。电磁铁是通电产生电磁的一种装置，主要由线圈、铁心及衔铁三部分组成，它在起重机、选矿机以及自动化控制设备中广泛应用。

电与磁的应用广泛，在汽车上典型应用主要有继电器、变压器、点火线圈和汽车电磁干扰等。

继电器（relay）是一种电控制器件，是当输入量（激励量）的变化达到规定要求时，在电气输出电路中使被控量发生预定的阶跃变化的一种电器；变压器是根据电磁感应原理制成的一种静止的电器设备，它可以变换电压、变换电流、变换阻抗，因而在电力系统输电和用户输电以及工程的各个领域得到广泛应用；点火线圈是汽车点火系统的电能变换装置，其可以将12 V的低压电转换成能点燃气缸内可燃混合气的15～20 kV的高压电的装置；电磁干扰是当以点火发动机驱动的汽车在公路上运行之时，汽油发动机的高压点火系统会产生强电磁波，干扰其周围的无线电波和无线电通信业务的正常运行，干扰的抑制对汽车信号传输有很强的使用意义。

一、判断题

1. 磁路的四大基本物理量分别是磁感应强度、磁通、磁导率、磁场强度。（　　）
2. 电磁感应定律中电动势的方向可以通过右手定则来确定。（　　）
3. 继电器在电路中起着自动调节、安全保护、转换电路等作用。（　　）
4. 按继电器的负载可将其分为微功率继电器、弱功率继电器、中功率继电器、大功率继电器。（　　）
5. 磁饱和是一种磁性材料的物理特性，当磁场强度增大到一定值后，磁感应强度不能继续增强，这就是铁磁材料的磁饱和性。（　　）

二、选择题

1. 磁导率（magnetic permeability）是表征磁介质磁性的物理量，真空磁导率 μ_0 为一常数，其数值为（　　）。【单选题】
   A. $4\pi \times 10^{-7}$　　　　B. $4\pi \times 10^{-8}$　　　　C. $4\pi \times 10^{-9}$　　　　D. $4\pi \times 10^{-6}$
2. 铁心线圈的功率损耗包括（　　）。【单选题】
   A. 铜损、铁损　　　　　　　　　　B. 铜损、铝损
   C. 铁损、铝损　　　　　　　　　　D. 都不包括
3. 磁场强度用符号 H 表示，在国际单位制（SI）中单位是（　　），高斯单位制（CGS）中，磁场强度单位是（　　）。【单选题】
   A. 安培/米、奥斯特　　　　　　　B. 都不是
   C. 奥斯特、安培/米　　　　　　　D. 韦伯/平方米、安培/米

4. 继电器由低压控制电路和高压工作电路组成,其低压控制电路由低压电源、开关、电磁铁组成,高压工作电路由( )组成。【多选题】
   A. 高压电源　　　B. 触点　　　C. 用电器　　　D. 电磁铁
   E. 低压电源
5. 电磁铁主要由( )组成。【多选题】
   A. 线圈　　　B. 开关　　　C. 铁心　　　D. 衔铁
   E. 电源

三、简答题
1. 请简述磁通、主磁通和漏磁通之间的关系。
2. 请简述电磁铁基本结构及工作原理。

任务 5　安全用电常识

1. 了解安全电压的概念和安全用电措施。
2. 掌握安全使用电气设备的方法。
3. 掌握电气火灾的预防措施及扑救电气火灾的方法。
4. 掌握触电的形式及触电预防、触电急救的方法。

马上要放假了,学校安排学生一起将实验室打扫干净。小明就被分配了擦灰的任务,小红则需要将实验室的抹布都清洗干净。小明洗干净抹布后先擦试验台的桌面,又擦台面上的插线板。在擦插线板的过程中小明感觉到手一阵发麻,不由得惊呼出声。正在洗抹布的小红连手也来不及擦干,赶紧跑来拔掉了插线板的插头。聪明的你知道小明和小红哪里没做对吗?

知识储备

现代生活中,电伴随着我们每一天的工作、生活和学习。但如果不了解安全用电常识,则很容易造成电器损坏,引发电气火灾,更严重的甚至会导致人员伤亡。因此,在日常生活中,必须掌握基本的电气知识和安全用电常识,以达到安全用电、确保平安的目的。

本任务主要介绍安全用电的标准、安全使用设备的方法、触电的危害及形式、触电的预防及急救、电气火灾与电气消防等相关内容。

一、用电安全

(一) 安全电压

安全电压是指不致使人直接致死或致残的电压。我国国家标准规定的安全电压额定值共有五个等级,分别为 42 V、36 V、24 V、12 V 和 6 V,应根据作业场所状况等因素选用。

根据欧姆定律可以得知流经人体电流的大小与外部电压和人体电阻有关。人体电阻除人的自身电阻外,还应附加体外的衣服、鞋、裤等电阻。虽然人体电阻一般可达 5 000 Ω,但影响人体电阻的因素很多,如皮肤潮湿出汗、带有导电性粉尘、加大与带电体的接触面积和压力以及衣服、鞋、袜的潮湿油污等情况,均能使人体电阻降低,因此流经人体电流的大小无法事先计算。为确定安全条件,往往不采用安全电流,而是采用安全电压来估算。根据规定,安全电压应不高于 36 V,一般环境条件下允许持续接触的"安全特低电压"是 24 V;干燥而触电危险性较小的环境下,安全电压规定为 24 V;对于潮湿而触电危险性较大的环境(如金属容器、管道内施焊检修),安全电压规定为 12 V。

(二) 用电安全标准

依据国家标准《电动汽车安全要求 第 3 部分:人员触电防护》(GB/T18384.3—2015)中人员触电防护要求,根据不同电压等级可能对人体产生的伤害和危险程度不同,考虑到空气的湿度和人体在不同工作环境下的电阻,将车辆电压分为 A 级和 B 级,具体数值如表 2-3 所示。

表 2-3 新能源汽车电压等级

项目	参数/V	
	直流(DC)	交流(AC)
A	$0 < U \leqslant 60$	$0 < U \leqslant 30$
B	$60 < U \leqslant 1500$	$30 < U \leqslant 1000$

A 级是较为安全的电压等级,在直流中小于或等于 60 V;在规定的 150 Hz 频率下,低于 25 V,该电压下的维护人员不需要采取特殊防电保护。

B 级对人体会产生伤害,被认为是高压。在该电压下必须采取必要的防护设备对维护人员进行保护。B 级电压的电能储存系统,应标记如图 2-94 所示的高压安全标识。电压电路中电缆和线束的外皮应用橙色加以区别。

图 2-94 高压警告标识

(三) 安全用电措施

1. 接地和接零保护

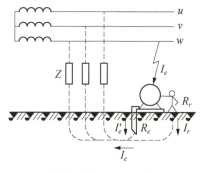

图 2-95 接地保护

(1) 接地保护。

将电气设备的金属外壳与深埋底下的接地体紧密连接的方法叫作接地保护,如图 2-95 所示。

接地保护适用于三相三线和三相四线制的电力系统中。在这种电网中,凡是因绝缘破坏或其他原因而可能呈现危险电压的金属部分,例如变压器、电动机以及其他电器的金属外壳和底座均可采用接地保护。

接地保护

（2）接零保护。

将电气设备和用电装置的金属外壳与电网零线相连的方法叫作接零保护，如图 2-96 所示。

接零保护

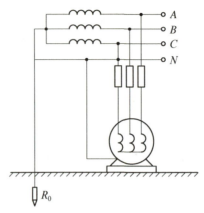

图 2-96　接零保护

接零保护适用于三相四线制中性点直接接地的低压电力系统中，电气设备外壳也可采用接零保护。需要注意的是，在三相五线制的电力系统中，通常是把变压器中性点和电气设备的金属外壳同时接地、接零。同时零线回路中不允许装设熔断器和开关。

2. 漏电保护

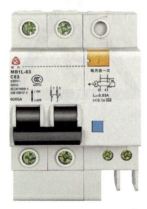

图 2-97　漏电保护开关

当电气设备或导线的绝缘损坏或人体触及一相带电体时，电源和大地形成回路，有电流过的现象称为漏电。当电流足够大时，就能够被人感觉到甚至造成危险。当触电已经发生时，要求要在最短的时间内切除电流以保护用电者安全，故常在电源线进口处安装漏电保护装置，如图 2-97 所示。

根据基尔霍夫电流定律可知，当电路正常工作时，从一端流出和流进的电流总和为零，此时漏电保护装置不工作；当设备外壳漏电并有人接触时，部分电流会经过人体流入地下，使漏电保护装置的电流不为零，当漏电电流达到一定量时，漏电保护装置就会切断电源，从而达到漏电保护的作用，其连接如图 2-98 所示。

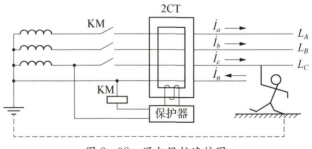

图 2-98　漏电保护连接图

安装漏电保护装置时需注意,漏电保护装置的保护范围内应为独立回路;经过漏电保护装置的工作零线不能重复接地,不能作为零线和其他线路有连接;漏电保护装置负载侧的中性线不得与其他回路共用。

3. 过限保护

(1) 过电压保护。

过电压保护是指被保护线路电压超过预定的最大值时,使电源断开或使受控设备电压降低的一种保护方式。

常见的过电压保护元器件或设备有防雷器、压敏电阻、避雷器等。在通信电源领域,为防止雷电瞬间高电压对其造成巨大损害,通常会配置压敏电阻对其进行过电压防雷保护。当雷电产生的瞬间高电压施加在压敏电阻两端时,压敏电阻阻值变得无穷小,使得压敏电阻导通并将雷电产生的大电流引入大地,从而保护电源设备不受雷电损伤。在电源系统侧通常会使用防雷器对交流、直流进行过电压保护。

(2) 过电流保护。

过电流保护是指被保护线路电流超过预定的最大值时,启动保护装置,并用时限保证动作的选择性,使断路器跳闸或发出报警信号。

过电流保护包括短路保护和过载保护两种类型。

电气控制线路中的电器或配线绝缘遭到损坏、负载短路、接线错误时,都将产生短路故障。短路时产生的瞬时故障电流产生的强大电动力可能损坏电气设备,甚至引发火灾。因此,短路保护要求在短路故障产生后的极短时间内切断电源。常用的方法是在线路中串联熔断器或低压断路器。

过载是指电动机运行电流超过额定电流且超过了其能够承受的运行时间。过载保护是为防止三相电动机在运行中电流超过额定值而设置的保护,通常采用热继电器作为过载保护元件。

过电流保护的基本接线方式有三种,分别是三相三继电器的完全星型接线方式、两相两继电器的不完全星型接线方式以及两相一继电器的两相电流差接线方式。三相三继电器完全星型接线方式,对各种形式的短路都起保护作用,且灵敏度高;两相两继电器不完全星型接线和两相一继电器的两相电流差接线方式,只对三相短路和各种相间短路起保护作用,当在没有装电流互感器的一相发生短路时,不会起保护作用。

(3) 过温保护。

过温保护是指当电器温度超过设计标准造成绝缘失效时,启动保护装置切断电源回路。

常用的温度保护装置除传统的温度继电器外,还有一种新型、有效且经济实用的元件——热熔断器。其外形如同一只电阻器,如图2-99所示,可串接在电路中,置于任何需要控制温度的部位。正常工作时间内相当于一只阻值较小的电阻,一旦电器温升超过阈值,立即熔断从而切断电源回路。

4. 智能保护

随着现代化进程的发展,用电系统越来越庞大,对于用电保护也提出了更高的要求。信息技术的飞速发展,传感器技术、计算机技术及自动化技术的日趋完善使智能保护成为可能。

图2-99 热熔断器

图 2-100 所示是计算机智能保护系统的示意图。各种监测装置和传感器将采集到的信息经过接口电路输入到计算机进行智能处理。一旦发生事故或有事故预兆,通过计算机判断及时发出处理指令,将事故消灭在萌芽状态或损失至更小,同时详细记录事故情况。

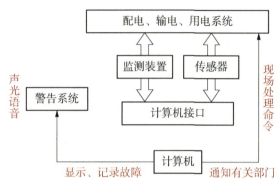

图 2-100　计算机智能保护系统

二、电气设备使用安全

(一)接电前检查

对电气设备进行接电工作前务必做好如下检查。

1. 基本检查

(1)检查铭牌。按国家标准,设备都应在醒目处有该设备要求的电源电压、频率、容量的铭牌或标志。

(2)检查电气设备外观及连接线束,确保电气设备外观无损坏、线束外部绝缘胶带无破损。

(3)检查安全用具和电气灭火器材是否齐全。

(4)检查电气设备安装是否合格,安装位置是否合理。

(5)检查电气连接部件是否完好。

(6)检查电气设备或电气线路是否过热。

(7)检查电气设备的安全间距是否符合规范。

2. 电气检查

(1)确认要通电的电气设备的电压等级与所供电的电压等级是否相等。

(2)测量电气设备的直流电阻,测量值要与设备提供的参数相等,确保无开路和短路现象。

(3)检测电气设备对地绝缘值,对地绝缘值达到 $1.5\mathrm{M}\Omega$ 及以上方可使用。

(4)检查电气设备保护回路,确保回路接线正常。

(二)电气设备基本安全防护

使用交流电源的电气设备均存在绝缘损坏导致漏电的情况。按电工标准将电气设备分为四类,各类电气设备特征及基本安全防护如表 2-4 所示。

表 2-4　电气设备特征及基本安全防护

种类	主要特征	基本安全防护	使用范围及说明
0 型	一层绝缘，二线插头，金属外壳，没有接地线	电气绝缘（绝缘电阻>50 kΩ）或采用隔离变压器	0 型为淘汰电器类型，但一部分旧电器仍在使用
Ⅰ型	金属外壳接出一根线，采用三线插头	接零保护三孔插座，保护零线可靠接地	较大型电气设备多为此类
Ⅱ型	绝缘外壳形成双重绝缘，采用二线插头	防止电线破损	小型电气设备
Ⅲ型	采用 8 V/36 V，24 V/12 V 低压电源的电器	使用符合电气绝缘要求的变压器	在恶劣环境中使用的电器及某些工具

（三）设备使用异常处理

在使用电气设备的过程中，必然会发生一些异常情况，例如：设备外壳或手持部位有麻电感觉；开机或使用中熔断器烧断；出现异常声音；出现异味；仪表指示超范围等。

一旦出现上述异常情况，一定要尽快处理：

（1）尽快断开电源，拔下电源插头，对设备进行检修。
（2）若是熔断器烧坏，绝不允许换上大容量熔断器继续工作，要查清原因后再换上同规格熔断器。
（3）及时记录异常现象及部位，避免检修时再通电查找。
（4）对有麻电感觉但未造成触电的现象不可忽视，要及早进行绝缘检查。

三、电气火灾

电气火灾一般是指由于电气线路、用电设备、器具等出现故障性释放的热能，在具备燃烧条件下引燃本体或其他可燃物而造成的火灾。近年来，电气火灾发生概率不断上升，了解电气火灾形成的原因及防护措施尤为重要。

（一）电气火灾产生的原因

1. 漏电

机械损伤、绝缘老化造成线路漏电流，漏电流导致局部高温、电弧或电火花导致电气火灾。

2. 短路

相线与相线、相线与零线在某一点由于绝缘损坏等原因造成相碰或相接，引起电气回路中电流突然增大，大大超过了线路正常工作时的发热量，并在短路点产生强烈的火花和电弧，引起附近的易燃、可燃物燃烧，造成火灾。

3. 过负荷

当导线中通过电流量超过了安全载流量时，导线的温度不断升高，发热量超过允许限度，轻则加速绝缘老化，重则会使绝缘层燃烧而引起火灾。

4. 接触不良

导线与导线、导线与电气设备的连接处由于接触面处理得不好，接头松动，局部产生较高电阻，在电流的作用下产生热量，有可能引起电气线路的绝缘层、附近的可燃物质及积落的可燃粉尘着火。

（二）电气火灾的防护措施

电气火灾蔓延速度快，一旦发生，燃烧非常猛烈，还可能引燃易燃物。电气火灾的防护措施就是要做到"防患于未然"，消除隐患、提高用电安全，具体措施如下。

1. 正确选择保护装置

（1）对正常运行条件下可能产生电热效应的设备采用隔热、散热、强迫冷却等结构，并注重耐热、防火材料的使用。

（2）按规定要求设置自动断电保护。对电气设备和线路正确设置接地、接零保护，为防雷电安装避雷器及接地装置。

（3）根据使用环境和条件正确设计电气设备。恶劣自然环境和有导电尘埃的地方应选择有抗绝缘老化功能的产品，或增加相应的措施；易燃易爆场所则必须使用防爆电气产品。

2. 正确安装电气设备

（1）合理选择安装位置。

① 对于爆炸危险场所，应考虑把电气设备安装在爆炸危险场所以外或爆炸危险性较小的部位。

② 开关、插座、熔断器、电热器具、电焊设备和电动机等应根据需要，尽量避开易燃物或易燃建筑。

（2）保持必要的防护距离。

① 对于在正常工作时能产生电弧或电火花的电气设备，应使用灭弧材料将其全部隔开，或将其与可能被引燃的物料，用耐弧材料隔开或与可能引起火灾的物料之间保持足够距离。

② 安装和使用有局部热聚焦或热集中的电气设备时，在局部热聚焦或热集中的方向与易燃物料，必须保持足够的距离，以防引燃。

③ 电气设备周围的防护屏障材料，必须能承受电气设备产生的高温（包括故障情况下）。应根据具体情况选择不可燃、阻燃材料或在可燃性材料表面喷涂防火涂料。

3. 保持电气设备正常运行

（1）正确使用电气设备是保证电气设备正常运行的前提。因此应按设备使用说明书的规定操作电气设备，严格执行操作规程。

（2）保持电气设备的电压、电流、温升等不超过允许值。保持各导电部分连接可靠，接地良好。

（3）保持电气设备的绝缘良好，保持电气设备的清洁，保持良好通风。

4. 正确操作电气设备

（1）任何情况下检修电路和电器都要确保断开电源，同时还要拔下电源插头。

（2）不要用湿手开关、插拔电器。

（3）养成单手操作电工作业的习惯。

（4）体积较大的电容器需先放电再进行检修。

（三）电气火灾的扑救

发生火灾，应立即拨打119火警电话报警，向公安消防部门求助。扑救电气火灾时注意避免触电危险，要及时切断电源，通知电力部门派人到现场指导和监护扑救工作。

1. 正确选择、使用灭火工具

在扑救尚未确定断电的电气火灾时，应选择合适的灭火器和灭火装置，否则有可能造成触电事故和更大危害，如使用普通水枪射出的直流水柱和泡沫灭火器射出的导电泡沫会破坏绝缘。常用的灭火剂种类、用途及方法如表2-5所示。

表2-5 常用灭火剂介绍

种类	二氧化碳	四氯化碳	干粉	1211	泡沫
规格	● <2 kg ● 2~3 kg ● 5~7 kg	● <2 kg ● 2~3 kg ● 5~8 kg	● 8 kg ● 50 kg	● 1 kg ● 2 kg ● 3 kg	● 1 L ● 65~130 L
药剂	液态二氧化碳	液态四氯化碳	钾盐、钠盐	● 二氟一氯 ● 一溴甲烷	● 碳酸氢钠 ● 硫酸铝
导电性	无	无	无	无	有
灭火范围	电气、仪器、油类、酸类	电气设备	电气设备、石油、油漆、天然气	油类、电气设备、化工、化纤原料	油类及可燃物体
不能扑救的物质	钾、钠、镁、铝等	钾、钠、镁、乙炔、二氧化碳	旋转电机火灾	—	忌水和带电物体
效果	距着火点3m	3kg喷30s,7m内	● 8 kg喷6~8s,4.5m内 ● 50 kg喷50~55 s,6~8 m内	1 kg喷6~8s,2~3m内	● 10 L喷60s,8m内 ● 65 L喷170s,13.5 m内
使用	一手将喇叭口对准火源；另一只手打开开关	扭动开关、喷出液体	提起圈粉、喷出干粉	拔下铅封或横锁，用力压压把即可	倒置摇动、拧开喷药剂
保养和检查	置于方便处，注意防冻、防晒和使用期 每月测量1次，低于原重量1/10时应充气	置于方便处 检查压力，注意充气	置于干燥通风处，注意防潮、防晒 每年检查1次干粉是否结块；每半年检查一次压力	置于干燥处，勿摔碰 每年检查1次重量	置于方便处 每年检查1次，泡沫发生倍数低于4倍应换药剂

使用四氯化碳灭火器灭火时，灭火人员应站在上风侧，以防中毒。灭火后空间要注意通风；使用二氧化碳灭火时，当其浓度达85%时，人就会感到呼吸困难，要注意防止窒息。

2. 正确使用喷雾水枪

带电灭火时使用喷雾水枪更安全。用喷雾水枪灭电气火灾时,水枪嘴与带电体的距离为:10 kV 及以下的带电设备距离应不小于 0.7 m;35 kV 及以下的带电设备距离应不小于 1 m;110 kV 及以下的带电设备距离应不小于 3 m;220 kV 及以下的带电设备距离应不小于 5 m。

四、触电急救

(一) 触电危害

触电所造成的危害主要体现在当人体接触或接近带电体造成触电事故时,电流流经人体,对触电部位和人体内部器官等造成不同程度的伤害。触电时对人体的伤害主要有三种形式:电击、电伤和电磁场伤害,如图 2-101 所示。

图 2-101 电流对人体的伤害类型

电流对人体的伤害类型

1. 伤害形式

(1) 电击。

① 概念。

电击是指电流流经人体内部,引起疼痛发麻、肌肉抽搐,严重的会引起强烈痉挛、心室颤动或呼吸停止,甚至由于因人体心脏、呼吸系统以及神经系统的致命伤害,造成死亡。绝大部分触电死亡事故是电击造成的。

② 类型。

a. 电击效应。电流低于导通限值时,会有相应的电击反应,从而容易因肢体不受控制、失去平衡而导致受伤。

b. 热效应。电流导入、导出点处会产生热效应,引起的温度升高会发生烧伤、焦化和内部烧伤。这会导致肾脏负荷过大,甚至造成致命伤害。

c. 化学效应。血液和细胞液成为电解液并被电解。这会发生严重的中毒,中毒情况在几天后才能被发现,因此伤害极大。

d. 肌肉刺激效应。所有的身体功能和人体肌肉运动都是由大脑通过控制神经系统的电刺激来实现的。如果通过人体的电流过高,肌肉会开始抽搐,大脑再也无法控制肌肉组织;如果电流经过了胸腔,肺会产生痉挛导致呼吸停止,心脏的跳动节奏会被中断导致心室纤维化颤动,无法进行心脏的收缩扩张运动。

e. 静态短路的热效应。工具急剧发热,会导致材料熔化,从而可能发生烧伤事故。

f. 由于短路引起火花。金属很快熔化,产生飞溅火花,飞溅出来的金属颗粒温度超过5 000℃,可能引发烧伤或伤害眼睛。

g. 带电高压线路接通和断开时所产生的弧光,光辐射可能造成电光性眼炎。

(2) 电伤。

① 概念。

电伤是指触电时,人体与带电体接触不良部分发生的电弧灼伤,或是人体与带电体接触部分的电烙印。由于被电流熔化和蒸发的金属微粒等侵入人体皮肤引起皮肤金属化,这些伤害会给人体留下伤痕,严重时也可能致命。电伤通常是由电流的热效应、化学效应或机械效应造成的。

② 类型。

电伤可以分为电灼伤、电烙印、皮肤金属化、电光眼和机械性损伤五种。

a. 电灼伤是由电流热效应产生的电伤,分为电流灼伤和电弧灼伤。

电流灼伤是指人体与带电体接触,电流通过人体时电能转换成热能造成的伤害;电弧灼伤是指由弧光放电造成的烧伤。分为直接电弧烧伤和间接电弧烧伤。

电灼伤的后果是皮肤发红、起泡、组织烧焦并坏死、肌肉和神经坏死、骨骼受伤。

b. 电烙印是指因电流的化学效应和机械效应作用,接触部分的皮肤会变硬并形成印痕。

c. 皮肤金属化是指在电流的作用下,产生的高温电弧使周围的金属熔化、蒸发成金属微粒并飞溅渗入到人体皮肤表层。使皮肤变得粗糙、硬化并呈现一定的颜色。

渗入的金属不同皮肤呈现颜色不同:铅呈灰黄色、紫铜呈绿色、黄铜呈蓝绿色。

d. 电光眼是指发生弧光放电时,由红外线、可见光、紫外线对眼睛的伤害。表现为眼角膜和结膜发炎。

e. 机械损伤是指电流作用于人体时,由于中枢神经反射和肌肉强烈收缩等导致的机体组织断裂、关节脱位及骨折等伤害。

(3) 电磁场伤害。

电磁场生理伤害是指在高频磁场的作用下,人会出现头晕、乏力、记忆力减退、失眠、多梦等神经系统的症状。

一般认为,电流通过人体的心脏、肺部和中枢神经系统的危险性较大,特别是电流通过心脏时,危险性最大。所以从手到脚的电流途径最为危险。因为沿该条途径有较多的电流通过心脏、肺部等重要器官;其次是从一只手到另一只手的电流途径,如图 2-102 所示。

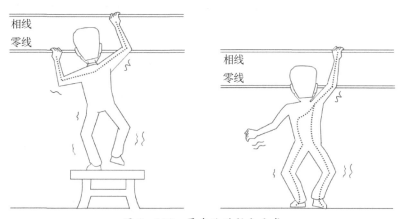

图 2-102 最危险的触电方式

2. 危害级别

当人体触电时,触电电流是造成人体触电伤害的主要原因。电流大小不同、电流通过人体时间的长短不一、人体自身电阻不同,对人体造成的伤害也不同。

(1) 电流类型。

① 感应电流。是通过人体,使人感觉轻微麻感或微弱针刺感,引起人的感觉变化的最小电流。感应电流与个体生理特征、人体与电极的接触面积等因素有关,与时间因素无关。感应电流是交流 1 mA 或直流 5 mA,因此一般不会对人体造成伤害。

② 摆脱电流。人体触电后能自行摆脱电极的最大电流称为摆脱电流。摆脱电流一般不超过交流 16 mA(女子为交流 10.5 mA 左右)或直流 50 mA,不会对人体造成伤害,可自行摆脱。

③ 伤害电流。超过摆脱电流,交流在 16 mA～50 mA 时,电流就会对人体造成不同程度的伤害。触电时间越长,后果越严重。当通过人体的电流超过伤害电流时,会造成大脑昏迷、心脏停止跳动,并且会出现严重的电灼伤。

④ 致命电流。当通过人体的交流电流到达 100 mA 时,即便通过人体 1 s,都足以致命,造成严重伤害事故。

(2) 电流大小。

人体是存在生物电流的,一定限度的电流是不会对人体造成伤害的,不同电流大小对人体的作用不同,具体表征如表 2-6 所示。

表 2-6 不同电流的具体表征

电流大小	人体感知
<0.7 mA	无感觉
1 mA	有轻微感觉
1～3 mA	有刺激感,一般电疗仪器为此电流
3～10 mA	感觉痛苦,但可自行摆脱
10～30 mA	肌肉痉挛,短时间无危险;长时间有危险
30～50 mA	强烈痉挛,时间超过 60 s 就有生命危险
50～250 mA	心脏纤颤,丧失知觉,严重时危及生命
>250 mA	短时间内(1 s 以上)造成心脏骤停,体内造成电灼伤

(二) 触电形式

人体的触电形式可以分为直接触电、间接触电和接触电压触电三种。

1. 直接触电

直接触电是指人体直接接触到带电体或者是人体过分接近带电体而发生的触电现象。直接触电又可以分为单相触电和两相触电。

(1) 单相触电。

当人体直接碰触带电体其中的一相时,电流通过人体经大地回到中性点,这种触电现象称为单相触电,如图2-103所示。对于高压带电体,人体虽未直接接触,但由于超过了安全距离,高电压对人体放电,造成单相接地而引起的触电;人体接触漏电的设备外壳,都属于单相触电。

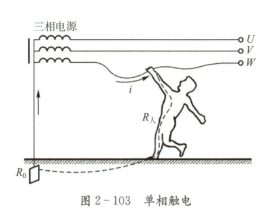

单相触电

图2-103　单相触电

（2）两相触电。

人体同时接触带电设备或线路中的两相导体;或在高压系统中,人体同时接近不同相的两相带电导体,而发生电弧放电,电流从一相导体通过人体流入另一相导体,构成一个闭合回路,这种触电方式称为两相触电,如图2-104所示。

发生两相触电时,作用于人体上的电压等于线电压——380 V,这种触电是最危险的。

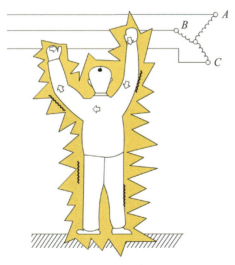

两相触电

图2-104　两相触电

2. 间接触电

由于绝缘损坏导致外壳故障,使本来不带电的物体带电,人体接触到这些物体而导致的触电属于间接触电,也称为非正常状态下的触电现象。高压电弧触电和跨步电压触电都属于间接触电。

（1）高压电弧触电。

高压电弧触电是指人靠近高压线（高压带电体），造成弧光放电而触电。电压越高，对人身的危险性越大，如图 2-105 所示。

图 2-105　高压电弧触电

（2）跨步电压触电。

当外壳接地的电气设备绝缘损坏而使外壳带电，或导线断落发生单相接地故障时，电流由设备外壳经接地线、接地体流入大地，向四周扩散，在导线接地点及周围形成强电场。人站在地上触及设备外壳所承受的电压称为接触电压；人站在设备附近地面上，两脚之间承受的电压称为跨步电压，如图 2-106 所示。

跨步电压触电

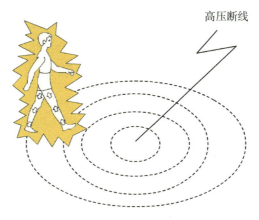

图 2-106　跨步电压触电

3. 接触电压触电

电气设备的金属外壳本不应该带电，但由于设备使用时间过长，内部绝缘老化，造成击穿；或由于安装不良，造成设备的带电部分碰壳；或其他原因使电气设备的金属外壳带电时，人若碰到带电外壳就会触电，这种触电称之为接触电压触电。

（三）触电预防

1. 直接触电的预防

直接触电的预防可以从绝缘、屏护和间距着手。

（1）绝缘。

良好的绝缘是保证电气设备和线路正常运行的必要条件。新修或大修后的低压设备和线路，绝缘电阻不应低于 $0.5\ M\Omega$；高压线路和设备绝缘电阻不低于 $1\,000\ M\Omega/V$。

（2）屏护。

凡是金属材料制作的屏护装置应妥善接地或接零。

（3）间距。

在带电体与地面、带电体与其他设备之间应保持一定的安全距离。间距大小取决于电压的高低、设备类型及安装方式等因素。

2. 间接触电的预防

预防间接触电同样需要做好绝缘工作，同时还需要做好电气隔离和自动断电保护。

（1）绝缘。

对电气设备和线路做好双重绝缘工作，保证电气设备和线路绝缘牢固。

（2）电气隔离。

采用隔离变压器或具有同等隔离作用的发电机。

（3）自动断电。

做好漏电保护、过电流保护、过电压或温保护、短路保护及接零保护等。

3. 操作前的预防

（1）操作前，操作人员必须穿戴规定的绝缘鞋和绝缘手套，使用前进行简单的漏气实验。

（2）各种受力工具和绝缘工具应有合格证并需进行定期试验，做好记录。禁止使用试验不合格或超过试验周期的工具。

（3）每次使用绝缘工具前，需要用清洁干燥的抹布擦拭绝缘部分。再用兆欧表分段测量有效绝缘部分的绝缘电阻。

（4）接地线应使用截面积不小于 $25\ mm^2$ 的裸铜绞线制成并套透明护套保护；接地线不得有断股、散股和接头。接地杆触头外观良好，不得有断裂、损坏。

（5）挂设接地线时，将接地线的一端先行接地，再将另一端与被停电的导体相连（拆除接地线的顺序与挂设顺序相反）。接地线要保证连接牢固、接触良好。

（6）装设接地线时，人体不得触及接地线，接好的接地线不得侵入建筑限界。连接或拆除接地线时，操作人员要借助绝缘杆进行。

（四）触电急救

援救触电事故中受伤人员时，自身的安全是第一位的，不要去触碰仍与电压有接触的人员。如果可能，马上将电气系统断电，或用不导电的物体（模板、扫把等）把事故受害者或者导电体与电压分离。基本的触电急救流程如图 2-107 所示。

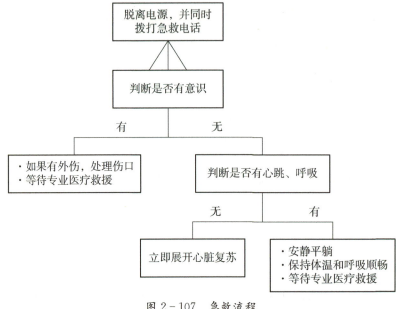

图 2-107 急救流程

1. 脱离电源

触电以后,触电者可能因为痉挛或失去知觉等原因而抓紧带电体,不能自行摆脱电源。这时,抢救触电者的首要步骤就是使触电者尽快脱离电源。

(1) 低压触电脱离电源的方法。

① 触电电源在近处有开关或插头时,应立即断开电源开关或拔掉电源插头,断开电源。

② 触电电源近处没有开关,则可以用良好绝缘钳柄的电工钢丝钳将电线剪断,或用有干燥木柄的斧头或其他工具将电线砍断。如触电者因站立地面单相触电时,也可用干燥木板等绝缘物插入触电者身下,隔断电流通路,使触电者脱离电源。

③ 如果身边什么工具都没有,也可以用干衣服、围巾等衣物,厚厚地把一只手严密包裹起来,拉触电者的衣服使其脱离电源。如有干燥木板或其他不导电的东西,救护者应站在上面进行救护。

(2) 高压触电脱离电源的方法。

① 立即通知有关部门拉闸停电。

② 近处有开关,要立即戴上绝缘手套、穿上绝缘靴,用相应电压等级的绝缘棒将开关拉开。

③ 抛掷裸金属线,避免线路发生短路跳闸。

2. 触电急救

当触电者脱离电源后,应根据触电者的具体情况迅速对症救护,力争在触电后 1 min 内进行救治。现场应用的主要方法是口对口人工呼吸和体外心脏挤压法,严禁打强心针。

需要注意的是,在抢救触电者的过程中,口对口人工呼吸和胸外心脏挤压法通常都是同步进行的,这两种施救方法联合实施的过程也叫"心肺复苏"。

(1) 人工呼吸。

口对口人工呼吸法是用人工的方法来代替肺的呼吸活动,使空气有节律地进入和排出肺脏,供给体内足够的氧气,充分排出二氧化碳,维持正常的通气功能。

① 判断触电者状态。

a. 判断有无意识。轻拍或轻摇触电人肩膀,并在耳旁大声呼叫。如无反应,立即用手指掐压人中穴。当呼之不应,刺激也毫无反应时,可判定为丧失意识。

当触电人意识已丧失时,应立即呼救。将触电人仰卧在坚实的平面上、头部放平、颈部不能高于胸部、双臂平放在躯干两侧、解开紧身上衣、松开裤带、清除口腔异物。若触电人面部朝下,应将头和躯干作为一个整体同时翻转,翻转时救护人应跪在触电人肩旁,先把触电人的两只手举过头、拉直两腿,把一条腿放在另一条腿上。然后一只手托住触电人的颈部,一只手扶住触电人的肩部,全身同时翻转。翻转时注意避免扭曲触电者身体,以免加重颈部可能存在的伤情。

b. 判断有无呼吸。保持气道开放的情况下,判定有无呼吸的方法有:用眼睛观察触电人的胸腹部有无起伏;用耳朵贴近触电人的口、鼻,聆听有无呼吸的声音;用脸或手贴近触电人的口、鼻,测试有无气体排出;用一张薄纸片放在触电人的口、鼻上,观察纸片是否动。若胸腹部无起伏,无呼吸声,无气体排出,纸片不动,则可判定触电人已停止呼吸。

② 实施步骤。

a. 使触电人仰卧,迅速解开衣扣,松开紧身的内衣、腰带,头不要垫高,以利呼吸。

b. 使触电人的头侧向一边,掰开触电人嘴巴(如果掰不开嘴巴,可用小木片或金属片撬开),清除口腔中的痰液或血块。

c. 使触电人的头部尽量后仰、鼻孔朝上,下颚尖部与前胸部大体保持在一条水平线上,避免舌根阻塞气道。

d. 救护人蹲跪在触电人头部侧边,一只手捏紧触电人的鼻孔,另一只手用姆指和食指掰开嘴巴,可垫一层纱布或薄布,准备输气。

e. 救护人深吸气后,紧贴触电人嘴巴吹气,吹气时要使触电人的胸部膨胀。成年人每分钟大约吹气14~16次;儿童每分钟约吹气18~24次。不必捏鼻孔,让其自然漏气。

f. 救护人换气时,要放松触电人的嘴巴和鼻子,让其自动呼吸。

g. 人工呼吸的过程中,若发现触电人有轻微的自然呼吸时,人工呼吸应与自然呼吸的节律一致。当正常呼吸有好转时,可暂停人工呼吸数秒钟并观察。若正常呼吸仍不能完全恢复,应立即继续进行人工呼吸。

(2) 胸外心脏挤压法。

胸外心脏挤压法是指有节律地对心脏挤压,用人工的方法代替心脏的自然收缩,使心脏恢复搏动功能,维持血液循环。

实施胸外心脏挤压要按照如下步骤进行:

① 使触电人仰卧在坚实的地面上,救护姿式与口对口人工呼吸法相同,使呼吸道畅通,以保证挤压效果。

② 救护人蹲跪在触电人腰部一侧,或跨腰跪在腰部两侧,两手相叠,手掌根部要放在心窝稍高,两乳头间略低,胸骨下三分之一处。

③ 救护人两臂肘部伸直,掌根略带冲劲地用力垂直下压,压陷深度3~5 cm,压出心脏里的血液。成年人每秒压一次(对儿童用力要稍轻,以免损伤胸骨,每分钟挤压100次为宜)。

④ 挤压后掌根应迅速全部放松,让触电人胸廓自动复原,放松时掌根不必完全离开胸廓。

⑤ 采用胸外心脏挤压法容易引起肋骨骨折,因此,挤压时,挤压力要合适,切勿过猛;挤压与放松时间需一致。

本任务介绍了用电安全、电气设备使用安全、电气火灾和触电急救的相关知识。

安全电压是指不致使人直接致死或致残的电压。安全用电措施包括接地和接零保护、漏电保护、过限保护和智能保护。

接地保护是将电气设备的金属外壳与深埋底下的接地体紧密连接;接零保护是将电气设备和用电装置的金属外壳与电网零线相连。漏电保护是在电源线进口处安装漏电保护装置。过限保护包括过电压保护、过电流保护和过温保护。常见的过电压保护元器件和设备有防雷器、压敏电阻、避雷器等;常见的过电流保护元器件和设备有熔断器、低压断路器和热继电器;常见的过温保护元器件和设备有温度继电器和热熔断器。

使用电气设备前,需做好基本检查,包括检查电气设备铭牌、连接是否可靠、线束是否完好等。同时还需做好电气检查,确保电气设备绝缘可靠。当电气设备出现异常时,应尽快切断电源,同时要记录好故障现象及部位。若有麻电感觉,要及早进行绝缘检查。

漏电、短路、过负荷以及接触不良都会引起电气火灾。要想避免电气火灾首先要做好防护措施,包括选择合适的保护装置、正确安装电气设备、保持电气设备的正常运行以及正确操作电气设备。如果发生电气火灾,首先要正确选择合适的灭火工具,其次要会使用灭火工具。

触电是漏电电流流经人体,对触电部位和人体内部器官等造成不同程度的伤害。触电对人体的伤害有电击、电伤和电磁场伤害。

为避免触电伤害,首先要做好触电预防工作。直接触电的预防可以从绝缘、屏护和间距着手;预防间接触电同样需要做好绝缘工作,同时还需要做好电气隔离和自动断电保护;操作带电设备前还需做好绝缘防护。

一旦发生触电事故,自身的安全是第一位的,不要去触碰仍与电压有接触的人员。首先应尽量切断电源,再对触电人员展开急救。

一、判断题

1. 漏电保护装置的保护范围应为独立回路,经过它的工作零线不能接地。( )
2. 三相继电器安全星型接线方式对各种形式的短路都起保护作用。( )
3. 若是发现电气设备中的熔断器烧坏,应立即更换大容量熔断器继续工作。( )
4. 人体对感应电流的感知与个体生理特征、人体与电极接触面积及时间有关。( )
5. 当发生触电时,首要步骤就是使触电者尽快脱离电源。( )

二、选择题

1. 干燥而触电危险性较小的环境下,安全电压规定为( )。【单选题】
   A. 6 V B. 12 V C. 24 V D. 36 V
2. ( )适用于三相四线制中性点直接接地的低压电力系统和电气设备外壳。【单选题】
   A. 接地保护 B. 接零保护 C. 过电流保护 D. 过载保护
3. 防雷器是( )装置。【单选题】
   A. 过电压保护 B. 过电流保护 C. 过温保护 D. 智能保护
4. 以下( )是造成电气火灾的主要原因。【多选题】
   A. 漏电 B. 短路 C. 过负荷 D. 接触不良
5. ( )是指因电流的化学效应和机械效应作用,接触部分的皮肤会变硬并形成印痕。【单选题】
   A. 电灼伤 B. 皮肤金属化 C. 机械性损伤 D. 电烙印

三、简答题

1. 请简述漏电保护装置工作的原理。
2. 请列举接通电气设备前的检查工作内容。

项目三 电子基础

项目概述

　　电子元器件和电子电路是汽车、航空等工作或控制电路的基础,新能源汽车电路由无数个电子元器件和各种工作电路组成。了解各种电子元器件和电子电路的组成、原理和应用,能使其充分发挥特性,从而提高新能源汽车的控制精度,并提升其工作性能。

　　在本项目介绍了电子元器件、整流电路、稳压电路、模拟电路、放大电路、数字电路、开关电路。希望通过学习本项目达到熟练掌握和理解电子基础在新能源汽车电路中的作用。

任务 1　电子元器件

任务目标

1. 了解 PN 结、二极管、晶体管的定义。
2. 掌握 PN 结的结构、符号。
3. 掌握二极管、晶体管的结构、符号。
4. 理解二极管、晶体管的工作特性。
5. 了解二极管、晶体管的应用电路。

任务导入

高中物理的一堂实验课上,教师用 2 节 7 号干电池、几根导线、一个按钮开关、一个二极管和一个电路板自制了一个电路。先将二极管接在自制的电路板上,再用导线将电路板和开关串联在干电池为电源的电路中,按下开关二极管不点亮。但是,当调换二极管连接后,按下开关,二极管就会点亮。请学习电子元器件的相关知识,解释其中的原理。

知识储备

常用电子元器件一般都是由半导体材料制作的,因而称为半导体器件。半导体器件是 20 世纪 50 年代初发展起来的,以体积小、重量轻、功耗小、寿命长、可靠性高等优点获得了迅猛发展,在计算机、工业自动检测、通信、航天等方面获得了广泛应用。为了正确和有效地运用电子元器件,必须对它们的结构、工作原理和性能有一个基本认识。

一、PN 结

（一）半导体的基础知识

1. 物质导电性

在自然界的各种物质,根据其导电能力的差别,可分为导体、绝缘体和半导体三大类。通常将电阻率小于 10^{-4} $\Omega \cdot cm$ 的物质称为导体,例如铜、银和铝等金属材料都是良好的导体。电阻率大于 10^9 $\Omega \cdot cm$ 的物质称为绝缘体,例如塑胶、塑料等。导电性能介于导体和绝缘体之间的一大类物质统称为半导体。常用的半导体有硅（Si）、锗（Ge）和大多数金属氧化物等。

半导体之所以引起人们注意并得到广泛应用,不仅在于它的导电能力介于导体和绝缘体之间,而且还在于它的导电能力在不同条件下有很大的差异,例如半导体的导电能力随温度升高而显著增强。而大多数导体的导电能力,均随温度升高而有所下降。此外,半导体的导电能力还随它所掺入的有用杂质、受光线照射、电场、磁场等作用而发生显著的变化,总之,半导体就是一种在外界条件影响下有时能导电,有时几乎不能导电,容易受到热、光、电、磁和杂质等作用而改变其导电能力的一种固体材料。

2. 本征半导体

纯净的半导体叫作本征半导体。锗和硅是两种常用的半导体材料,它们最外层都有四个价电子,称为四价元素,它们的原子结构如图3-1所示。

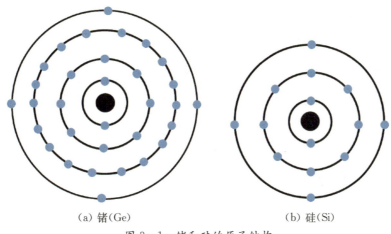

(a) 锗(Ge)　　　　　　(b) 硅(Si)

图3-1　锗和硅的原子结构

在本征半导体的晶体结构中,每个原子与相邻的四个原子形成共价键结构。这样,每个原子的每一个价电子除了受到自身原子核的束缚外,还受到共价键的束缚。因此,每个价电子都处于较为稳定的状态,但是共价键中的电子不像绝缘体中的电子被束缚得那样紧,会有少量的电子在获得一定的能量(光照或温升)后,即可挣脱束缚成为自由电子。值得注意的是共价键中的电子在挣脱束缚成为自由电子后,就在它的原来位置上留下一个空位(称为空穴),以等待其他的电子来补充,因此,自由电子和空穴总是成对产生,同时又不断复合,二者数量始终相等。在一定温度条件下,电子空穴对的产生和复合达到动态平衡,半导体中维持一定数目的载流子。当温度升高时,电子空穴对的数目增多,导电性能增强。所以温度对半导体器件性能影响极大。

在正常情况下,原子是电中性的。当价电子成为自由电子后,原子的电中性被破坏而显出带正电。因此可以把空穴想象成一个带正电荷的粒子。当相邻共价键中的电子来填补这个空穴时,这个空穴便消失,同时在相邻共价键中出现了一个新的空穴,这个新空穴又可能被别的共价键中的电子所填补,这种价电子接连不断地填补空穴的运动,相当于空穴自身的运动。空穴的运动与自由电子的运动相似,但方向相反。

由此可见,半导体中存在两种载流子:带负电荷的自由电子和带正电的空穴。这是半导体导电方式的最大特点,也是半导体与金属导体在导电原理上的本质差别。

3. 杂质半导体

本征半导体虽然有两种载流子，但在常温下其数量极少，导电能力很差。如果在其中掺入某种微量杂质元素，将使掺杂后的半导体的导电能力大大增强。根据掺入的杂质不同，杂质半导体可分为两类：N型半导体和P型半导体。

(1) N型半导体。

在四价元素硅和锗中掺入微量磷（或其他五价元素），磷原子最外层有五个价电子，即五价元素。当硅晶体中某些位置上的硅原子被磷原子代替后，只需要四个价电子参与共价键结构，多余的一个价电子很容易挣脱磷原子核的束缚而成为自由电子，如图3-2(a)所示。于是杂质半导体中的自由电子数目大大增加，自由电子导电成为这种杂质半导体的主要导电方式，故称其为电子型半导体或N型半导体。在N型半导体中自由电子是多数载流子，而空穴是少数载流子。

(2) P型半导体。

在四价元素硅和锗中掺入微量硼（或其他三价元素），硼原子最外层有三个价电子。当其构成共价键时，将因缺少一个电子而形成一个空穴，如图3-2(b)所示。这样，在杂质半导体中形成大量空穴，空穴导电成为其主要导电方式，故称这种杂质半导体为空穴型半导体或P型半导体。在P型半导体中，空穴是多数载流子，而自由电子是少数载流子。

N型

P型

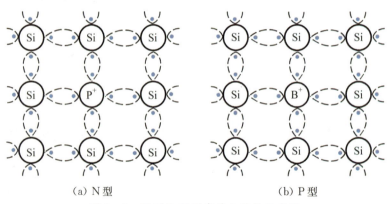

(a) N型　　　　　　　　　(b) P型

图3-2　N型和P型半导体结构示意图

值得注意的是，无论是N型还是P型半导体，虽然它们都有一种载流子占多数，但由于掺入的杂质也是原子，而原子均为中性，因此整体上仍然呈电中性。

（二）PN结及其单向导电性

一块P型或N型半导体，虽具有较强的导电能力，但将它接入电路中，只起电阻作用，不称其为半导体元件。如果把一块P型半导体和一块N型半导体结合在一起，它们的结合处就会形成PN结，PN结是构成各种半导体器件的基础。

1. PN结的形成

在一整块单晶体中，采取一定的工艺措施，使其两边掺入不同的杂质，一边形成P区，另一边形成N区。在交接面必然要发生于载流子浓度不均匀而引起的电子和空穴的扩散运动,即 P 区的空穴向 N 区扩散,N 区的电子向 P 区扩散,如图 3-3 所示。扩散的结果是,在交接面附近的 P 区留下一些带负电的杂质离子,而 N 区则留下一些带正电的杂质离子。因此在交接面形成了一个空间电荷区,也就是 PN 结。该空间电荷区的交接面形成一个内电场,其电场方向恰好与多数载流子的扩散方向相反,它一方面阻碍多数载流子的扩散,另一方面促进少数载流子的漂移(载流子从浓度低的区域向浓度高的区域的运动),即 P 区的电子向 N 区漂移,N 区的空穴向 P 区漂移。

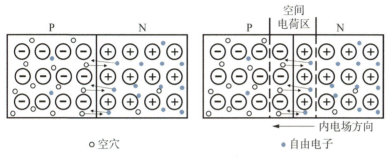

图 3-3 PN 结的形成

扩散运动和漂移运动是互相联系又相互矛盾的。在一定的温度条件下,两种运动达到动态平衡,空间电荷区的宽度基本稳定下来,此时,PN 结处于相对稳定的状态。

2. PN 结的单向导电性

在 PN 结上加正向电压,也称为正向偏置,即 P 区接电源正极,N 区接电源负极。此时,由于外电场与内电场反向,PN 结的动态平衡被破坏,使空间电荷区的宽度变窄,多数载流子的扩散运动增强,并从电源中不断得到补充,形成较大的扩散电流——正向电流。此时 PN 结处于低阻状态,称为正向导通状态,如图 3-4(a)所示。

在 PN 结上加反向电压,也称为反向偏置,即 N 区接电源正极,P 区接电源负极。此时,由于外电场与内电场同向,PN 结的动态平衡也被破坏,使空间电荷区

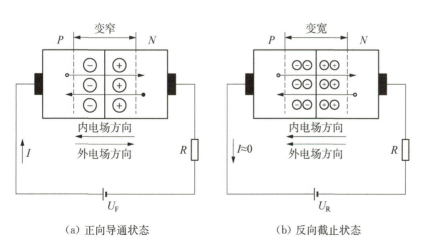

(a) 正向导通状态　　　　　　　(b) 反向截止状态

图 3-4 PN 结的单向导电性

PN 结

PN 偏压

的宽度变宽,多数载流子的扩散运动无法进行,而少数载流子的漂移运动得以加强,形成较小的漂移电流——反向电流。此时 PN 结处于高阻状态,称为反向截止状态,如图 3-4(b) 所示。

综上所述,PN 结正向偏置时,处于导通状态;反向偏置时,处于截止状态。这说明 PN 结具有单向导电性,这是 PN 结的基本特性。

二、二极管

二极管是一种具有单向导电性的半导体元件,它可以用在各种电路中完成各种不同功能需求。二极管的主要作用有整流、限幅、开关、稳压、续流、变容、显示、触发和检波。本节主要介绍二极管的组成、特性和应用。

(一) 二极管

1. 二极管的结构

二极管的核心结构是一个 PN 结,它实际上是将一个 PN 结封装在管壳内,并从两端各引出一个电极而构成的,即二极管是由一个 PN 结、管壳和两个引出电极组成,如图 3-5(a) 所示。如图 3-5(b) 所示,二极管的 P 区引出端为正极,N 区引出端为负极,文字符号常用 VD 表示,箭头指向表示 PN 结正向电流的方向。

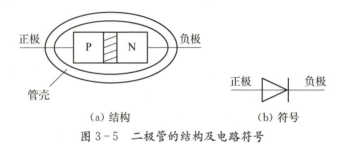

图 3-5 二极管的结构及电路符号

2. 二极管的类型

(1) 按半导体材料分:有硅二极管、锗二极管等。

(2) 按 PN 结结构分:有点接触型、面接触型和平面型二极管。

① 点接触型二极管(一般为锗管)。点接触型二极管 PN 结的结面积很小,不能通过较大电流,但高频性能好,一般适用于高频和小功率的工作,也用作数字电路中的开关元件。如国产的 2AP 型、2AK 型。

② 面接触型二极管(一般为硅管)。面接触型二极管 PN 结面积大,能允许通过较大的电流,但由于其结电容也大,所以一般用于较低频率的整流电路中。如国产的 2CZ 型、2CP 型。

③ 平面型二极管。一般用于集成电路制造工艺中。它的 PN 结面积可大可小,可用在高频整流和开关电路中。

(3) 按用途分:有整流二极管、检波二极管、稳压二极管、开关二极管、发光二极管、变容二极管等。

3. 二极管的伏安特性

所谓晶体二极管的伏安特性是指加在二极管两端的电压 U 与流过二极管的电流 I 之间的关系。在直角坐标系中，二极管的伏安特性可用一条曲线表示。如图 3-6 所示为典型的锗二极管和硅二极管的伏安特性曲线。二极管具有正向导通性、反向截止特性、反向击穿特性。

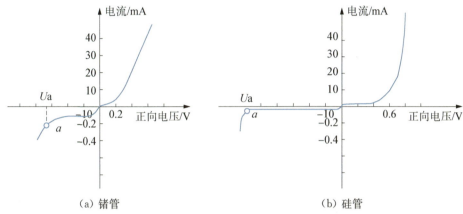

图 3-6 二极管的典型伏安特性曲线

(1) 二极管具有正向导通性。

图 3-6 中，第一象限的图形为二极管的正向特性。当给二极管加上正向电压时，二极管电流从阳极流向阴极。当正向电压小于某一数值时，电流很小，近似为零，这一电压称为死区电压，这段区域称为二极管的死区。锗管的死区电压约 $0\sim0.2\,\text{V}$，硅管的死区电压约 $0\sim0.5\,\text{V}$。

当正向电压超过死区电压时，二极管开始导通，正向电流随电压增大而迅速增大。二极管导通后，电流在一定范围内变化，阳极与阴极间的电压却几乎维持不变，该电压称为二极管的正向压降。常温下，硅管的正向压降约为 $0.7\,\text{V}$，锗管约为 $0.3\,\text{V}$。

(2) 二极管具有反向截止特性。

图 3-6 中，第三象限的图形为二极管的反向特性。当二极管在小于某一数值的反向电压作用下，反向电流基本不随外加反向电压的变化而变化，反向电流数值极小，通常称其为反向漏电流或饱和电流，二极管的反向饱和电流受温度影响很大。

(3) 二极管具有反向击穿特性。

当加在二极管两端的反向电压大于某一数值(击穿电压)后，反向电流突然急剧增大，此时称二极管反向击穿。

二极管的反向击穿分为齐纳击穿和雪崩击穿两种。

齐纳击穿：在高掺杂浓度的情况下，反向电压较大时，使价电子脱离共价键束缚，产生电子-空穴对，致使电流急剧增大，这种击穿称为齐纳击穿。如果掺杂浓度较低，不容易产生齐纳击穿。

雪崩击穿：当反向电压增加到较大数值时，外加电场使电子漂移速度加快，从而与共价键中的价电子相碰撞，把价电子撞出共价键，产生新的电子-空穴对。新产生的电子-空穴对被电场加速后又撞出其他价电子，载流子雪崩式地增加，致使电流急剧增大，这种击穿称为雪崩击穿。

4. 二极管的主要参数

(1) 最大整流电流 I_F。

在一定的散热条件下,晶体二极管长期工作时所允许流过的最大正向电流。若超过此值,二极管可能由于过热而损坏。

(2) 最高反向工作电压 U_{DRM}。

二极管所能承受的最高反向工作电压(峰值)。若超过此值,二极管有被反向击穿的危险(一般规定反向工作电压为反向击穿电压的一半左右)。

(3) 反向击穿电压 U_B。

二极管反向击穿时的电压值,一般规定最高反向工作电压为反向击穿电压的一半或三分之一。

(4) 反向电流 I_R。

二极管未被击穿时的反向电流,其值越小,说明二极管的单向导电性越好。

5. 二极管的简单判别

二极管有两个电极,且正向电阻小,反向电阻大。我们可利用这一特点,用万用表的电阻挡大致测量出二极管的好坏和极性。

(1) 好坏的判别。

用万用表测量小功率二极管时,需把万用表的旋钮拨到欧姆 R×100 或 R×1k 挡(应注意不要使用 R×1 或 R×10k 挡,因为 R×1 挡电流较大,R×10k 挡电压较高,都易损坏二极管),然后用两根表笔测量二极管的正反向电阻值。一般二极管的正向电阻约为十几到几百欧。反向电阻约为几百欧到几百千欧,如图3-7所示。二极管的正反向电阻相差越大,就表明二极管的单向导电特性越好。若 $R_正 \approx R_反$,表示二极管已坏。若 $R_正 \approx R_反 \approx 0$,则表示二极管已被击穿,两电极已短路;若 $R_正 \approx R_反 \to \infty$,则说明二极管内部已断路,都不能使用。

二极管的好坏测试

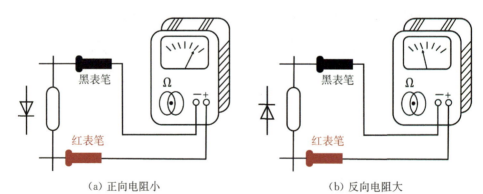

(a) 正向电阻小   (b) 反向电阻大

图 3-7 用万用表测试二极管

注意,大功率二极管可用 R×1 挡判断其好坏,如汽车上交流发电机的硅整流二极管。

(2) 极性的判别。

在已确定二极管正常后,若使用指针式万用表测量二极管正、反向电阻值,当测得的电阻值较小时,与红表笔(接表内电池的负极)相连的那个电极就是二极管的负极,与黑表笔(接表内电池正极)相接的那个电极为二极管的正极。反之,当测得的电阻值较大时,与红表笔相接的那个电极就是二极管的正极,与黑表笔相接的那个电极为二极管的负极,如图3-8所示。

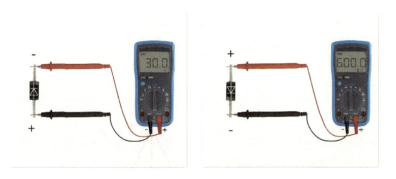

二极管的极性测试

图3-8 二极管的极性判别

若使用数字式万用表测量时,由于数字式万用表的红表笔接表内电池的正极,而黑表笔接表内电池的负极,因此用数字式万用表判定的极性与用指针式万用表判定的极性恰好相反。

(二)特殊二极管

1. 光敏二极管

光敏二极管也叫光电二极管,是一种能够将光根据使用方式,转换成电流或者电压信号的光探测器。管芯常使用一个具有光敏特征的PN结,对光的变化非常敏感,具有单向导电性,而且光强不同的时候会改变电学特性,因此,可以利用光照强弱来改变电路中的电流。光敏二极管与半导体二极管在结构上也是类似的。无光照时,有很小的饱和反向漏电流,即暗电流,此时光敏二极管截止。当受到光照时,饱和反向漏电流大大增加,形成光电流,它随入射光强度的变化而变化。当光线照射PN结时,可以使PN结中产生电子-空穴对,使少数载流子的密度增加。这些载流子在反向电压下漂移,使反向电流增加。常见的有2CU、2DU等系列。光敏二极管实物和符号分别如图3-9所示。光敏二极管有光谱特性、伏安特性、光照特性、温度特性、频率响应特性。

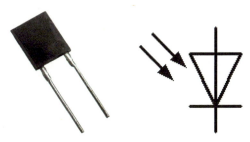

图3-9 光敏二极管及符号

2. 发光二极管

发光二极管(简称 LED)是一种光发射元件,由含镓(Ga)、砷(As)、磷(P)、氮(N)等的化合物制成。当发光二极管的 PN 结加上正向电压时,会发生发光现象。发光二极管实物、符号如图 3-10 所示。发光二极管是一种冷光源,具有功耗低、体积小、可靠性高、寿命长和响应快等优点,几乎不产生热,也消除了非可见光区电磁波对人体的危害,发光二极管广泛应用于仪器仪表、计算机、汽车、电子玩具、通信、自动控制、军事等领域。

图 3-10 发光二极管及符号

发光二极管的颜色主要取决于制造所用的材料,常见的有红色、绿色和红外光单色发光二极管。具有以下几种特点:节能、环保、响应速度快、可以在高速开关状态下工作、干净等。

3. 稳压二极管

稳压二极管是一种用特殊工艺制造的硅材料二极管,利用 PN 结反向击穿状态,其电流可在很大范围内变化而电压基本不变的现象,制成的起稳压作用的二极管。它具有稳定电压的功能,在稳压设备和一些电路中经常使用。稳压二极管在反向击穿前的导电特性与普通二极管相似。在反向击穿后,其两端的电压基本保持不变。这样当把稳压管接入电路以后,若由于电源电压发生波动,或其他原因造成电路中各点电压变动时,负载两端的电压将保持不变,起到稳压作用。稳压二极管实物如图 3-11 所示,符号及特性曲线如图 3-12 所示。

图 3-11 稳压二极管实物

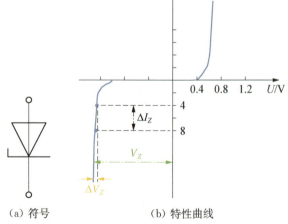

(a) 符号　　　　(b) 特性曲线

图 3-12 稳压二极管符号及特性曲线

(三) 二极管的应用电路

这里以桥式整流电路为例,来介绍二极管的应用。

1. 组成

桥式整流电路如图 3-13 所示,电路中采用了四只二极管,以电桥的形式连接。

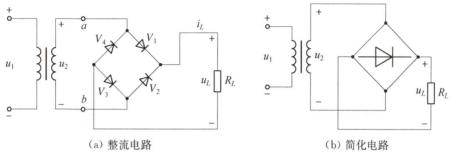

(a) 整流电路　　　　　　　　　(b) 简化电路

图 3-13　桥式整流电路及简化电路

2. 工作原理

当 u_2 为正半周时,V_1 和 V_3 正向导通,V_2 和 V_4 反向截止;当 u_2 为负半周时,V_1 和 V_3 反向截止,V_2 和 V_4 正向导通。而流过负载的电流方向始终一致,其波形如图 3-14 所示。由此可见,桥式整流电路中 V_1、V_3 和 V_2、V_4 轮流导通,流过负载的是两个半波电流,而电路方向相同,故称为全波整流。从桥式整流的波形图 3-14 可看出其输出电流电压的脉动程度比半波整流降低了。

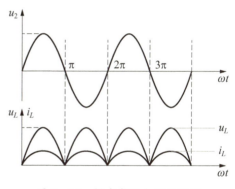

图 3-14　桥式整流电路波形图

3. 二极管在桥式整流电路中的应用特点

全波整流输出的直流电压是半波整流的两倍。由于两组二极管轮流工作,所以通过各个二极管的电流均为负载的一半,有关计算公式如下:

负载两端的直流电压平均值:$U_L = 0.9 U_2$;

通过负载的直流电流平均值:$I_L = \dfrac{U_L}{R_L} = 0.9 \dfrac{U_2}{R_L}$;

通过每只二极管的正向平均电流:$I_D = \dfrac{1}{2} I_L$;

每只二极管承受的最大反向电压:$U_{DRM} = \sqrt{2} U_2 = 1.57 U_L$。

整流电路的接线规律是:一正一负的二极管接交流输入端,全正极的二极管一端是接电源的负极,全负极的二极管一端接电源的正极,不能接错。必须注意,桥式整流电路的 4 个二极管的正负极不能接反,交流电源和直流负载也不允许接错。否则,可能发生电源短路,不仅烧坏整流管,还会烧坏电源变压器。

三、晶体管

晶体管,也称双极型晶体管,是一种控制电流的半导体器件。晶体管是半导体基本元器件之一,具有电流放大作用,是电子电路的核心元件。

(一)晶体管概述

1. 晶体管的结构

在一块半导体芯片上,通过掺杂等工艺形成三个导电区域和两个 PN 结,分别从三个区引出电极,加上管壳封装,所以晶体管由两个 PN 结、三个电极和壳体组成,两个 PN 结的公共区域叫基区,基区两侧分别是发射区和集电区,引出的电极分别叫基极(B)、发射极(E)、集电极(C),两个 PN 结分别称为发射结和集电结。

根据 PN 结的排列顺序的不同,晶体管分为 PNP 型和 NPN 型两类,如图 3-15 所示,如果两个 P 区中间夹着 N 区,就称为 PNP 型晶体管;如果两个 N 区中间夹着 P 区,就称为 NPN 型晶体管。国产硅晶体管多为 NPN 型;锗晶体管多为 PNP 型。

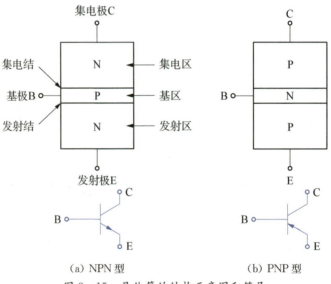

图 3-15　晶体管的结构示意图和符号

2. 晶体管的类型

(1)按材质分:硅管、锗管。
(2)按结构分:NPN、PNP。
(3)按功能分:开关管、功率管、达林顿管、光敏管。
(4)按功率分:小功率管、中功率管、大功率管。
(5)按工作频率分:低频管、高频管、超频管。
(6)按结构工艺分:合金管、平面管。
(7)按安装方式:插件晶体管、贴片晶体管。

3. 晶体管的电流放大作用

（1）晶体管放大条件。

晶体管的电流放大作用是指当晶体管处于放大状态时，可以用比较小的基极电流去控制集电极上的大电流的特殊效应，与晶体管内部 PN 结的特殊结构有关。晶体管犹如两个反向串联的 PN 结，如果孤立地看待这两个反向串联的 PN 结，或者将两个二极管串联起来组成晶体管，是不可能具有电流的放大作用的。晶体管若想具有电流放大作用，则在制作过程中一定要满足以下内部条件，如图 3-16 所示。

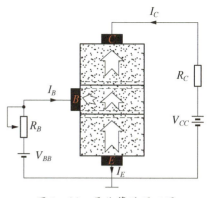

图 3-16 晶体管的原理图

① 为了便于发射结发射电子，发射区半导体的掺杂浓度远高于基区半导体的掺杂浓度，且发射结的面积较小。

② 发射区和集电区虽为同一性质的掺杂半导体，但发射区的掺杂浓度要高于集电区的掺杂浓度，且集电结的面积要比发射结的面积大，便于收集电子。

③ 连接发射结和集电结两个 PN 结的基区非常薄，且掺杂浓度也很低。

上述的结构特点是晶体管具有电流放大作用的内因，要使晶体管具有电流的放大作用，除了晶体管的内部条件，还有外部条件，要实现电流放大，必须做到：

- 三极管的发射结为正向偏置。
- 集电结为反向偏置。

这是晶体管具有电流放大作用的外部条件。下面以 NPN 型晶体管为例，分析其内部载流子的运动规律，即电流分配和放大的规律。

（2）晶体管内部载流子的运动情况及电流放大作用。

E 的载流子主要是电子，电流的方向与电子流的方向相反。发射区所发射的电子由电源的负极来补充。

B 不断地向基区提供空穴，形成基极电流 I_B。由于基区掺杂的浓度很低，且很薄，在基区与空穴复合的电子很少，所以，基极电流 I_B 也很小。扩散到基区的电子除了被基区复合掉的一小部分外，大量的电子将在惯性的作用下继续向集电结扩散。

C 吸收，形成集电极电流 I_C。

① 晶体管内电流分配关系。

根据基尔霍夫定律，有：$I_E = I_B + I_C$

一般 I_B 比 I_C 小得多，因此又有：$I_E \approx I_C$

② 晶体管的电流放大作用。

适当改变晶体管发射结的正向偏置电压，使基极电流发生微小变化 $\Delta I_B = I_{B2} - I_{B1}$，同时测得相应的集电极电流的变化 $\Delta I_C = I_{C2} - I_{C1}$，则晶体管的交流电流放大倍数 β 为：$\beta = \Delta I_C / \Delta I_B$

电流放大作用是晶体管的主要特征，β 值的大小表示了晶体管电流放大能力的强弱，通常在 30～100 之间较为合适。β 值太小，放大作用差；β 值太大，晶体管的性能不稳定。

4. 晶体管的偏置电路

晶体管构成的放大器要做到不失真地将信号电压放大，就必须保证晶体管的发射结正偏、集电结反偏。即应该设置它的工作点。所谓工作点就是通过外部电路的设置使晶体管的基极、发射极和集电极处于所要求的电位（可根据计算获得）。这些外部电路就称为偏置电路。

5. 晶体管的工作状态

根据晶体管输出特性曲线的特点，可以将特性曲线划分为三个不同的区域，分别对应三种不同的工作状态，即放大状态、截止状态和饱和状态，如图3-17所示。

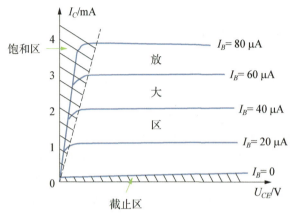

图3-17 晶体管的三个工作区

（1）放大状态。

特性曲线的水平部分为放大区，放大区的特点是I_C受I_B控制，且随I_B成比例变化，即$I_c = \beta I_B$。此时，晶体管处于放大状态，呈恒流输出特性，相当于一个受基极电流控制的恒流源。

晶体管工作于放大状态的条件是发射结正偏，集电结反偏。

（2）截止状态。

在$I_B=0$这条曲线下面的区域为截止区。截止区的特点是$I_B=0$，此时通过晶体管集电极的电流很小，约为0，这个电流叫穿透电流I_{CEO}。此时晶体管处于截止状态，相当于一个断开的开关。晶体管工作于截止状态的条件是：发射结零偏或反偏，集电结反偏。实际上，发射结电压小于死区电压时，晶体管就进入截止状态。

（3）饱和状态。

特性曲线上升段拐点连接线左侧区域为饱和区。饱和区的特点是基极电流对集电极电流的控制作用减弱，$I_c=\beta I_B$的关系不再存在，集电极和发射极之间的压降很小，相当于一个接通的开关。完全饱和时的管压降称为饱和压降，硅管约0.3V，锗管约0.8V。

晶体管工作于饱和状态的条件是：发射结、集电结均正向偏置。

三种工作状态都是晶体管的正常工作状态。晶体管作为放大使用时工作在放大状态，作为开关使用时工作在饱和状态和截止状态。

（二）晶体管的特性曲线

晶体管的特性曲线包括输入特性曲线和输出特性曲线，它反映了晶体管各极电流与极间电压的关系。

(1) 输入特性曲线。

输入特性曲线是指集电极和发射极间的电压 U_{CE} 为常数时,输入回路中基极电流 I_B 与加在基电极和发射极间的电压 U_{BE} 之间的关系曲线,如图 3-18(a)所示,即

$$I_B = f(U_{BE}) \mid U_{BE} = 常数$$

其特点如下。

① 当 $U_{CE} = 0$ 时,晶体管的输入特性曲线与二极管的正向伏安特性曲线相似,I_B 与 U_{BE} 也是非线性关系。

② 当 $U_{BE} = 1\text{V}$ 时,曲线右移。可见,U_{CE} 对 I_B 有一定的影响。

③ 当 $U_{CE} > 1\text{V}$ 以后,其曲线与 $U_{CE} = 1\text{V}$ 时的曲线很接近,因此一般用 $U_{CE} = 1\text{V}$ 时的输入特性曲线代替 $U_{CE} > 1\text{V}$ 时的特性曲线。

晶体管的输入特性曲线与二极管伏安特性曲线一样,也有死区电压(硅管约 0.5V,锗管约 0.2V),只有 U_{BE} 大于死区电压时晶体管中才会出现 I_B。当硅管的 U_{BE} 接近 0.7V,锗管的 U_{BE} 接近 0.3V 时,电压稍有增高,电流就会增大很多。为避免 U_{BE} 过大导致 I_B 剧增而损坏管子,所以常在输入回路中串接限流电阻 R_b。

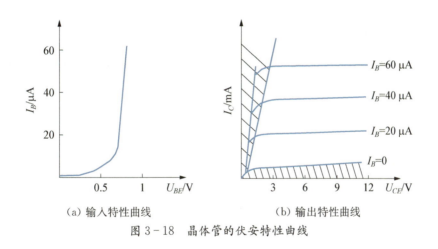

(a) 输入特性曲线　　(b) 输出特性曲线

图 3-18　晶体管的伏安特性曲线

(2) 输出特性曲线。

输出特性曲线是指基极电流 I_B 为常数时,输出电路中集电极电流 I_C 与集电板—发射极间电压 U_{CE} 之间的关系曲线,即

$$I_C = f(U_{BE}) \mid I_B = 常数$$

对一个确定的 I_B 值,可得一条 $I_C - U_{CE}$ 曲线,如图 3-18(b)所示。

在 I_B 取不同值时,分别描绘曲线就得到一组曲线,每条曲线形状相似,随 I_B 的不同取值上下移动。不论 I_B 取值多少,当 U_{CE} 很小时,I_C 随 U_{CE} 的增加而迅速增加,此时 I_C 受 U_{CE} 控制。当 U_{CE} 增加到约 8V 以上时,I_C 基本保持恒定,曲线接近水平。这一阶段,I_C 的大小主要取决于 I_B,I_B 值越大,I_C 曲线越高。晶体管在正常放大时,工作在曲线的水平部分。

(三) 晶体管的主要参数

晶体管的参数可以表征它的性能和适用范围,它的参数有很多,这里主要介绍电流放大

系数、允许电流、温度等参数。

1. 电流放大系数

(1) 共发射极电流放大系数 β。

在共发射极电路中,在一定的集电极电压 U_{CE} 下,集电极电流变化量 ΔI_c 与基极电流变化量 ΔI_B 的比值称为电流放大系数 β,即

$$\beta = \frac{\Delta I_c}{\Delta I_B}$$

由于 β 反映了变化量之比,在放大电路中变化量实际上是交流信号,因此把 β 值称为共发射极交流电流放大系数 h_{FE}。有时手册中会给出直流电流放大系数 h_{FE},它是集电极直流电流 I_c 与基极直流电流 I_B 之比,即

$$h_{FE} = \frac{I_c}{I_B}$$

一般可以认为 h_{FE} 和 β 相当,即

$$h_{FE} \approx \beta$$

(2) 共基极电流放大系数 α。

在共基极电路中,在一定的集电极与基极电压 U_{CB} 下,集电极电流的变化量 ΔI_c 与发射极电流变化量 ΔI_E 的比值称为电流放大系数 α,即

$$\alpha = \frac{\Delta I_c}{\Delta I_E}$$

α 值一般接近 1,α 与 $h_{FE}(\beta)$ 的关系为:

$$h_{FE}(\beta) = \frac{\alpha}{1-\alpha}$$

2. 频率特性参数

(1) 共基极截止频率 f_α。

共基极截止频率又叫 α 截止频率。在共基极电路中,电流放大系数 α 值在工作频率较低时基本上为一常数。当工作频率 $f > f_\alpha$ 以后,电流放大系数 α 随频率的升高而下降,当 α 值下降到 α_0(共基极放大器最低频率时的电流放大系数)时所对应的频率便是 f_α。

(2) 共发射极截止频率 f_β。

共发射极截止频率又称为 β 截止频率。它与 f_α 定义相似,在共发射极电路里,电流放大系数 β 值在降到 β_0 时所对应的频率便是 f_β,f_β 和 f_α 有下列关系:

$$f_\alpha = (1+\beta_0)f_\beta$$
$$f_\beta = (1-\alpha_0)f_\alpha$$

在实际工作中,工作频率 f 等于 f_α 或 f_β 时,并不等于半导体晶体管就截止不工作了,它仍有相关的工作能力。其规律是 $f = f_\alpha$ 或 $f = f_\beta$ 时,$\alpha = 0.707\alpha_0$ 或 $\beta = 0.707\beta_0$;当 $f = f_\alpha$ 或 $f = f_\beta$ 时,$\alpha = 0.5\alpha_0$ 或 $\beta = 0.5\beta_0$。但是电路设计中选用晶体管时,若电路的工作频率较高,

应尽量选用 f_a 或 $f_β$ 值大的晶体管。

(3) 特征频率 f_T。

当工作频率超过截止频率 $f_β$ 以后，$β$ 值开始下降，当 $β$ 值下降为 1 时，所对应的频率叫作特征频率 f_T。

(4) 最高振荡频率 f_M。

最高振荡频率的定义为：当半导体晶体管的功率增益等于 1 时的频率称为半导体晶体管的最高振荡频率 f_M。当工作频率大于 f_M 时，晶体管不能得到功率放大；当工作频率低于 f_M 时，晶体管可获得功率放大。可见 f_M 是半导体晶体管的一个重要参数。在一般情况下，要使晶体管工作稳定，又有一定的功放作用，晶体管的实际工作频率应为 $\left(\frac{1}{3} - \frac{1}{4}\right) f_M$。

3. 极间反向饱和电流 I_{CBO} 和 I_{CEO}

(1) 集电结反向饱和电流 I_{CBO} 是指发射极开路，集电结加反向电压时测得的集电极电流。常温下，硅管的 I_{CBO} 在 nA(10^{-9} A) 的量级，通常可忽略。

(2) 集电极-发射极反向电流 I_{CEO} 是指基极开路时，集电极与发射极之间的反向电流，即穿透电流，穿透电流的大小受温度的影响较大，穿透电流小的管子热稳定性好。

4. 极限参数

(1) 集电极最大允许电流 I_{CM}。

晶体管的集电极电流 I_C 在相当大的范围内 $β$ 值基本保持不变，但当 I_C 的数值大到一定程度时，电流放大系数 $β$ 值将下降。使 $β$ 明显减小的 I_C 即为 I_{CM}，如图 3-19 所示。为了使晶体管在放大电路中能正常工作，I_C 不应超过 I_{CM}。

(2) 集电极最大允许功耗 P_{CM}。

晶体管工作时，集电极电流在集电结上将产生热量，产生热量所消耗的功率就是集电极的功耗 P_{CM}，即：

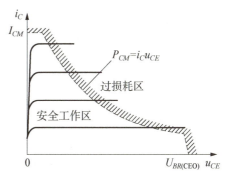

图 3-19 晶体管放大区的界限

$$P_{CM} = I_C U_{CE}$$

功耗与晶体管的结温有关，结温又与环境温度、管子是否有散热器等条件相关。可在输出特性曲线上做出晶体管的允许功耗线，如图 3-19 所示。功耗线的左下方为安全工作区，右上方为过损耗区。

手册上给出的 P_{CM} 值是在常温下 25℃ 时测得的。硅管集电结的上限温度为 150℃ 左右，锗管为 70℃ 左右，使用时应注意不要超过此值，否则管子将损坏。

(3) 反向击穿电压 $U_{BR(CEO)}$。

反向击穿电压 $U_{BR(CEO)}$ 是指基极开路时，加在集电极与发射极之间的最大允许电压。使用中如果管子两端的电压 $U_{CE} > U_{BR(CEO)}$，集电极电流 I_C 将急剧增大，这种现象称为击穿。管子击穿将造成晶体管永久性的损坏。晶体管电路在电源的值选得过大时，有可能会出现，当管子截止时，$U_{CE} > U_{BR(CEO)}$ 导致晶体管击穿而损坏的现象。一般情况下，晶体管电路的电源电压应小于 $1/2 U_{BR(CEO)}$。

(4) 温度对晶体管参数的影响。

几乎所有的晶体管参数都与温度有关,因此不容忽视。温度对下列的三个参数影响最大。

① 对 β 的影响

晶体管的 β 随温度的升高将增大,温度每上升 1℃,β 值约增大 0.5%～1%,其结果是在相同的 I_B 情况下,集电极电流 I_C 随温度上升而增大。

② 对反向饱和电流 I_{CEO} 的影响

I_{CEO} 是由少数载流子漂移运动形成的,它与环境温度关系很大,I_{CEO} 随温度上升会急剧增加。温度上升 10℃,I_{CEO} 将增加一倍。由于硅管的 I_{CEO} 很小,所以,温度对硅管 I_{CEO} 的影响不大。

③ 对发射结电压 U_{BE} 的影响

和二极管的正向特性一样,温度上升 1℃,U_{BE} 将下降 2～2.5 mV。

综上所述,随着温度的上升,β 值将增大,I_C 也将增大,U_{CE} 将下降,这对晶体管放大作用不利,使用中应采取相应的措施克服温度的影响。

(四) 晶体管的典型应用

(1) 在放大电路,用于电压或电流放大。
(2) 在振荡电路中,用于调制、解调或自激振荡。
(3) 在开关电路中,用作闸流、限流或开关管。

任务小结

本任务主要介绍了半导体、PN 结、二极管、晶体管。

半导体是导电性能介于导体和绝缘体之间的物质,常用的半导体有硅(Si)、锗(Ge)。按照半导体是否掺入金属,分为本征半导体和杂质半导体,杂质半导体的导电能力可以人为地加以调整。根据掺入的杂质不同,杂质半导体可分为两类:N 型半导体和 P 型半导体。在 N 型半导体中自由电子是多子,而空穴是少子。在 P 型半导体中,空穴是多子,而自由电子是少子。PN 结是在 P 型半导体和 N 型半导体交接面形成了一个空间电荷区,PN 结具有单向导电性。在 N 型半导体中自由电子是多子,而空穴是少子。在 P 型半导体中,空穴是多子,而自由电子是少子。

PN 结是在 P 型半导体和 N 型半导体交接面形成了一个空间电荷区,PN 结具有单向导电性。

晶体二极管是由 PN 结加两个引出电极和管壳组成。晶体二极管的主要特点是具有单向导电性,在电路中可以起整流和检波等作用。

晶体管由两个 PN 结、三个电极和壳体组成,两个 PN 结的公共区域叫基区,基区两侧分别是发射区和集电区,引出的电极分别叫基极(B)、发射极(E)、集电极(C),两个 PN 结分别称为发射结和集电结。晶体管的主要特点是放大作用,在电路中有放大、截止、饱和三种状态。

任务练习

一、判断题

1. 二极管又称晶体二极管，简称二极管，可以往两个方向传送电流。（ ）
2. 晶体管具有两个电极，是能起放大、振荡或开关等作用的半导体电子器件。（ ）
3. 发光二极管(LED)通常情况下脚长的为负极，脚短的为正极。（ ）
4. 晶体管分为 PNP 型和 NPN 型。（ ）
5. 晶体管有三个极，分别代表发射极、基极、集电极。（ ）

二、选择题

1. 二极管在电路板上用(   )表示。【单选题】
   A. C　　　　　B. D　　　　　C. R　　　　　D. I
2. 下列功能不是二极管的常用功能的是(   )。【单选题】
   A. 检波　　　B. 整流　　　C. 开关　　　D. 放大
3. 某只处于放大状态的晶体管，各极电位分别是 $U_E=6\,\text{V}$、$U_B=5.3\,\text{V}$、$U_C=1\,\text{V}$，则该管是(   )。【单选题】
   A. NPN 锗管　　B. PNP 硅管　　C. NPN 硅管　　D. PNP 锗管
4. 具有单向导电性的电子元器件为(   )。【单选题】
   A. 电阻　　　B. 晶体管　　　C. 电容　　　D. 二极管
5. 晶体管的三种工作状态(   )。【多选题】
   A. 放大状态　　B. 饱和状态　　C. 截止状态　　D. 缩小状态

三、简答题

1. 请写出用数字万用表判断二极管的极性与好坏的方法。
2. 请简述稳压二极管的特性。

任务 2　模拟电路

任务目标

1. 了解模拟电路的类型。
2. 掌握整流电路作用、类型、组成及原理。
3. 掌握稳压电路作用、类型、组成及原理。
4. 掌握放大电路作用、类型及组成。
5. 掌握滤波电路作用、类型、组成及原理。

任务导入

大学电工电子的一堂实验课上，教师准备了 1 个门铃音乐芯片、1 个瓷片电容、1 个晶体管、1 个小型扬声器、1 个按钮开关、一个 3 V 电池盒、1 个万用电路板和若干细导线。先将晶体管、瓷片电容等电子元件焊接到门铃芯片上，再用导线连接电池盒、扬声器、按钮开关。按下开关后，门铃就会发出"叮咚"的响声。请学习模拟电路的相关知识，解释其中的道理。

知识储备

模拟电路是指用来对模拟信号进行处理的电路，模拟信号是随着时间平滑而连续变化的电压信号，模拟信号可以是连续的直流电信号，也可以是变化的交流电信号。汽车、医疗、航空等行业可以用模拟电路进行模拟信号的传输、变换、处理、放大、测量和显示等工作，所以常见的模拟电路主要有整流电路和稳压电路、放大电路、振荡电路、滤波电路等。本文主要介绍几种典型模拟电路的组成、控制原理及应用。

一、整流电路

整流电路是把交流电能转换为直流电能的电路。它在直流电动机的调速、发电机的励磁调节、电解、电镀等领域得到广泛应用。主要作用是将交流降压电路输出的电压较低的交流电转换成单向脉动性直流电，这就是交流电的整流过程，整流电路主要由整流二极管组成。本部分主要介绍半波整流、全波整流、桥式整流以及倍压整流四种电路。

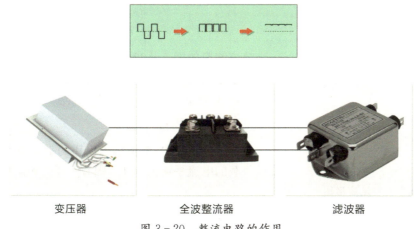

变压器　　　　　全波整流器　　　　滤波器

图 3-20　整流电路的作用

（一）半波整流电路

1. 电路组成及工作原理

（1）组成。

半波整流电路是最简单的整流电路，这里介绍单相半波整流电路，其主要由整流变压器 T、二极管 V 及负载电阻 R_L 组成，如图 3-21 所示。变压器把市电电压（多为 220 V）变换为所需要的交变电压 U_2，再把交流电变换为脉动直流电。为了突出主要问题，认为二极管均为理想二极管，即正向电阻为零、反向电阻无穷大、管压降为零。设变压器二次电压为：

$$u_2 = \sqrt{2} U_2 \sin \omega t$$

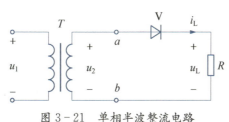

图 3-21　单相半波整流电路

（2）工作原理。

① 当输入电压为正半周时，二极管正向导通，则负载上的电压、流过负载的电流和流过二极管的电流分别为

$$u_L = u_2$$
$$i_1 = i_D = \frac{U_2}{R_L}$$

② 当输入电压为负半周时，二极管反向截止，则负载上的电压、流过负载的电流和流过二极管的电流分别为：

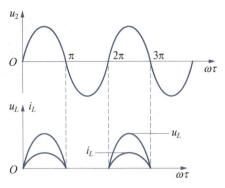

图 3-22 单相半波整流波形图

$$u_L = 0$$
$$i_1 = i_D = 0$$

整流波形如图 3-22 所示。由于这种电路只在交流的半个周期内才导通,也只有在正半周时才有电流流过负载,故称为单相半波整流电路。

2. 输出电压与输出电流

设在一个周期内,整流输出电压的平均值为 U_L,流过负载的电流平均值为 I_L,则 U_L、I_L 分别为:

$$U_L = \frac{\sqrt{2}}{\pi} U_2 = 0.45 U_2$$

$$I_L = \frac{U_L}{R_L} = 0.45 \frac{U_2}{R_L}$$

通过二极管的正向电流平均值等于通过负载的电流,即:

$$I_D = I_L$$

二极管截止时所承受的最大反向电压等于变压器二次电压的幅值,即:

$$U_{DRM} = \sqrt{2} U_2 = 3.14 U_L$$

(二) 全波整流电路

1. 电路组成以及工作原理

(1) 组成。

全波整流电路是由次级具有中心抽头的电源变压器、两个整流二极管和负载电阻组成的,如图 3-23 所示。图中电源变压器 T 的次级绕组有中心抽头,可得到两个大小相等而相位相反的交流电压。全波整流电路的变压器的次级绕组有两端对称的中心抽头,两个整流二极管要能够承受较高的反向电压,一般每只整流二极管承受的最大反向电压是变压器次级电压最大值的两倍。

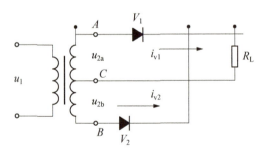

图 3-23 单相全波整流电路

(2) 工作原理。

设 u_1 为正半周时,图中 A 端为正,B 端为负,则 A 端电位高于中心插头 C 处电位,B 端要低于 C 处。二极管 V_1 导通,V_2 截止,电流 i_{v1} 自 A 端经二极管 V_1 流过负载 R_L 到 C 端。

当 u_1 为负半周时,正好相反,V_2 导通,V_1 截止,电流 i_{v2} 自 B 端经二极管 V_2 流过负载 R_L 到 C 处,电流 i_{v1} 和 i_{v2} 叠加形成全波脉动直流电流 i_L,在负载上得到全波脉动直流电压 u_L,如图 3-24 所示。

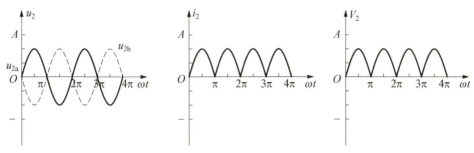

图 3-24 单相全波整流波形图

2. 负载和整流二极管上的电压和电流

由于全波整流电路的负载 R_L 上得到的是全波脉动直流电压,所以它的输出电压比半波时增加一倍,即

$$U_L = 0.9 U_2$$

上式中 U_L 为负载上得到的全波脉动直流电压的平均值,V_2 为变压器次级绕组两个部分各自交流电压的有效值,即:

$$U_2 = U_{2a} = U_{2b}$$

负载上的电流的有效值 I_L 为:

$$I_L = \frac{U_L}{R_L} = 0.9 \frac{U_2}{R_L}$$

(三) 桥式整流电路

1. 单相桥式整流电路

单相桥式整流电路可以看成是全波整流电路迭代更新或改进升级,它是在全波整流电路的基础上增加两只二极管连接成"桥"式结构形成的。它使用的整流器件较全波整流时多一倍,整流电压脉动与全波整流相同,每个器件所承受的反向电压为电源电压峰值。

(1) 组成与工作原理。

单相桥式整流电路由变压器、四只接成电桥形式的二极管和负载电阻组成,如图 3-25 所示。

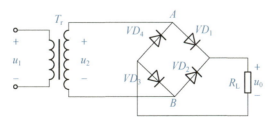

图 3-25 单向桥式整流电路

① 当输入电压 u_1 是正半周时，A 点电位最高，B 点电位最低，二极管 VD_1 和 VD_3 正向偏置导通；VD_2 和 VD_4 反向偏置而截止。电流流经 VD_1、R_L、VD_3 并在 R_L 上产生压降 u_0。

② 当输入电压 u_1 为负半周时，B 点电位最高，A 点电压最低，二极管 VD_2 和 VD_4 正向偏置导通；VD_1 和 VD_3 反向偏置而截止。电流流经 VD_2、R_L、VD_4 并在 R_L 上产生压降 u_0。

由此可见，在输入电压的一个周期内，负载上均有电流通过，方向始终从上向下，所以负载上得到同一方向的电压 u_0。

(2) 输出电压与输出电流。

负载上得到的电压 U_0 是输出电压在一个周期中的平均值：

$$U_0 = \frac{2\sqrt{2}}{\pi} U_2 = 0.9 U_2$$

流过负载的电流 I_0：

$$I_0 = \frac{U_0}{R_L}$$

流过每个二极管的平均电流 I_D 是负载电流的一半：

$$I_D = \frac{1}{2} I_0$$

每个二极管承受的反向电压 U_{RM} 最大值为变压器二次电压的峰值：

$$U_{RM} = \sqrt{2} U_2$$

2. 三相桥式整流电路

(1) 组成。

三相桥式整流电路是由一组共阴极电路和一组共阳极电路串联组成的，电路如图 3-26 所示。二极管 VD_1、VD_3、VD_5 是共阴极接法，二极管 VD_2、VD_4、VD_6 是共阳极接法。

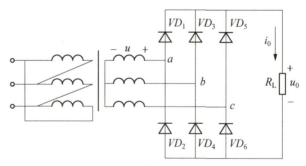

图 3-26 三相桥式整流电路

(2) 工作原理。

三相桥式整流电路导电的基本原理是二极管的阳极电位高于阴极电位时二极管导通，反之不导通。即共阴极组中阳极电位最高的二极管导通；共阳极组中阴极电位最低的二极管导通，其波形图如图 3-27 所示。

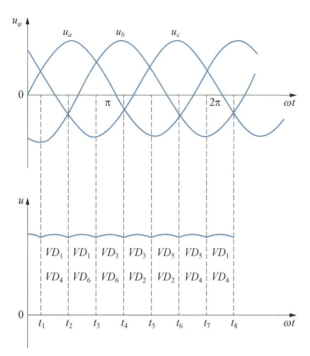

整流器原理

图 3-27 三相桥式整流电路波形图

在 $t_1 \sim t_2$ 期间,共阴极组中 a 点电位最高,VD_1 导通;共阳极组中 b 点电位最低,VD_4 导通。负载两端的电压为线电压 U_{ab}。

在 $t_2 \sim t_3$ 期间,共阴极组中 a 点电位最高,VD_1 导通;共阳极组中 c 点电位最低,VD_6 导通。负载两端的电压为线电压 U_{ac}。

在 $t_3 \sim t_4$ 期间,共阴极组中 b 点电位最高,VD_3 导通;共阳极组中 c 点电位最低,VD_6 导通。负载两端的电压为线电压 U_{bc}。

在 $t_4 \sim t_5$ 期间,共阴极组中 b 点电位最高,VD_3 导通;共阳极组中 a 点电位最低,VD_2 导通。负载两端的电压为线电压 U_{ba}。

在一个周期中,每个二极管只有 1/3 的时间导通,负载两端的电压为线电压。

(四)倍压整流电路

倍压整流可以把比较低的交流电压,用耐压较高的整流二极管和电容器"整"出一个较高的直流电压。在一些需要用高电压、小电流的地方,常常使用倍压整流电路。根据输出电压比输入电压的倍数,倍压整流电路分为二倍压、三倍压与多倍压整流电路,这里以半波二倍压整流电路为例介绍倍压整流电路组成和原理。

1. 半波二倍压整流电路组成

半波二倍压整流电路的两个半波整流充电环节前后串联,交流输入和直流输出有一公共端点,其主要由两个整流二极管和两个电容组成,如图 3-28 所示。整流管 VD_1 和 VD_2 在交流电的两个半周分别进行半波整流,并对电容 C_1、C_2 进行充电。

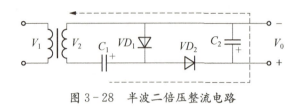

图 3-28 半波二倍压整流电路

2. 半波二倍压整流电路原理

图 3-28 是一个简单的半波二倍压整流电路,其整流原理如下:

当变压器副边 V_2 正半周时,电压极性上正下负,VD_1 导通,VD_2 截止,电流通过 VD_1 向 C_1 充电,C_1 的电压可达到 V_2 峰值的 $\sqrt{2}$ 倍,并且保持不变。

当 V_2 负半周时,变压器次级电压极性上负下正,VD_2 导通,VD_1 截止,此时 C_1 上的电压加上电源电压通过 VD_2 向 C_2 充电,使 C_2 的电压达到 $2V_2$ 的峰值,并保持不变。此时它的值是变压器次级电压的 2 倍,所以叫做二倍压整流电路。

由此可见,利用电容对电荷的存储作用,使输出电压(即 C_2 上的电压)为变压器副边电压的两倍,利用同样原理可以实现所需倍数的输出电压。

(五)整流电路的典型应用

整流电路在汽车交流发电机中有重要应用。目前汽车上普遍采用的是硅整流交流发电机,其整流部分由 6 个硅二极管组成。压装在后端盖上的 3 个硅二极管,其引线为负极,外壳为正极,俗称负极管,管壳底上有黑色标记;压装在散热板上的 3 个二极管,其引线为正极,外壳为负极,俗称正极管,管壳底上有红色标记。散热板上的 3 个正极管分别接在发电机三相绕组的首端,分别在三相交流电的正半周导通,相电压最高的绕组的正极管导通;后端盖上的 3 个负极管分别接在发电机三相绕组的尾端,分别在三相交流电的负半周导通,相电压最低绕组的负极管子导通。因此,同时导通的管子有两个(正、负极管子各一个),它们将发电机的线电压加在负载两端,使负载得到直流电。

二、稳压电路

当电路中的电压随着电源电压的波动和负载的变化而变化时,电压不稳定会产生测量和计算的误差,引起控制装置的工作不稳定,甚至根本无法正常工作。

稳压电路在汽车的控制和应用中起着重要作用。当电网电压波动或负载电流变化时,稳压电路维持整流电压基本不变,从而使输出直流电压稳定,提供给各类生产或控制应用的电子设备,保证各种电子设备的稳定运转。本部分主要介绍三种常见的稳压电路。

(一)硅稳压管稳压电路

1. 硅稳压二极管

硅稳压二极管是一种用特殊工艺制造的硅材料二极管,它的杂质浓度较高、PN 结较薄,电流可在很大范围内变化而电压基本不变,所以可以起稳压作用。硅稳压二极管具有稳定电压的功能,在稳压设备和一些电路中经常使用。

(1) 稳压二极管的工作特性。

硅稳压二极管在反向击穿前的导电特性与普通二极管相似。在反向击穿后，其两端的电压基本保持不变。这样当把稳压管接入电路以后，若由于电源电压发生波动，或其他原因造成电路中各点电压变动时，负载两端的电压将保持不变，起到稳压作用。稳压二极管的反向特性比较陡，其符号和特性如图 3-29 所示。

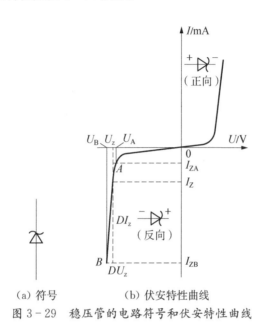

(a) 符号　　　　(b) 伏安特性曲线

图 3-29　稳压管的电路符号和伏安特性曲线

普通二极管反向截止时，外加反向电压必须小于它的反向击穿电压；反向漏电流很小，通常是微安级。而稳压二极管却是运用于反向击穿区，即反向电压大于反向击穿电压；反向电流较大，通常是毫安级。

从稳压二极管的反向特性可以看出，当反向电压小于击穿电压 U_A（又称稳压二极管的稳定电压，即对应于曲线中 A 点的电压）时，反向电流极小；当反向电压增至 U_A 后，反向电流急剧增加。此后，只要反向电压略有增加，反向电流就有很大增加，此时稳压二极管处于反向击穿状态，对应于曲线的 AB 段，称为可逆击穿区。只要反向电流 I 不超过允许的最大值（图中的 I_{ZB}），稳压二极管的"击穿"是不会损坏二极管的。

稳压二极管工作在击穿区 AB 之间，对应于 A 点的电流为 I_{ZA}。若电流小于 I_{ZA}，则不能稳压；对应于 B 点的电流 I_{ZB}，若电流大于 I_{ZB}，则烧坏二极管。$I_{ZA} \sim I_{ZB}$ 这一段电流值，一般在几毫安到几十毫安之间，而对应的电压变化（ΔU_Z）却很小，所以能起稳压作用。ΔU_Z 很小，可用 ΔU_Z 中点对应的电压值作为稳定电压（即 $U_Z \approx U_A$）。

(2) 硅稳压二极管工作参数。

硅稳压二极管的工作参数有很多，常见的有稳压电压 U_Z、稳压电流 I_Z、最大稳定工作电流 I_{Zmax}、动态电阻 R_Z、最大耗散功率 P_{ZM}。

① 稳压电压 U_Z。稳压电压是稳压二极管在正常工作情况下两端的工作电压，即为反向击穿电压。在规定的稳压管反向工作电流 I_Z 下，所对应的反向工作电压。因制造工艺不易控制，同型号稳压二极管的稳定电压也有少许差别。稳压二极管的 U_Z 有几伏到上百伏的，可根据需要选用。

② 稳压电流 I_Z。工作电压等于稳定电压时的工作电流,即稳压二极管正常工作时的额定电流。

③ 最大稳定电流 I_{Zmax}。允许通过的最大反向电流。

④ 动态电阻 R_Z。动态电阻是指稳压管两端电压的变化量 U_Z 与相应的电流变化量 I_Z 的比值。

⑤ 最大耗散功率 P_{ZM}。最大允许耗散功率 $P_{ZM}=U_Z \cdot I_{Zmax}$,如果管子的电流超过最大稳定电流 I_{Zmax},将会使管子的实际功率超过最大允许耗散功率,管子将会发生热击穿而损坏。

2. 硅稳压管电路

图 3-30 是硅稳压管稳压电路,其主要由硅稳压管、桥式整流电路、电容滤波电路组成。工作时,桥式整流和电容滤波得到的脉动直流电,再经过限流电阻和稳压管组成的稳压电路接到负载电阻 R_L 上,这样负载电阻 R_L 上便得到一个比较稳定的电压了。

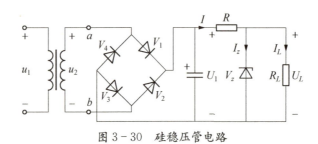

图 3-30 硅稳压管电路

其稳压原理如下:

(1) 输入电压 U_1 不变,当负载电阻 R_L 减小时,流过负载电阻的电流 I_L 将增大,限流电阻 R 上的电流 I 也将增大,则 R 两端电压 $U_R=IR$ 也增大,因输入电压 U_1 不变,所以输出电压 $U_L=U_1-IR$ 减小;当加在稳压管两端的电压减小时,流过稳压管的电流会明显减小,使限流电阻 R 上的电流 I 减小,则 R 两端电压 $U_R=IR$ 也减小,从而使得输出电压 $U_L=U_1-IR$ 保持不变。其稳压过程可表示如下:

$$U_L\downarrow \to I_L\uparrow \to IR\uparrow \to U_L\downarrow \to I_Z\downarrow \to I\downarrow \to IR\downarrow \to U_L\uparrow$$

当 R_L 增大时,上述的调节过程正好相反,同样能保持负载上的电压 U_L 基本不变。

(2) 负载电阻 R_L 不变,当 U_1 升高时,U_L 也升高,必然引起流过稳压管电流 I_Z 的显著增大,则限流电阻 R 上的电流 I 也将增大,则 R 两端电压 $U_R=IR$ 也增加,以抵消由 U_1 的升高而带来的输出电压的增加,从而使负载电压 U_L 近似保持不变。此稳压过程可表示为:

$$U_1\uparrow \to U_L\uparrow \to I_Z\uparrow \to I\uparrow \to U_R\uparrow \to U_L\downarrow$$

当 U_L 降低时,必然引起 I_Z 减小,进而使 I 减小,U_L 上升。最终使输出电压 U_L 近似不变。

必须指出,不论输入电压 U_1 改变,还是负载电阻 R_L 改变,都要引起稳压管电流 I_L 的变化,再通过限流电阻 R 上的电压变化来维持输出电压 U_L 近似不变。因此这种稳压电路的稳压过程不仅与稳压管有关,而且和限流电阻 R 的大小有关。

在选择稳压电路元件时,一般应注意以下三点:

① 稳压管的稳压值应该等于输出电压的值,即 $U_Z=U_L$。
② 稳压管的最大稳定电流应该等于最大输出电流的 2～3 倍。
③ 动态电阻尽可能小。

硅稳压管稳压电路结构简单,在负载电流变动比较小时,稳压效果较好。但其输出电压只能等于稳压管的稳压电压,允许电流变化的幅度也受到稳压管稳定电流的限制。因此这种电路只适用于功率较小和负载电流变化不大的场合。

（二）串联型稳压电路

在稳压电路的主回路中,调整管 V_1 与负载电阻 R_L 串联,所以称之为串联型稳压电路,V_2 是比较放大管,R_1、R_P 和 R_2 串联接在输出端,构成取样电路,而由限流电阻 R_Z 与稳压管 V_Z 组成的稳压电路直接接在比较放大管 V_2 的发射极上。所以串联型稳压电路是一个反馈调节系统,由取样电路、基准电路、比较放大电路和调整电路 4 部分组成,如图 3-31 所示。

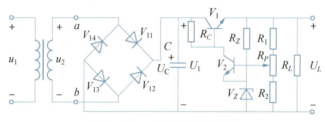

图 3-31 串联型稳压电路

串联型稳压电路的稳压原理如下:

当输出电压 U_L 升高时,取样电压就增大,V_2 管的基极电位升高,但 V_2 管发射极电位被稳压,所以 V_2 的基极与发射极之间电压 U_{BE2} 增大,V_2 管的导通程度增强,其基极电流 I_{BE2} 增大,从而使 V_2 的集电极电流 I_{C2} 增大,则 V_2 的集电极电位 U_{C2} 降低,而调整管 V_1 因基极电位降低,而使其导通程度下降,其基极电流 I_{BE1} 减小,V_1 的集电极电流也减小,使得其集射极电压增大,输出电压也增大。

当输出电压降低时,调整过程正好相反。

在稳压电路的工作过程中,要求调整管始终处于放大状态。通过调整管的电流等于负载电流,因此必须选用适当的大功率管作为调整管,并安装散热装置。为了防止短路或长期过载烧坏调整管,在直流稳压器中一般还设有短路保护和过载保护环节。

（三）集成稳压电路

随着集成工艺的发展,稳压电路也制成了集成器件。它具有体积小、重量轻、使用方便、运行可靠和价格低等一系列优点,因而得到广泛应用。目前集成稳压电源的规格种类繁多,最简单的是三端集成稳压电路,它只有三个引线端,分别是输入端(一般与整流滤波电路输出端相连)、输出端(与负载相连)和公共搭铁端。组成稳压电路的所有元件都集成在一块芯片上,使用安装方便。只要按需要选定型号,再配上适当的散热片,就可接成稳压电路。如图 3-32 所示为三端集成稳压器。

集成稳压器有 W7800(正电压输出)和 W7900(负电压输出)系列,其中 W7800 型可提供 1.5 A 电流和输出为 5 V、6 V、9 V、12 V、15 V、18 V、24 V 等各种档次的稳定电压。输出电

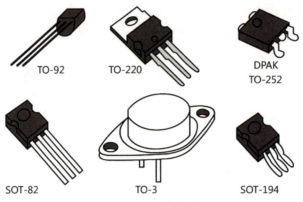

图 3-32 三端集成稳压器

压值由型号中的后两位数字表示。例如,W7805 表示输出电压为+5 V;W7912 表示输出电压为-12 V。在保证充分散热的条件下,输出电流有 0.1 A、0.5 A 和 1.5 A 三个档次。

使用三端集成稳压器,应注意区分输入端与输出端。假若接错会使调整管的发射结承受过高的反向电压而击穿。还应注意散热,如果散热不良,稳压器内部的过热保护装置会使稳压器终止工作,如图 3-33 所示。

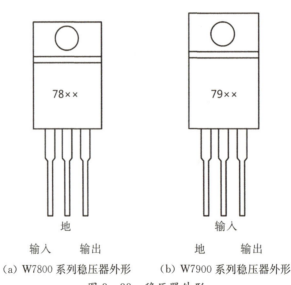

(a) W7800 系列稳压器外形　　(b) W7900 系列稳压器外形

图 3-33 稳压器外形

三、放大电路

放大电路亦称为放大器,它是使用最为广泛的电子电路之一、也是构成其他电子电路的基础单元电路。所谓放大,就是将输入的微弱信号(简称信号,指变化的电压、电流等)放大到所需要的幅度值且与原输入信号变化规律一致的信号,即进行不失真的放大。放大电路的本质是能量的控制和转换,不同的放大电路控制功能不同。这里介绍基本放大电路和集成运算放大电路。

（一）基本放大电路

基本放大电路可以实现控制、信号波形的变换和转换，广泛应用于汽车、医疗、航空等各个领域。

1. 基本放大电路的组成

典型的基本放大电路是共发射极单管交流放大电路，其主要由晶体管、直流电源、电阻和电容等元器件组成。以正弦信号作为信号源，u_i 为输入信号电压，U_L 为输出信号电压，如图 3-34 所示。各元件的主要作用如下：

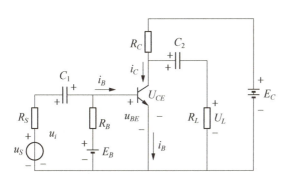

图 3-34　双电源共发射极放大电路

（1）晶体管 VT。

晶体管是整个电路的核心器件，起放大电流的作用。

（2）耦合电容 C_1 和 C_2。

耦合电容又称为隔直电容。其作用是让输入和输出的交流信号电流通过，而不让放大电路的直流电流流入信号源和负载。简单来说就是传送交流、隔离直流。

（3）直流电源 E_B 和电阻 R_B。

直流电源 E_B 和电阻 R_B 的作用是供给基极直流电流 I_B，该电流称为偏置电流，简称偏流。它的作用是在无信号输入时使晶体管处于导通状态。因为交流输入信号电压 u_i 所产生的 i_b 只有叠加在 I_B 上才能使其全部波形顺利通过单向导电的发射结。

（4）集电极电阻 R_C。

集电极电阻 R_C 的作用是将晶体管的集电极、发射极回路中的交流电流信号转变为交流电压信号。

（5）集电极电源 E_C。

集电极电源 E_C 的作用有两个，一是在晶体管的集电结上加反向电压以产生集电极电流，二是供给放大电路消耗电能。

总之，晶体管的放大作用在于用比较小的输入信号去控制比较大的输出信号，而输出信号的能量来源于集电极电源 E_C。

为了节省电源，基极偏置电流 I_B 可以从集电极电源取得，只要改用大阻值的基极电阻 I_B 就可以了，如图 3-35 所示。在放大电路中，通常把公共端接"地"，设其电位为零,作为电路中其他各点电位的参考点。同时为了简化电路的画法,习惯上常不画电源 E_C 的符号,而只在连接其正极的一端标出它对"地"的电阻值 U_{CC} 和极性("+"或"—"),如图 3-36 所示。若忽略电源 E_C 的内阻,则 $U_{CC}=E_C$。由于这种电路的偏置电流是固定的,故称为固定偏置放大电路。

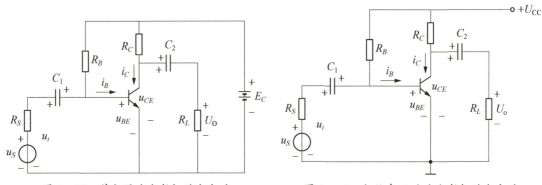

图 3-35 单电源共发射极放大电路　　　　图 3-36 电位表示的共发射极放大电路

2. 基本放大电路的静态分析

基本放大电路的静态分析主要是做一些定量分析,需要从静态工作点入手,借助计算法、图解法等进行静态分析。

(1) 静态工作点的作用。

放大器没有交流信号输入时的工作状态叫作放大器的静态。此时放大器的基极电流 I_B、集电极电流 I_C 和集—射极电压 U_{CE} 的值叫作静态值。由于这三个静态值在输入、输出特性曲线上对应着一点 Q,所以通常把 Q 点叫作静态工作点,如图 3-37 所示。

静态工作点简称工作点或 Q 点,并把 Q 点所对应的三个量分别用 I_{BQ}、I_{CQ} 和 U_{CEQ} 表示。

为了使放大器能正常工作,放大器必须有一个合适的静态工作点,即必须有一个合适的偏置电流。静态工作点设置在 Q 点时 I_B 的变化波形如图 3-38 所示。

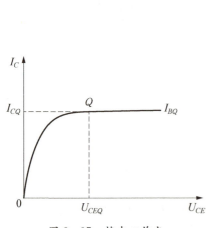
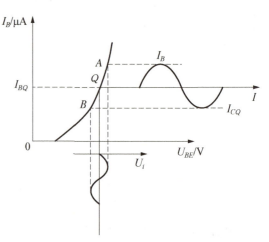

图 3-37 静态工作点　　　　图 3-38 设置静态工作点时 I_B 的变化波形

由图 3-38 可见，输入信号 U_1 和基极直流电压 U_{BE} 一起叠加到晶体管的发射结上。

由于基极直流电压 U_{BE} 始终为正，且大于导通电压，这样就保证在 U_1 的整个周期内晶体管的发射结都导通，因此在输入电压的整个周期内都有一个随输入信号而变化的基极电流，从而使放大器能不失真地把输入信号加以放大。

(2) 静态工作点分析方法。

静态工作点的分析方法有好几种，这里主要介绍计算法和图解法求静态工作点。

① 计算法求静态工作点。

静态工作点由放大器的直流通路来确定，由于在直流电路中电容 C_1、C_2 可视为断路，放大电路的直流通路如图 3-39 所示。

由图可知，在基极回路中，静态基极电流为：

$$I_{BQ} = \frac{E_C - U_{BE}}{R_b}$$

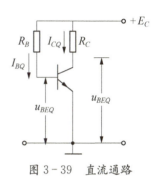

图 3-39 直流通路

由于 U_{BE} 的数值比 E_C 小得多，可以忽略不计，上式可近似简化为：

$$I_{BQ} = \frac{E_C}{R_b}$$

根据晶体管的电流放大原理，可得静态时的集电极电流：

$$I_{CQ} = \beta I_{BQ}$$

在集电极回路中，集-射极间的电压：

$$U_{CEQ} = E_C - I_{CQ} R_C$$

根据以上各式，就可计算出放大电路的静态工作点。

② 用图解法求静态工作点。

所谓图解法就是利用晶体管的输入、输出特性曲线，通过作图的方法来分析放大器的工作性能，静态工作点也可用图解法求出，如图 3-40 所示。

a. 作直流负载线。根据图 3-40(a) 所示电路，可以列出回路方程 $U_{CE} = U_{CC} - I_C R_C$。这是一个直线方程，它在横轴上的截距为 U_{CC}（N 点），在纵轴上的截距为 U_{CC}/R_C（M 点），连接 M、N 二点可得直流负载线，如图 3-40(c) 所示，其斜率为：

$$\tan \alpha = \frac{1}{R_C}$$

b. 求静态工作点。直流负载线与晶体管某条输出特性曲线（如 $I_B = 100\mu A$）的交点 Q，就是放大电路的静态工作点，如图 3-40(d) 所示。

c. 根据 Q 点求 I_{CQ} 和 U_{CEQ}。Q 点分别在横轴和纵轴上的投影就是 U_{CEQ}（10 V）和 I_{CQ}（5 mA），如图 3-40(d) 所示。

3. 基本放大电路的动态分析

放大器有交流信号输入时的工作状态叫作放大器的动态。动态分析是用来确定电压放大倍数、确定电流放大倍数、输出电阻等主要性能指标，分析放电器是否满足要求。

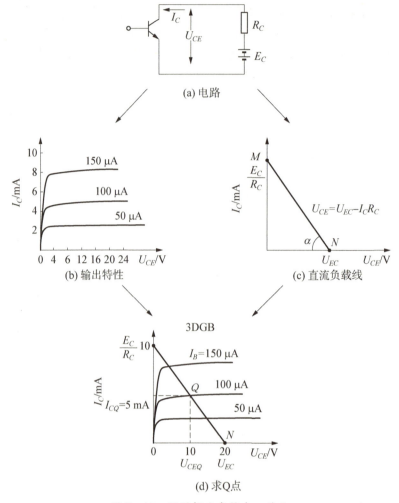

图 3-40 用图解法求静态工作点

（1）电流放大倍数。

放大器在动态时，晶体管各极电流（电压）是直流电流（电压）和交流电流（电压）叠加之和，其波形如图 3-41 所示。

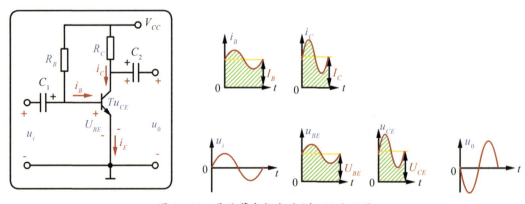

图 3-41 晶体管各极电流（电压）波形图

直流电压(电流)与交流电压(电流)公式如下：

$u_{BE} = U_{BE} + u_i$ $\quad i_B = I_B + i_B$ $\quad u_{CE} = V_{CC} - i_C R_C$ $\quad u_{CE} = -i_C R_C$

$u_{CE} = U_{CE} + u_{CE}$ $\quad i_C = I_C + i_C$ $\quad V_{CC} - i_C R_C = U_{CE} + u_{CE}$ $\quad u_0 = u_{CE} = -i_C R_C$

由图可见，放大器在工作时有如下特点：

① 为了防止放大器工作失真，必须建立合适的静态工作点。

② 放大器具有放大和反相双重作用。

③ 放大器中同时存在直流分量和交流分量两种成分。直流分量(I_{BQ}、I_{CQ}、U_{BEQ} 和 U_{CEQ})决定了放大器的静态工作点，交流分量(i_B、i_C、u_1、u_0)反映放大器各点交流信号的变化情况。

(2) 交流通路与放大器参数。

合适的静态工作点能保证放大器正常工作，而信号的放大和传送要求放大器有适当的输入电阻、输出电阻和放大倍数，这些参数的计算要用交流通路。

① 交流通路。交流通路是指放大器动态时交流电流的路径，如图 3-42(a) 所示。因电容器和直流电源对交流来说相当于短路。所以，交流通路的等效电路如图 3-42(b) 所示。

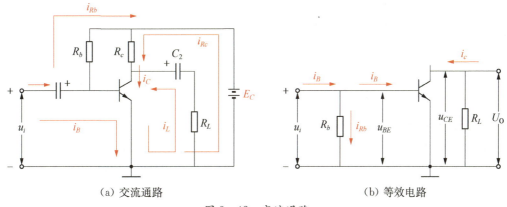

(a) 交流通路　　　　　　　　　(b) 等效电路

图 3-42　交流通路

② 晶体管的输入电阻 R_{BE}。晶体管的输入电阻可用一个等效电阻 R_{BE} 来代替，如图 3-43 和图 3-44 所示。

图 3-43　放大器的输入电阻

低频小功率晶体管的输入电阻常用以下公式来估算，即：

$$r_{BE} = 300 + (1+\beta)\frac{26}{I_E}(\Omega)$$

图 3-44　放大器的输出电阻

a. 放大器的输入电阻 R_i。从放大器输入端看进去的交流等效电阻叫作放大器的输入电阻,用 R_i 表示。由图 3-43 可知:

$$R_i = R_b \mathbin{/\!/} r_{BE}$$

因为 $R_b \gg r_{BE}$,所以上式可近似写成:

$$R_i = r_{BE}$$

b. 放大器输出电阻 R_0。从放大器输出端看进去的交流等效电阻叫作放大器的输出电阻(不包括外接负载 R_L),用 R_0 表示。由图 3-44 可知:

$$R_o = R_c \mathbin{/\!/} r_{CE}$$

由于集电结处于反向状态,因而 r_{CE} 很大,所以:

$$R_o = R_c$$

对于放大器来说,一般希望 r_{BE} 大些,以减轻信号源的负担,希望 R_0 小些,以增加带负载的能力。

(3) 交流负载线。

直流负载线反映静态时电流 I_{CQ} 和电压 U_{CEQ} 之间的关系,而交流负载线反映动态时电流 i_C 和 U_{CE} 之间的变化关系。当无交流信号输入时($u_i = 0$),负载 R_L 对放大器不产生影响,此时 $R_0 = R_c$,当有交流信号输入时($u_i \neq 0$),由于 C_2 的通交流作用,R_L 对放大器有一定的影响,此时 $R_o = R'_L = R_c \mathbin{/\!/} R_L$:

$$\tan\alpha \frac{1}{R'_L}$$

式中,R'_L 为交流负载等效电阻。因为直流负载线的斜率为 $1/R_c$,因此交流负载线的斜率为 $1/R'_L$。

可见,有信号输入时,交流负载线比直流负载线要陡些,无信号输入时,交、直流负载线重合。

(4) 基本放大电路动态工作情况。

放大电路的工作情况根据有无负载以及负载的不同,它们的工作情况也会不同,这里主要介绍不带负载时和带负载时动态工作情况。

① 不带负载时动态工作情况。

不带负载时动态工作情况如图 3-45 所示。

当放大器不带负载时,如果 i_B 在 20～60 μA 之间变化,由 i_B 引起的 i_C 和输出电压 U_{CE} 的波形沿直流负载线在 Q_1-Q-Q_2 之间变化。我们把 Q_1 到 Q_2 的范围称为动态范围。

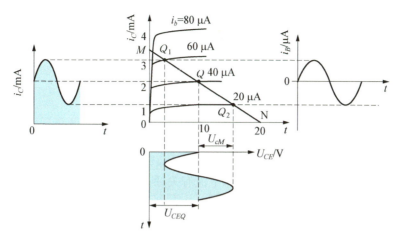

图 3-45 不带负载时动态工作情况

② 带负载时动态工作情况。

带负载时动态工作情况如图 3-46 所示。

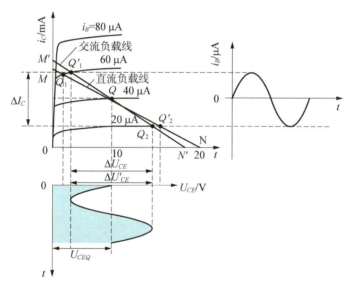

图 3-46 带负载时动态工作情况

当放大器带负载时，i_C 和 U_{CE} 的波形从原来对应于直流负载线 Q_1 和 Q_2 之间缩小为对应于交流负载线的 Q_1' 和 Q_2' 之间，尽管 i_C 的变化量 Δi_C 基本上无变化，但 U_{CE} 的变化量 ΔU_{CE} 却减小了许多。由此可见，放大器接上负载后，输出的交流电压比未接负载时要小。

(5) 电压放大倍数。

放大器输出电压与输入电压之比叫作电压放大倍数，用字母 K_u 表示，即：

$$K_u = \frac{u_o}{u_i}$$

则无负载时的电压放大倍数为：

$$K_u = \frac{u_0}{u_i} = \frac{-i_C R_C}{i_B r_{BE}} = -\beta \frac{R_C}{r_{BE}}$$

式中,负号表示放大器输出电压与输入电压相位相反。

当放大器有负载时,电压放大倍数为:

$$K_u = \frac{u_0}{u_i} = \frac{-i_C R_0}{i_B r_{BE}} = -\beta \frac{R_0}{r_{BE}}$$

可见,有负载时的电压放大倍数比无负载时的电压放大倍数要小得多。由于 r_{BE} 和 β 都与晶体管的静态工作电流有关,所以 K_u 实际上还与静态工作点有密切关系。

(二) 集成运算放大电路

集成运算放大电路,也称为集成运算放大器,是一种高放大倍数的直接耦合放大器,是用途极为广泛的模拟电子集成电路产品,如图 3-47 所示。由于它具有输入阻抗高、放大倍数大、输出阻抗低、性能可靠且成本较低、体积小、功耗低,又有很强的通用性等许多优点被广泛用于测量、计算、控制、信号波形的产生和变换等各个领域,有"万能半导体放大器件"之称。本部分主要介绍集成运算放大器的基本性能特点及由运算放大器组成的放大电路和信号运算电路。

集成放大电路

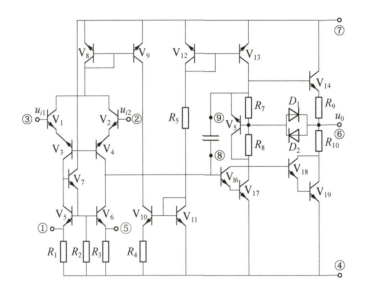

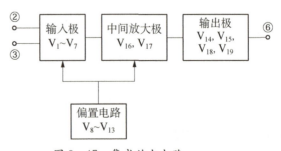

图 3-47 集成放大电路

1. 集成运算放大器定义与符号

把电子系统输出量（电压或电流）的一部分或全部，经过一定的电路送回到它的输入端，称为反馈。如果引入的反馈使放大电路的放大倍数降低，就称为负反馈；如果引入的反馈使放大电路的放大倍数增大，就称为正反馈。负反馈虽然降低了放大倍数，但是它对提高放大电路的工作稳定性和改善电路性能指标起到了重要作用，一般多级放大电路都要引入负反馈。随着电子技术的不断发展，分立元件的多级放大器已经被集成在一块半导体芯片内，构成了集成运算放大器（简称集成运放）。

集成运算放大器的符号如图 3-48 所示。图 3-48(a)是新国标符号，图 3-48(b)是旧符号。集成运算放大器有两个输入端和一个输出端。两个输入端中，一个是反相输入端，标有"一"符号，表示输出电压 u_0 与该输入电压 u_- 相位相反；另外一个是同相输入端，标有"十"符号，表示输出电压 u_0 与该输入电压 u_+ 相位相同。

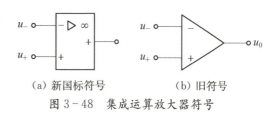

(a) 新国标符号　　(b) 旧符号

图 3-48　集成运算放大器符号

在实际电路情况中，构成集成运放的电路都需要有连接正负电源的引脚，但在电路图中一般省略不画。

2. 集成运算放大器结构

集成运算放大器的外形通常有双列直插式、扁平式及圆筒式三种，如图 3-49 所示，集成运算放大器的外形是塑料封装的集成电路，不同型号的集成运算放大器的插脚个数不同，从 8 个到 14 个不等。

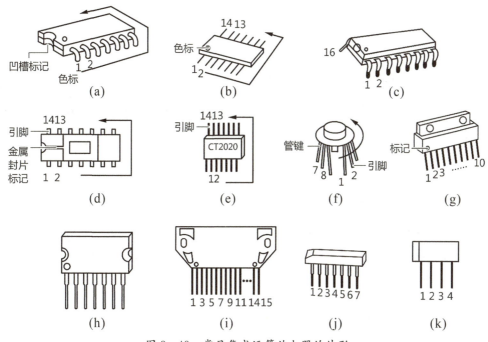

图 3-49　常见集成运算放大器的外形

集成运算放大器内部电路一般由输入级、中间级和输出级组成，各级间直接耦合，结构框图如图3-50所示。输入级一般采用输入电阻高且可以消除零点漂移的放大电路；中间级主要提供高的电压放大倍数，它包括多级共射放大倍数及改善特性的措施；输出级多采用无变压器互补对称式功率放大电路，尽量增大其负载能力，减小输出电阻。

图3-50 集成运算放大器的结构框图

3. 运算放大器的主要性能

运算放大器可以看成一个受控电压源。运算放大器的输出电压 u 由两个输入端的电位 u_+ 和 u_- 的电位差来控制，即：

$$u_0 = A(u_+ - u_-)$$

式中，A 是运算放大器未接反馈时的电压放大倍数，并称为开环放大倍数。若 $u_+ - u_- > 0$，则 $u_0 > 0$，输出 u_0 与输入 u_+ 同相，故称"+"端为同相输入端；若 $u_+ - u_- < 0$，则 $u_0 < 0$，输出 u_0 与输入 u_+ 反相，故称"−"端为反相输入端。

所以，运算放大器的三个主要性能是开环电压放大倍数极高。

4. 集成运算放大器组成的基本放大电路

通常集成运算放大器必须外接负反馈网络才能正常工作。根据输入方式的不同，集成运算放大器构成三种最基本的实用放大器电路，成为其他各种应用电路的基础。

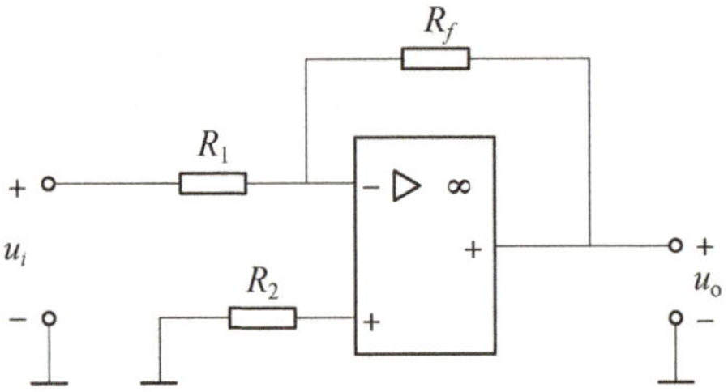

（1）反相放大器电路。

反相放大器电路如图3-51所示。输入信号 u_i 经电阻 R_1 加到反相输入端，同相输入端经 R_2 接地，电阻 R_f 跨接在反相输入端和输出端之间，形成一个负反馈放大器电路。电阻 R_2 叫平衡电阻，其作用是保证放大器稳定地工作。

反相放大器的放大倍数计算公式为：

$$A_f = \frac{R_f}{R_1}$$

图3-51 反相放大器电路

式中，A_f 为负值，表明集成运放输出电压与输入电压反相，所以叫反相放大器。A_f 仅取决于 $\frac{R_f}{R_1}$ 的比值，而与集成运放本身无关。

（2）同相放大器电路。

同相放大器电路如图3-52所示。输入信号 u_i 经电阻 R_2 加到同相输入端，反相输入端经 R_1 接地，负反馈由电阻 R_f 接到反相输入端而形成。

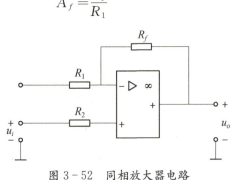

图3-52 同相放大器电路

同相放大器的放大倍数计算公式为：

$$A_f = 1 + \frac{R_f}{R_1}$$

式中，A_f 大于零，表明输出电压 u_o 与输入电压 u_i 同相。如果将 $R_1 = \infty$（开路）或 $R_f = 0$，则 $A_f = 1$ 构成的电路称为电压跟随器，如图 3-53 所示。电压跟随器一般作为信号与其负载之间的缓冲隔离。

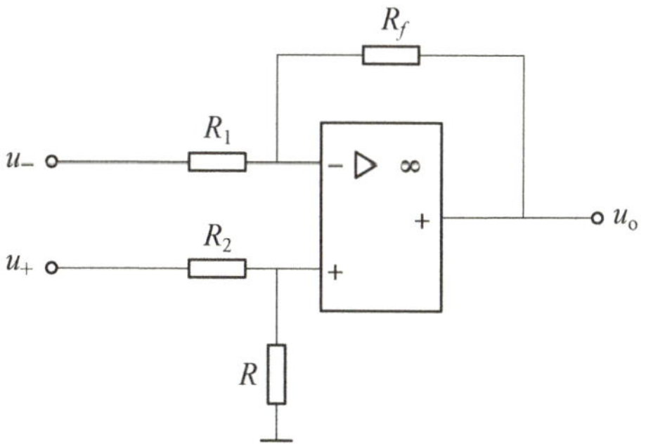

(3) 差分放大器电路。

图 3-53　电压跟随器

如果两个输入端都有信号输入，就构成了差分放大器电路，如图 3-54 所示。差分放大器是两个输入信号的差，输出电压 u_o 与两个输入电压的关系是：

$$u_o = A_f(u_- - u_+)$$

差分放大器的放大倍数计算公式为：

$$A_f = \frac{R_f}{R_1}$$

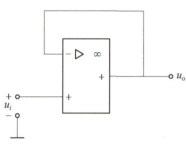

图 3-54　差分放大器电路

在汽车电子电路中，差分放大器常被用作传感器信号放大器。将传感器信号放大后，传送给 ECU。

（三）放大电路典型应用

放大电路亦称为放大器，它是使用最为广泛的电子电路之一，也是构成其他电子电路的基础单元电路。放大电路可以将输入的微弱信号不失真地放大到所需要的幅度值，且与原输入信号变化规律完全一致。放大电路的本质是能量的控制和转换，不同的放大电路控制功能不同。采样保持电路又称为采样保持放大器，是放大电路的典型应用，这里介绍几种采样放大器和测量电路的应用。

1. 采样保持放大器 SMP04

采样保持放大器 SMP04 如图 3-55 所示，用作多路输出选择器、解码器、D/A 转换器构成的四路数字/模拟转换电路。

数字信号输入模数转换器 DAC8228，输出产生 5~10 V 模拟电压送至 SMP04，地址输入通道解码器，不同的地址解码后分别控制四路开关，所以分别输出四个模拟信号。采用 DAC8228 产生 DAC 电压输出可以使电路得以最大限度地简化。为了将输出电压干扰减小到最小，在采样信号被确认之前，必须保证有 5 μs 的最后电压建立时间。每一个采样保持放大器必须在每一秒钟或更低时间刷新一次，以确保输出电压下降率不超过 10 mV 或 1/2LSB（最小有效位）。

2. 增益为 10 的采样保持放大电路

增益为 10 的采样保持放大电路主要由 SMP04 与运放构成，如图 3-56 所示，电路中将 SMP04 置于运放 OP490 的反馈回路中，当 $\overline{S/H} = 0$ 时，SMP04 内部开关闭合，运放 OP490 的

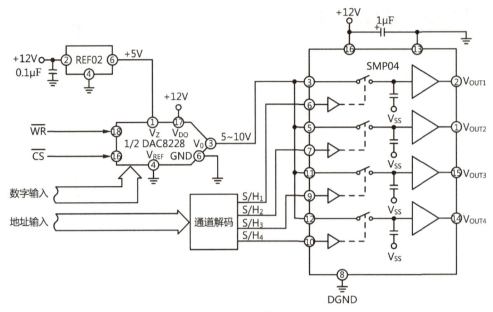

图 3-55 采样保持器 SMP04

反馈回路接通,电路增益由运放本身及反馈电阻决定,图中增益设置为 10,输出端输出放大后的采样电压。当 $\overline{S/H}=1$ 时,SMP04 内部开关断开,运放 OP490 反馈回路也无法形成,输出端输出保持在内部保持电容上最近一次的采样电压,且不受输入端信号影响。运放输出端的两个二极管 1N914 起钳位作用,防止当 SMP04 保持状态时造成运放饱和。

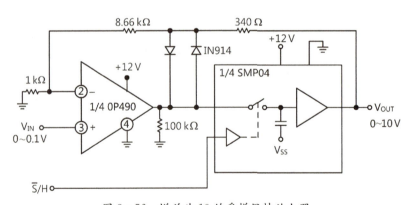

图 3-56 增益为 10 的采样保持放大器

3. IF398 的峰值保持电路

峰值保持电路探测核脉冲幅度信号并在脉冲峰值时刻通知保持峰值,同时向单片机提出中断申请信号,使单片机响应中断启动 A/D 转换;转换结束后单片机使采样保持器复原为采样状况,实现系统的逻辑控制。

峰值保持电路原理图如图 3-57 所示。U4 是芯片 LF398,它是美国国家半导体公司研制的集成采样保持器。它只需外接一个保持电容就能完成采样保持功能,其采样保持控制端可直接接于 TTL、CMOS 逻辑电平。

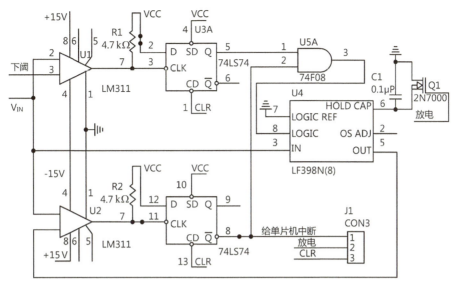

图 3-57 峰值保持电路原理图

U1 和 U2 是比较器 LM311，U3 是 D 触发器 74LS74，U5A 是与门 74LS08。放大后的脉冲核信号一路输入到下阈比较器，另一路输入到 LF398。当核信号大于下阈时，比较器 U1 输出高电平，得到上升沿，上升沿再触发 U3A，它的 Q 端输出高电平和 U3B 的 $\overline{Q}$ 端相与得到高电平，去控制 LF398 的采样控制端进入采样状态。当 LF398 的输出端信号幅度比输入端大时，即到达峰值时，比较器 U2 输出高电平，得到上升沿，上升沿再触发 U3B，它的 $\overline{Q}$ 端输出低电平，U5A 输出变为低电平，LF398 进入保持状态。U3B 的 $\overline{Q}$ 端输出的下跳沿作为单片机的中断信号，当 A/D 转换结束后，单片输出放电和清零 CLR 信号使采样保持器复原。电路波形如图 3-58 所示。

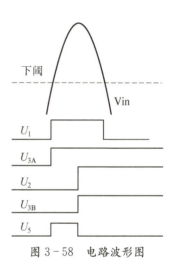

图 3-58 电路波形图

4. 压阻式进气压力测量电路

在汽车电控燃油喷射发动机中，压阻式进气压力测量电路用来测量进气量和进气压力。测量电路由集成运算放大器和压阻式固态压力传感器制成。这种测量装置被日本丰田汽车公司、美国通用汽车公司等广泛采用，国产桑塔纳 2000GLi 型轿车也采用了该传感器。

压阻式固态压力传感器是在硅膜片上利用集成电路加工工艺制作了 4 个阻值相等的电阻，膜片底部被加工成周边厚中间薄的杯形，称为硅杯。当硅杯两侧存在压力差时，硅膜片产生变形，4 个应变电阻阻值发生变化，电桥失去平衡，输出与膜片两侧压差成正比的电压。由于电桥输出电压一般很小，因此需要经过放大电路进行放大，如图 3-59 所示。

5. 蓄电池电压过低报警电路

蓄电池电压过低报警电路由集成运算放大器 LM741、稳压管、发光二极管及一些电阻组成，如图 3-60 所示。电路中，电阻 R_2 与稳压管 VS 组成电压基准电路，向集成运算放大器提供 5 V 的基准电压。电阻 R_1、R_3 组成分压电路，中间点作为电压检测点。蓄电池电压高

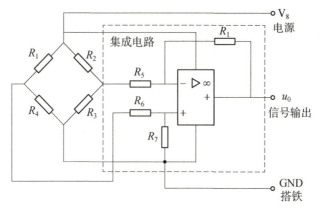

图 3-59 压敏电阻式进气压力传感器电路

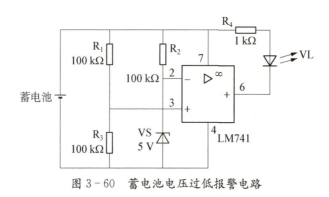

图 3-60 蓄电池电压过低报警电路

于 10 V 时,比较器输出电压为 12 V,发光二极管不发光,指示电压正常;当蓄电池电压低于 10 V 时,集成运算放大器输出电压为零,发光二极管发光,指示电压过低。

四、滤波电路

滤波电路也称为滤波器,常用于滤去整流输出电压中的纹波,即尽可能减小脉动的直流电压中的交流成分,保留其直流成分,使输出电压纹波系数降低,波形变得比较平滑。滤波电路一般由电抗元件组成,常见的滤波电路有三种,分别为在负载电阻两端并联电容器 C 的电容滤波、与负载串联电感器 L 的电感滤波以及由电容、电感或电阻组合而成的各种复式滤波电路。

1. 电容滤波

简单的电容滤波器是由与负载电阻 R_L 并联的电容器 C 组成,如图 3-61(a)所示为具有电容滤波的单相半波整流电路,这个滤波器中的电容称为滤波电容。

由图 3-61(a)可以看出,二极管导通时,电路在给负载供电的同时,对电容器 C 充电。若忽略二极管的正向电压,充电电压 u_c 随着正弦电压 u(即正半波)升至峰值,如图 3-61(b)中第 1 段波形所示。当 u_2 由峰值下降时,u_c 下降较慢,当 $u_2 > u_c$ 时(即 2 点),二极管的负极电位就高于正极电位,于是它受反向电压而截止此时,C 对负载电阻 R 按指数规律放电,如图 3-61(b)1、2 段所示。放电的时间常数 RLC 较大,一般大于电源电压周期的二倍,因此放电很慢。一直到下一个正半周到来并出现 $u_2 > u_c$（即2点）为止，二极管又重新导电，电源再一次给负载供电，且对 C 充电，如图3-61(b)中2、3段所示；当 u_2 再由峰值下降到 $u_2 > u_c$ 时（即3点），电容 C 再一次放电；如此重复不已，出现了如图3-61(b)中实线所示的 u_0 波形，因此负载得到的是在全周期内都变化不大的平滑直流电。也就是说，不仅波形脉动程度大为减小，而且负载得到的整流电压数值也提高了。

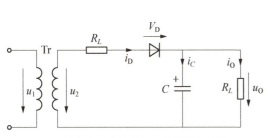

(a) 具有电容滤波的单相半波整流电路

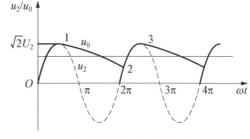

(b) 半波整流电路滤波波形

图 3-61 简单电容滤波电路

电容滤波效果的好坏由电容器放电的快慢来决定。放电时间常数 $\tau = R_L C$，若 τ 较大，则放电较慢，波形平滑程度较好；反之，若 τ 较小，则放电较快，波形平滑程度较差。为获得较好的技术经济效果，通常选择

$$\tau = R_L C = (3 \sim 5) \frac{T}{2}$$

式中，T 为交流电源的周期，如果是 50 Hz 的工频电，$T = 0.02$ s，则：

$$\tau = R_L C = (3 \sim 5) \frac{T}{2} = (3 \sim 5) \frac{0.02}{2} \text{ s} = 30 \sim 50 \text{ ms}$$

可以证明，若取 $R_L C = 4 \times \frac{T}{2} = 2T$，则电容滤波后的整流电压可按下列近似等式估算：

半波整流

$$U_O \approx U_2$$

电容滤波器简单轻便，但外特性较差。当负载电阻 R 较小时，电容 C 放电快，于是电压下降，这说明它带负载的能力较差。因此，电容滤波器适用于负载电流较小且变化不大的场合，例如各种电子测量仪器、收录音机、电视机等。

2. 电感滤波

电感滤波是在桥式整流电路和负载电阻 R_L 之间串接一个铁心线圈 L，如图3-62(a)所示电感滤波电路。因电流变化时电感线圈中要产生自感电动势阻止电流的变化，故当电流增加时，线圈中自感电动势与电流反向，限制了电流的增加，同时将一部分电能转换为磁场能量；当电流减小时，自感电动势与电流同向，阻止电流减小，同时线圈释放磁场能量，使电流减小的速度变慢。因此通过负载的电流的脉动受到抑制，波形变得平滑。L 值愈大，滤波效果愈好。

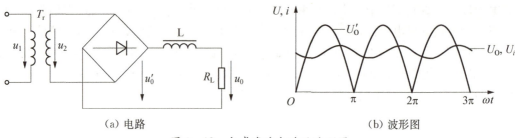

(a) 电路　　　　　　　　　　(b) 波形图

图 3-62　电感滤波电路及波形图

图 3-62 所示为桥式整流电感滤波电路工作稳定后的电压、电流波形。若忽略线圈的电阻,线圈端电压的平均值应为零。故负载电阻 R_L 上的电压平均值为

$$U_0 \approx 0.9 U_2$$

负载电流平均值为：

$$I_0 = \frac{U_0}{R_L} \approx 0.9 \frac{U_2}{R_L}$$

可见,R_L 上的电压、电流平均值与电感大小无关。电感的作用是使整流后电压的交流的成分大部分降落在它的上面,从而大大减少 R_L 上电压 U_0 的交流分量。当 L 呈现的感抗显著大于 R_L 阻值时,U_0 的交流成分接近于零。

电感滤波的主要优点是外特性好,适用于负载电流较大以及负载变化较大的场合。它的主要缺点是体积大、笨重、成本高。

3. 复式滤波

复式滤波电路是指由电容、电感、电阻等电路元件组合而成的滤波电路,常见的复式滤波电路有 LC 滤波电路、π 型 LC 滤波电路、π 型 RC 滤波电路。

(1) LC 滤波器。

在滤波电容之前串接一个铁心线圈组成的电感电容滤波器,简称 LC 滤波器,如图 3-63 所示。整流电压中的交流成分大部分降落在 L 上,再经并联的 C 进一步滤波,使负载上有更加平滑的直流电。LC 滤波器的外特性与电感滤波相同,但滤波效果更好。适用于电流较大且要求电压脉动小的场合。

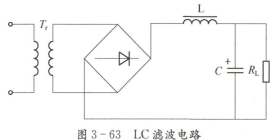

图 3-63　LC 滤波电路

(2) π 型 LC 滤波器。

在 LC 滤波器前面再并联一个滤波电容,构成 π 型 LC 滤波器,如图 3-64 所示。它的滤

波效果更好,但外特性要差一些。

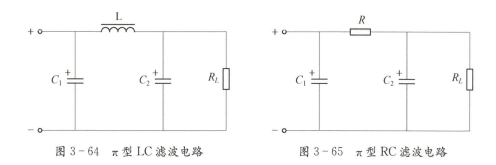

图 3-64　π 型 LC 滤波电路　　　　图 3-65　π 型 RC 滤波电路

(3) π 型 RC 滤波器。

LC 滤波器因铁心线圈体积大、笨重、成本高,故有时可用电阻 R 代替 L,构成 π 型 RC 滤波器,如图 3-65 所示。电容的交流阻抗很小,脉动电压的交流成分较多地降落在电阻 R 上,从而起到滤波作用。R、$C(C_1、C_2)$ 越大,滤波效果越好。但是 R 太大将使直流压降增加,所以这种滤波电路主要适用于负载电流较小而又要求输出电压脉动很小的场合。

任务小结

模拟电路是指用来对模拟信号进行处理的电路,模拟电路在汽车、医疗、航空等行业应用广泛,本任务主要学习整流、稳压、放大和滤波这四种模拟电路的组成、原理及应用。

整流电路是把交流电能转换为直流电能的电路。它在直流电动机的调速、发电机的励磁调节、电解、电镀等领域得到广泛应用。一般的整流电路主要由整流变压器、整流二极管、负载电阻等组成,是利用二极管的正向导通反向截止的特性进行整流的。常见的整流电路分为半波整流、全波整流、桥式整流以及倍压整流四种电路。

当电路中的电压随着电源电压的波动和负载的变化而变化时,电压不稳定会产生测量和计算的误差,引起控制装置的工作不稳定,甚至根本无法正常工作。稳压电路有硅稳压管电路、串联型稳压电路、集成稳压电路,不同的稳压电路有其各自的特点。一般,稳压电路主要由稳压管组成,有些还包括基准电路、取样电路、限流电路和调整电路等部分组成,其利用稳压二极管反向击穿区特性进行工作的。

放大电路亦称为放大器,它可以将输入的微弱信号(简称信号,指变化的电压、电流等)放大到所需要的幅值且与原输入信号变化规律一致,即进行不失真的放大。放大电路可以实现控制、信号波形的变换和转换,广泛应用于汽车、医疗、航空等各个领域。放大电路分为基本放大电路和集成运算放大电路。典型的基本放大电路是共发射极单管交流放大电路,其主要由晶体管、直流电源、电阻和电容等元器件组成;集成运算放大器内部电路一般由输入级、中间级和输出级组成。

滤波电路也称为滤波器,常用于滤去整流输出电压中的纹波,即尽可能减小脉动的直流电压中的交流成分,保留其直流成分,使输出电压纹波系数降低,波形变得比较平滑。滤波电路一般由电抗元件组成,根据电抗元件的不同,可分为电容滤波、电感滤波和复式滤波。简单的电容滤波器由与负载电阻并联的电容器组成;电感滤波是在桥式整流电路和负载电阻之间串接一个铁心线圈；复式滤波电路是指由电容、电感、电阻等电路元件组合而成的滤波电路。

一、判断题
1. 最简单的整流电路是半波整流电路。 （　　）
2. 单相桥式整流电路使用的整流器件比全波整流多一倍，整流电压脉动与全波整流相同。 （　　）
3. 汽车上普遍使用的硅整流交流发电机，其整流部分由装在后端盖的3个正极管和装在散热板上的3个负极管组成。 （　　）
4. 基本放大电路由晶体管、直流电源、电阻和电容等元器件组成。 （　　）
5. 基本放大电路的静态分析主要用来确定输出电阻，分析放大器是否满足需求。 （　　）
6. 集成运算放大器的外形共有三种，分别是直插式、扁平式和圆筒式。其中直插式可分为单列直插式和双列直插式两种形式。 （　　）
7. 集成运算放大器的输入级多采用输入电阻高且可消除零点漂移的放大电路。 （　　）
8. 差分放大器常在汽车电子电路中被用作传感器信号放大器。 （　　）
9. 电容器放电的快慢决定了电容滤波效果的好坏。 （　　）

二、选择题
1. （　　）只适用于功率较小和负载电流变化不大的场合。【单选题】
   A. 硅稳压管稳压电路　B. 串联型稳压电路　C. 并联型稳压电路　D. 集成稳压电路
2. 一般情况下，每只整流二极管承受的最大反向电压是变压器次级电压最大值的（　　）。【单选题】
   A. 6倍　　　　　　　B. 4倍　　　　　　　C. 3倍　　　　　　　D. 2倍
3. （　　）适用于一些需要用高电压、小电流的地方。【单选题】
   A. 半波整流电路　　B. 桥式整流电路　　C. 倍压整流电路　　D. 全波整流电路
4. 以下（　　）属于硅稳压二极管的工作参数。【多选题】
   A. 稳压电流　　　　　　　　　　　　B. 动态电阻
   C. 最大耗散功率　　　　　　　　　　D. 最大稳定工作电流
5. （　　）是构成其他电子电路的基础单元电路，也是应用最为广泛的电路之一。【单选题】
   A. 整流电路　　　B. 放大电路　　　C. 稳压电路　　　D. 滤波电路

三、简答题
1. 请简述滤波电路的作用。
2. 请简述静态工作点的确定方法。

任务 3　数字电路

任务目标

1. 了解数字电路定义和特点。
2. 掌握数制与码制。
3. 掌握逻辑代数的运算关系。
4. 理解基本逻辑门电路的逻辑图。
5. 了解集成触发器的类型及作用。

任务导入

小明跳绳时,妈妈在旁边计数。妈妈不小心将计数器摔在地上,计数器便损坏了。小明将计数器送进专修店进行维修,经过维修人员的检测,发现其内部的 555 定时器损坏,需要维修或更换定时器。想一想,为什么定时器损坏,计数器就无法计数了。请学习数字电路相关知识,解释其中的道理。

知识储备

处理数字信号的电路就是数字电路,也称为逻辑电路。数字电路处理的是电路的状态变换,所以对元件精度要求不高,易于集成,成本低廉,使用方便。数字电路组成的数字系统工作可靠,精度高,抗干扰能力强,在各个领域的应用都很广泛。在汽车中电路中,数字集成电路随处可见,电控单元 ECU 就是一个典型的数字系统。

一、数字电路的概述

(一) 数字电路和模拟电路

按照所处理的电信号类型可以将电子电路分为数字电路和模拟电路两类。模拟电路是处理模拟信号的电子电路;数字电路是处理数字信号的电子电路。所谓模拟信号就是信号数值在时间上连续变化的电信号。例如我们所熟悉的正弦波信号就是一种典型的模拟信号,如图 3-66(a)所示。数字信号是一种数值在时间上不连续变化的电信号,例如现代汽车上的曲轴位置传感器信号,发动机转速信号和用于故障自诊断的故障码等,都是典型的数字信号,如图 3-66(b)所示。

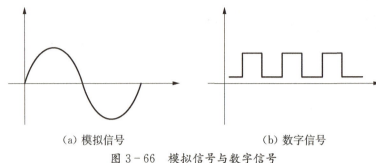

(a) 模拟信号　　　　(b) 数字信号

图 3-66　模拟信号与数字信号

(二) 数字电路的特点

数字电路的工作信号是不连续变化的数字信号,所以在数字电路中工作的半导体管多数工作在开关状态,即工作在饱和区和截止区,而放大区只是其过渡状态。数字电路能够进行逻辑运算与判断,它大多处理"二值逻辑"问题。例如"真"和"假","是"和"非","有"和"无"等。因此,逻辑运算可用电路的两种截然不同的状态来表述,如图 3-67 所示。例如晶体管的饱和导通(开)和截止(关),电平的"低"和"高"两种状态。这简化了数字电路的基本单元,对元件的精度要求也不太严格,很适合做成集成电路。

数字电路结构简单,易于制造,便于集成化系列化生产,成本低廉,使用方便;由数字电路组成的数字系统,工作准确可靠,精度高,保密性好,抗干扰能力强,在电子计算机、自动控制、电视、雷达、通信、数字仪表、汽车电路等各个领域中都得到了广泛的应用。

数字电路的特点

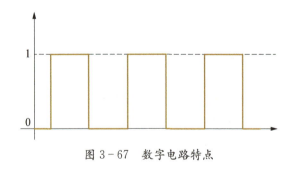

图 3-67　数字电路特点

(三) 数制与码制

1. 数制

数制是用一组固定的符号和统一的规则来表示数值的方法,能够用来解决数字电路中的计数问题。根据进位基数不同,数制可分为十进制、二进制、八进制和十六进制。在日常生活、工作中,人们习惯于用十进制数,而在数字系统中多采用二进制数,有时也可采用八进制数和十六进制数。下面介绍常用的十进制与二进制。

(1) 十进制数。

十进制数是我们日常生活中最常用的计数进制。在十进制数中有 0~9 十个数码,任何一个十进制数均可用这十个数码来表示。计数时,以十为基数,逢十进一。同一数码在不同位置所表示的数值是不同的,例如 555,虽然三个数码都是 5,但从右边数起,第一个"5"表示的是个位数(10^0 位),即 5×10^0;第二个"5"表示的是十位数(10^1 位),它代表 50,即 5×10^1;第三个"5"表示的是百位数(10^2 位),它代表 500,即 5×10^2。用数学式表达为:

$$555 = 5 \times 10^2 + 5 \times 10^1 + 5 \times 10^0$$

其中 10^0、10^1、10^2 称为十进制数各位的"权"。

(2) 二进制数。

二进制数只有"0"和"1"两个数码,计数时以二为基数,逢二进一,即 $1+1=10$(读作"壹零"),为了与十进制数相区别,二进制数通常在数码的末尾加字母 B(Binary)。和十进制数一样,二进制数中的同一数码因在数中的位置不同而表示不同的数值。例如 1111B,虽然四个数码都是"1",但右边起第一个"1"表示 2^0,第二个"1"表示 2^1,第三和第四个"1"分别表示 2^2 和 2^3,用数学式表示为 $1111 = 1 \times 2^3 + 1 \times 2^2 + 1 \times 2^1 + 1 \times 2^0$ 其中 2^0、2^1、2^2 等称为二进制数各位的"权"。表 3-1 列出了二进制数各位的"权"值。

表 3-1 二进制数各位的权值表

数的位数	权	权值
11	2^{10}	1024
10	2^9	512
9	2^8	256
8	2^7	128
7	2^6	64
6	2^5	32
5	2^4	16
4	2^3	8
3	2^2	4
2	2^1	2
1	2^0	1

虽然十进制数及其运算是大家非常熟悉的,但在数字电路中采用十进制数却很不方便。因为在数字电路中,数码是通过电路或元件的不同状态来表示的,而要使电路或元件有十种不同的状态来表示 0~9 十个数码,这在技术上很难实现。最容易实现的是使电路或元件具有两种工作状态,如电路的通与断、电位的高与低、晶体管的导通与截止等。在这种情况下,采用只有两个数码 0 与 1 的二进制是极其方便的。因此在数字电路中,二进制获得了极其广

泛的应用。

(3) 十进制数与二进制数之间的转换。

① 十进制数转换成二进制数。

首先讨论一个十进制数如何换算成二进制数。

设十进制数 10 的二进制形式为 K^0、K^1、K^2、$\cdots$、K^n。10 除以 2,得商 5 和余数 0,这个余数 0,就是 K^0,然后将其商再连续地除以 2,每次所得余数 1、0、1 就依次试 K^1、K^2、K^3,直到最后的商等于零为止。

例 3-1 将十进制数 21 表示为二进制的形式。

解：

```
2   21        …余 1…K⁰
2   10        …余 0…K¹
2   5         …余 1…K²
2   2         …余 0…K³
2   1         …余 1…K⁴
```

所以　　　　　　　　21＝(10101)B

把十进制的整数换算成二进制整数时,可将十进制数连续地除以"2",直到商等于零为止,每次所得余数(必为"0"或"1")就依次是二进制数由低位到高位的各位数字,这种方法通常称为"除 2 取余法"。

② 二进制数转换成十进制数。

二进制的整数转换成十进制数比较方便。一个二进制整数 K^n、K^{n-1}、$\cdots$、K^2、K^1、K^0 根据公式可以写成:

$$K^n K^{n-1} \cdots K^2 K^1 K^0 = K^n \times 2^n + K^{n-1} \times 2^{n-1} + \cdots + K^2 \times 2^2 + K^1 \times 2^1 + K^0 \times 2^0$$

十进制、二进制、八进制及十六进制之间的关系如表 3-2 所示。

表 3-2　几种数制之间的关系对照表

十进制数	二进制数	八进制数	十六进制数
0	0	0	0
1	01	1	1
2	10	2	2
3	11	3	3
4	100	4	4
5	101	5	5
6	110	6	6
7	111	7	7
8	1000	10	8
9	1001	11	9

(续表)

十进制数	二进制数	八进制数	十六进制数
10	1010	12	A
11	1011	13	B
12	1100	14	C
13	1101	15	D
14	1110	16	E
15	1111	17	F
16	10000	20	10

2. 码制

(1) 8421BCD 码。

所谓编码,就是用数字或某种文字和符号来表示某一对象或信号的过程。十进制编码或某种文字和符号的编码难以用电路实现,因此在数字电路中一般采用二进制数。二进制数按照一定的规律组合在一起,表示一定的信息,这样的二进制数称为二进制码。常用的二进制码有 8421 码、5421 码、2421 码等。本任务以 8421 码为例进行讲解。

8421 表示一位十进制数的二进制码的每一位有确定的权,一般用 8421 码,其四个二进制码的权从高到低分别为 8、4、2、1,它的每个代码中出"1"的各位权值之和就是它所表示的十进制数。表 3-3 所示是 8421BCD 码与十进制数码的对照关系。

表 3-3　8421BCD 码与十进制数码关系

十进制数码	8421 码	十进制数码	8421 码
0	0000	5	0101
1	0001	6	0110
2	0010	7	0111
3	0011	8	1000
4	0100	9	1001

(2) 字符码。

目前,广泛应用表示字母、符号的二进制码是美国信息交换标准代码(ASCII 码)。ASCII 采用 7 位二进制数编码,可以表示 128 个字符。

(3) 其他代码。

在数字系统中,任何信息包括各种特定的对象、信号等都要转化为二进制代码来代表。例如,现代汽车上都配备自诊断系统,汽车的电子控制单元能够自动检测汽车本身的故障,而各种故障在电子控制单元中是以代码形式存储、处理的,这些代码称为故障码。

二、逻辑代数

逻辑代数就是用以描述逻辑关系，反映逻辑变量运算规律的数学，它是按照一定的逻辑规律进行运算的。

与普通代数相同，逻辑代数也是由逻辑变量（用字母表示）、逻辑常量（"0"和"1"）和逻辑运算符（"与""或""非"）组成。逻辑电路的输入量和输出量之间的关系是一种因果关系，它可以用逻辑表达式来描述。

在逻辑电路中，逻辑变量和普通代数中的变量一样，可以用字母 A、B、C…、X、Y、Z 等来表示。但逻辑变量只允许取两个不同的值"0"和"1"（没有中间值），它并不表示数量的大小（与普通代数不同），它表示两种对立的逻辑状态，分别是逻辑"0"和逻辑"1"。

（一）基本逻辑关系

所谓逻辑关系是指一定的因果关系。基本的逻辑关系只有"与""或""非"三种。实现这三种逻辑关系的电路分别叫做"与"门（AND gate）、"或"门（OR gate）和"非"门（NOT gate）。因此，在逻辑代数中，只有三种基本的逻辑运算，即"与"运算、"或"运算和"非"运算。其他逻辑运算都是通过这三种基本运算的组合来实现的。

1. "与"逻辑和"与"运算

（1）"与"逻辑。

当决定某一时间的所有条件（前提）都具备时，该事件才会发生（结论），这种结论与前提的逻辑关系称为"与"逻辑关系。例如，两个串联开关共同控制一个指示灯，如图 3-68 所示，只有当开关 A 与 B 同时接通（即两个条件同时都具备）时，指示灯 F 才亮。

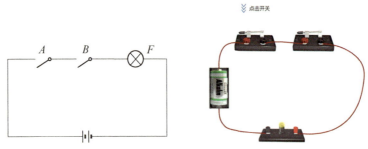

图 3-68 两个串联开关控制指示灯的电路

（2）"与"运算。

实现"与"逻辑关系的运算称为"与"运算。运算符号为"·"，通常可以省略"与"运算又称逻辑乘。引入"与"运算后，前面的电灯亮与两开关闭合之间的逻辑关系可表示为

$$F = A \cdot B$$

若取开关闭合时的变量取值为"1"，反之为"0"；灯亮为"1"，灯不亮为"0"，显然下面的运算是成立的：

$$0 \cdot 0 = 0$$
$$0 \cdot 1 = 0$$
$$1 \cdot 0 = 0$$
$$1 \cdot 1 = 1$$

2. "或"逻辑和"或"运算

(1)"或"逻辑。

在决定某一事件的各个条件中,只要有一个或一个以上的条件具备,该事件就会发生,这种逻辑关系称为"或"逻辑关系。在图 3-69 所示电路中,开关 A 和 B 并联,当开关 A 接通,或 B 接通,或 A 和 B 都接通时,电灯就会亮。

图 3-69 两个并联开关控制指示灯的电路

(2)"或"运算。

实现"或"逻辑关系的运算称为"或"运算。运算符号为"+",因此,"或"运算又称逻辑加。这样,两个并联开关控制电灯的逻辑关系可用下式关系:

$$F = A + B$$

同样,对于"或"运算,下面等式是成立的:

$$0 + 0 = 0$$
$$0 + 1 = 1$$
$$1 + 0 = 1$$
$$1 + 1 = 1$$

3. "非"逻辑和"非"运算

(1)"非"逻辑。

在逻辑问题中,若条件具备时,事件不发生,而当条件不具备时,该事件必然发生,这种结论与前提完全相反的逻辑关系称为"非"逻辑关系。在图 3-70 所示电路中,开关 A 和灯泡并联,当开关接通时灯不亮;而当开关断开时灯反而亮。

(2)"非"运算。

实现"非"逻辑关系的运算称为"非"运算,"非"用符号"-"表示。这样,开关接通和电灯亮的逻辑关系可表示为:

$F = \overline{A}$(读作 A 非)

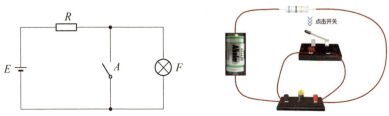

图 3-70 开关与灯泡并联电路

$$\overline{0}=1$$
$$\overline{1}=0$$

(二)逻辑代数运算法则

1. 逻辑代数基本运算规则

$$0 \cdot A=0 \quad 1 \cdot A=A \quad A \cdot A=A \quad A \cdot \overline{A}=0$$
$$0+A=A \quad 1+A=1 \quad A+A=A \quad A+\overline{A}=1$$
$$\overline{\overline{A}}=A$$

2. 逻辑代数基本定律

(1) 交换律。

$$AB=BA$$
$$A+B=B+A$$

(2) 结合律。

$$A(BC)=(AB)C=ABC$$
$$A+(B+C)=(A+B)+C=A+B+C$$

(3) 分配律。

$$A(B+C)=AB+AC$$

(4) 吸收律。

$$A(A+B)=A$$
$$A(\overline{A}+B)=AB$$
$$A+\overline{A}B=A+B$$

(5) 反演律。

$$\overline{AB}=\overline{A}+\overline{B}$$
$$\overline{(A+B)}=\overline{A}\,\overline{B}$$

由于逻辑变量 A、B 只有两种可能的取值,即"0"或"1",因此可用逻辑变量不同取值的表格(即逻辑状态表,见表 3-4)来证明反演律(又称摩根定理)是成立的,证明如下:

表 3-4　逻辑状态表

A	B	$\overline{A+B}$	$\overline{A}\cdot\overline{B}$	$\overline{A\cdot B}$
0	0	1	1	1
0	1	0	0	1
1	0	0	0	1
1	1	0	0	0

由以上关系可以看出，$(\overline{A+B})$ 和 $(\overline{A}\cdot\overline{B})$ 在不同取值情况下的逻辑值均相等，同样，$(\overline{A\cdot B})$ 和 $(\overline{A}+\overline{B})$ 的逻辑值相等。所以摩根定理是成立的。在应用此定理时要注意：$\overline{A+B}\neq\overline{A}+\overline{B},\overline{A\cdot B}\neq\overline{A}\cdot\overline{B}$。

例 3-2　化简下列逻辑函数。
(1) $F=AB+AC+BC+\overline{A}C$
(2) $F=\overline{A}B\overline{C}+\overline{A}BC+\overline{B}+\overline{B}C$

解：
① $F=AB+AC+BC+\overline{A}C$
　　$=AB+BC+(A+\overline{A})C$
　　$=AB+C(B+1)$
　　$=AB+C$
② $F=\overline{A}B\overline{C}+\overline{A}BC+\overline{B}+\overline{B}C$
　　$=\overline{A}B(\overline{C}+C)+\overline{B}(1+C)$
　　$=\overline{A}B+\overline{B}$
　　$=\overline{A}+\overline{B}$

（三）逻辑函数的表示方法

逻辑函数常用逻辑状态表、逻辑式、逻辑图和卡诺图四种方法表示，它们之间可以相互转换。

例 3-3　有一 T 形走廊，在相会处有一路灯，在进入走廊的 A、B、C 三地各有控制开关，都能独立进行控制。任意闭合一个开关，灯亮；任意闭合两个开关，灯灭；三个开关同时闭合，灯亮。设 A、B、C 代表三个开关（输入变量）；Y 代表灯（输出变量）。下面用两种方法表示逻辑函数 Y。

1. 逻辑状态表

按照上述要求，可以列出逻辑状态表 3-5。逻辑状态表就是用输入、输出变量的逻辑状态（"1"或"0"）以表格形式来表示逻辑函数。

设开关闭合状态为"1"，断开为"0"；灯亮状态为"1"，灯灭为"0"。

表 3-5　三地控制一灯的逻辑状态表

A	B	C	Y	A	B	C	Y
0	0	0	0	1	0	0	1

(续表)

A	B	C	Y	A	B	C	Y
0	0	1	1	1	0	1	0
0	1	0	1	1	1	0	0
0	1	1	0	1	1	1	1

n 输入变量有 2^n 种组合状态，3 输入变量有 8 种组合状态。

2. 逻辑式

用"与""或""非"等运算来表示逻辑函数的表达式。

在逻辑状态表中取 $Y=1$，列逻辑式，对应于 $Y=1$，若输入变量为"1"，则取输入变量本身（如 A）；若输入变量为"0"则取其反变量（如 $\bar{A}$）。最后把 $Y=1$ 的组合相加。所以表 3-5 对应的逻辑式为

$$Y = \overline{A}\,\overline{B}C + \overline{A}B\overline{C} + A\overline{B}\,\overline{C} + ABC$$

三、基本逻辑门电路

在数字电路中，把电路的输入信号作为"原因"或"条件"，电路输出信号则是这种条件下的必然"结果"。即输出信号（也称输出变量）与输入信号（输入变量）之间存在一定的逻辑关系。数字电路就是实现这种逻辑关系的，因此，数字电路又称逻辑电路。

数字电路中，由开关元件组成的可以实现一定逻辑关系的电路称逻辑门电路，简称门电路。数字电路中的基本逻辑关系有三种，即："与""或""非"。相应地，基本门电路有"与"门、"或"门、"非"门。

（一）"与"门电路

如图 3-71(a)所示为二极管"与"门电路。由图可知，在输入 A、B 中有一个（或一个以上）为低电平，则与输入端相连的二极管必然获得正偏电压而导通，使输出端 Z 为低电平；只有输入 A、B 同时为高电平，输出 Z 才是高电平。

由此可知输入对输出呈现与逻辑关系，即：

$$Z = A \cdot B$$

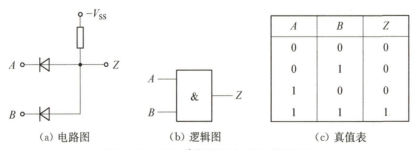

图 3-71 二极管"与"门电路及其逻辑图

其逻辑符号如图3-71(b)所示,其真值表见图3-71(c)。输入端的个数可以多于两个,有几个输入端用几个二极管即可。

(二)"或"门电路

如图3-72(a)所示为二极管"或"门电路。由图可知,输入A、B中有一个(或一个以上)为高电平,则与之相连的二极管必然获得正偏电压而导通,使输出Z为高电平;只有输入A、B同时为低电平时,输出Z才是低电平。

由此可知输入对输出呈现或逻辑关系,即

$$Z = A + B$$

其逻辑符号如图3-72(b)所示,其真值表见图3-72(c)。

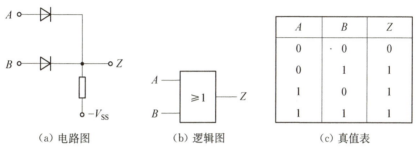

(a) 电路图　　　　(b) 逻辑图　　　　(c) 真值表

图3-72　二极管"或"门电路及其逻辑图

(三)"非"门电路

"非"门又称为反相器,是实现逻辑翻转的电路。它对输入的逻辑电平取相反值,实现相反的逻辑功能输出。如图3-73(a)所示为晶体管"非"门电路。只要电阻R_1、R_2和负电源$-V_{SS}$参数配合适当,则当输入低电平信号时,晶体管的基极为负电位,发射结反偏,晶体管可靠截止,输出为高电平;而当输入为高电平时,晶体管基极为正电位而饱和导通,输出为低电平,从而实现非运算。非运算的逻辑符号和真值表分别如图3-73(b)、(c)所示。其逻辑式为:

$$Z = \overline{A}$$

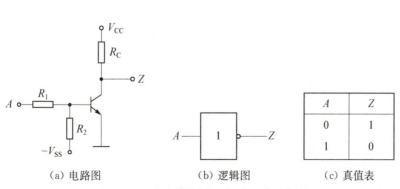

(a) 电路图　　　　(b) 逻辑图　　　　(c) 真值表

图3-73　晶体管"非"门电路及其逻辑图

(四)"复合"门电路

由"与"门、"或"门、"非"门经过简单的组合,可构成另一些常用的复合逻辑门,如"与非"门、"或非"门、"异或"门等。

1. "与非"门

"与"和"非"的复合运算(先求"与",再求"非")称与非运算。实现与非复合运算的电路称"与非"门。"与非"门逻辑符号如图3-74所示。

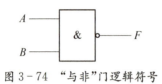

图3-74 "与非"门逻辑符号

"与非"门的逻辑表达式为:

$$F = \overline{A \cdot B}$$

"与非"门逻辑状态表见表3-6。
即:"有0则1,全1则0"。

表3-6 "与非"门逻辑状态表

A	B	F
0	0	1
0	1	1
1	0	1
1	1	0

2. "或非"门

实现或非复合运算的电路称"或非"门。"或非"门逻辑符号如图3-75示。

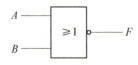

图3-75 "或非"门逻辑符号

"或非"门的逻辑表达式为:

$$F = \overline{A + B}$$

"或非"门的逻辑状态见表3-7。
即:"有1则0,全0则1"。

表 3-7 "或非"门逻辑状态表

A	B	F
0	0	1
0	1	0
1	0	0
1	1	0

3. "异或"门

数字逻辑中实现逻辑异或的逻辑门称为"异或"门，$F=A\overline{B}+\overline{A}B$ 的逻辑运算称"异或"运算。记作：

$$F=A\oplus B=A\overline{B}+\overline{A}B$$

逻辑符号如图 3-76 所示。

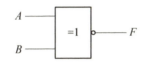

图 3-76 "异或"门逻辑符号

由表达式可得出逻辑状态见表 3-8，为"同则为 0，不同为 1"。即"异或"门的逻辑功能为：两个输入相同时，输出为 0；两个输入不同时，输出为 1。

表 3-8 "异或"门逻辑状态表

A	B	F
0	0	0
0	1	1
1	0	1
1	1	0

4. "同或"门

"同或"门也是一种有两个输入端的门电路。其逻辑功能是，当两个输入端的电平相同时，输出端 Y 为高电平；当两个输入端的电平相异时，输出端 Y 为低电平，表 3-9 为真值表，逻辑函数式为：

$$Y=\overline{AB}+AB=A\odot B$$

表 3-9 "同或"门逻辑状态表

A	B	Y	A	B	Y
0	0	1	1	0	0
0	1	0	1	1	1

5. "与或非"门

"与或非"门表达的与或非逻辑运算为：

$$F = \overline{AB + CD}$$

只有 A、B 同时为 1 或 C、D 同时为 1 时，F 才为 0，否则 F 为 1。其逻辑符号如图 3-77 示。

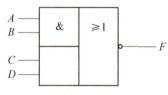

图 3-77 "与或非"门逻辑符号

例 3-4 逻辑函数 $F_1 = A + B$，$F_2 = AB$，$F_3 = A \oplus B$，若输入信号 A/B 的波形如图 3-78 所示。试画出输出函数 F_1、F_2、F_3 的波形。

解：根据输入信号 A、B 的波形，由逻辑函数可得 F_1、F_2、F_3 的波形如下：

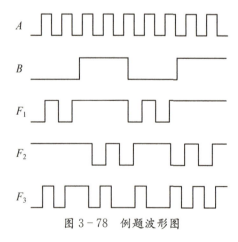

图 3-78 例题波形图

（五）集成门电路

随着电子技术的飞速发展和集成工艺的规模化生产，数字集成电路得到广泛的应用。数字集成门电路按开关元件的不同可分为双极型逻辑门和单级型逻辑门两大类。这里主要介绍双极型 TTL 集成逻辑门和单级型的 CMOS 集成逻辑门电路。

1. TTL 集成门电路

TTL 是"晶体管-晶体管逻辑电路"的简称。TTL 集成电路相继生产的产品有 74（标准）、74S（肖特基）、74H（高速）和 74LS（低功耗肖特基）四个系列，其中 LS 系列综合性能最优，应用最广泛。常见的集成电路是将几个门封装在同一片芯片上，如 74LS08 为四个 2 输入端"与"门，74LS20 为两个 4 输入端"与非"门等。

（1）"与非"门电路。

74LS10 是一个三输入端 3"与非"门，其内部结构如图 3-79 所示。

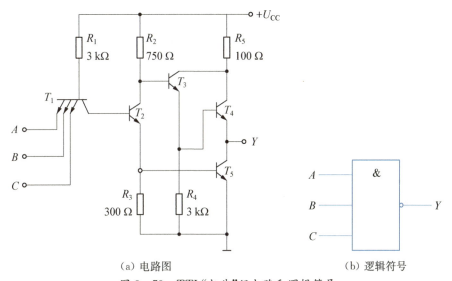

(a) 电路图 (b) 逻辑符号

图 3-79 TTL"与非"门电路和逻辑符号

工作原理：当输入信号 A、B、C 中至少有一个为低电平（0.3 V）时，输出为高电平，$Y=3.6$ V。当输入信号全部为高电平（3.6 V）时，输出低电平，$Y=0.3$ V。

显然，上述 TTL 电路满足"与非"门的输入、输出逻辑关系。

常用的"与非"门集成电路有四双输入"与非"门 74LS00 和 CD4011，如图 3-80 所示。

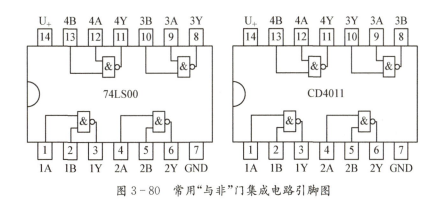

图 3-80 常用"与非"门集成电路引脚图

（2）集电极开路的 TTL 与非门（OC 门）电路。

在逻辑设计中，还将用到线逻辑。所谓线逻辑就是将两个或多个逻辑门的输出端并联所得到的附加逻辑。线逻辑又分为"线与"和"线或"两类。

为了解决 TTL 门电路的"线与"问题("线与"就是将几个门的输出端直接相连,实现几个输出相"与"的逻辑功能),研制出了 OC 门。

OC 门在结构上将一般 TTL 门输出级的有源负载部分(如 TTL 与非门中的 T_3、T_4、R_4)去除,输出级晶体管 T_5 的集电极在集成电路内部不连接任何元件,直接作为输出端。OC 门在使用时,根据负载的大小和要求,选择合适的电阻 R_C 和电源连接在 OC 门的输出端,如图 3-81 所示。

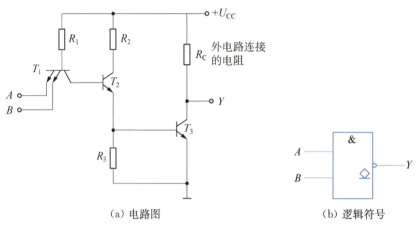

图 3-81 集电极开路的 TTL 与非门 OC 门电路

(3) 三态门电路。

三态门除了具有一般逻辑门的两种状态外,还具有高输出阻抗的第三种状态,称为高阻态。三态门的电路和逻辑符号见图 3-82。图中控制端(也称使能端)EN 加小圆圈表示低电平有效(呈高阻抗状态),不加小圆圈表示高电平有效。当 $EN=1$ 时,二极管 D_1、D_2 截止,此时三态门就是普通的与非门电路,$Y=\overline{AB}$;当 $EN=0$ 时(有效状态),多发射极晶体管 T_1 饱和,T_2、T_5 截止,同时 D_2 导通使 T_3、T_4 也截止。这时从外往输出端看去,电路呈现高阻态。此三态门因 $EN=1$ 时处于与非门工作状态,故也称为控制端高电平有效三态门,其真值表见表 3-10。

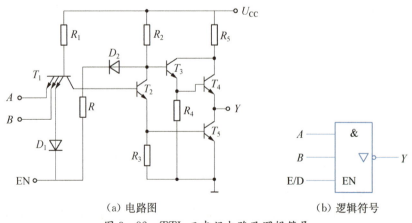

图 3-82 TTL 三态门电路及逻辑符号

表 3-10 三态与非门真值表

使能端	数据输入端		输出端	使能端	数据输出端		输出端
EN	A	B	Y	EN	A	B	Y
1	0	0	1	1	1	1	0
1	0	1	1	0	x	x	高阻态
1	1	0	1				

2. CMOS 门电路

CMOS 门电路是由 NMOS 管和 PMOS 管构成，它静态功耗很低，抗干扰能力强，稳定性好，开关速度较高，扇出系数大，基于以上优点，CMOS 门电路在中、大规模集成电路中得到了广泛应用。

（1）CMOS 反相器。

在图 3-83 中，工作管 T_1 是增强型 NMOS 管，负载管 T_2 是 PMOS 管，两管的漏极 D 接在一起作为电路的输出端，两管的栅极 G 接在一起作为电路的输入端，T_1 的源极 S_1 与其衬底相连并搭铁，T_2 的源极 S_2 与其衬底相连并接电源 U_{DD}。

当输入电压 U_i 为低电平 0 时，T_1 管截止，T_2 导通，电路的输出为高电平 U_{DD}。

当输入电压 U_i 为高电平 U_{DD} 时，T_1 管导通，S_1 和 D_1 之间呈现较小的电阻，T_2 截止，电路的输出为低电平 0。电路输出和输入之间满足"非"逻辑关系，所以该电路为非门电路。由于在稳态时，T_1 和 T_2 中必然有一个管子是截止的，所以电路的电流极小，功率损耗很低。

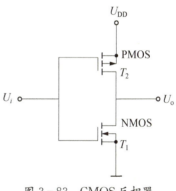

图 3-83 CMOS 反相器

（2）CMOS 传输门和模拟开关。

当一个 PMOS 管和一个 NMOS 管并联时就构成一个传输门，如图 3-84 所示。其中两管源极相接，作为输入端，两管漏极相连作为输出端，两管的栅极作为控制端，加互为相反的控制电压 CP 和 $\overline{CP}$。PMOS 管的衬底接 U_{DD}，NMOS 管的衬底搭铁。由于 MOS 管的结构对称，源、漏极可以互换，所以输入、输出端可以对换。传输门也称为双向开关。

传输门的功能如下：

当控制电压 CP=1，$\overline{CP}$=0 时，此时传输门相当于接通的开关，双向导通。

当控制电压 CP=0，$\overline{CP}$=1 时，传输门相当于断开的开关。当传输门的控制信号由一个非门的输入和输出来提供时，就构成一个模拟开关，如图 3-85 所示。常见的型号有 CD4066、CD4051 等。

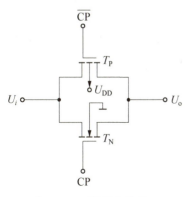

图 3-84 CMOS 传输门

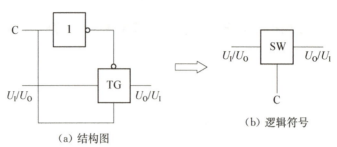

(a) 结构图

(b) 逻辑符号

图 3-85 CMOS 双向模拟开关

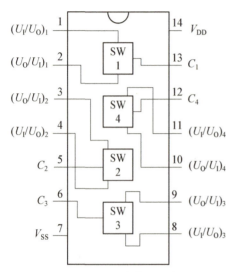

图 3-86 CD4066 引脚和内部结构图

CD4066 是一块四双向模拟开关电路,其外形引脚和内部结构如图 3-86 所示。

3. 门电路使用注意事项

(1) 电源电压应根据门电路参数的要求选定。一般 TTL 门电路的电源电压为 $(5±0.5)$ V。CMOS 门电路的电源电压应为 $3\sim15$ V。电源电压的极性不能接反。为防止通过电源引入干扰信号,应根据具体情况对电源进行去耦和滤波。

(2) 输入信号电平的选择,TTL 门应在 $0\sim5$ V 之间,CMOS 门应在 $0\sim U_{CC}$ 之间。

(3) 具有图腾柱结构(集成电路输出级具有有源负载)的 TTL 门输出端,不允许并联使用。同一芯片上的 CMOS 门,在输入相同时,输出端可以并联使用(目的是增大驱动能力)。

(4) 焊接时应选用 45 W 以下的电烙铁,最好用中性焊剂,所用设备应搭铁良好。CMOS 电路应在静电屏蔽下运输和存放。严禁带电从插座上插拔器件。

(5) 电路的输出端接容性负载时,应在电容之前接限流电阻,避免在开机的瞬间,出现较大的冲击电流烧坏电路。

(6) TTL 门输入端口为"与"逻辑关系时,多余的输入端可以悬空(但不能带开路长线)、接高电平或并联接到一个已被使用的输入端上。TTL 门输入端口为"或"逻辑关系时,多余的输入端可以接低电平、搭铁或并联接到一个已被使用的输入端上。

(7) 具有"与"逻辑端口的 CMOS 门多余的输入端应接 U_{DD} 或高电平,具有"或"逻辑端口的 CMOS 门多余的输入端应接 U_{SS} 或低电平。CMOS 门的输入端不允许悬空。

4. TTL 门与 CMOS 门之间的互连

在实际的数字电路系统中,总是将一定数量的集成逻辑电路按需要前后连接起来。由于前级电路的输出将与后级电路的输入端相连,并驱动后级电路工作。这时就存在着电平的配合和负载能力这两个需要妥善解决的问题。

例 3-5 设计一个三变量奇偶检验器。

要求:当输入变量 A、B、C 中有奇数个同时为"1"时,输出为"1",否则为"0";用"与非"

门实现。

(1) 列出逻辑状态表,见表 3-11。

表 3-11 逻辑状态表

A	B	C	Y	A	B	C	Y
0	0	0	0	1	0	0	1
0	0	1	1	1	0	1	0
0	1	0	1	1	1	0	0
0	1	1	0	1	1	1	1

(2) 写出逻辑表达式。

$$Y = \overline{AB}C + \overline{A}B\overline{C} + A\overline{BC} + ABC$$

(3) 用"与非"门构成逻辑电路,如图 3-87 所示。

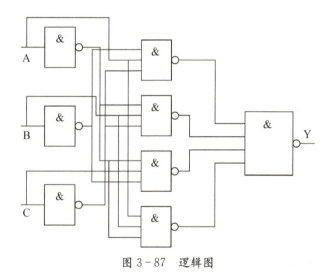

图 3-87 逻辑图

5. 集成电路的检测

集成电路出现故障一般是局部损坏,如击穿、开路、短路等。电源集成电路和功放芯片易损坏,存储器易出现软件故障,其他芯片有时会出现虚焊等。

对于集成电路是否损坏,可通过从各方面测试集成电路的工作状态,并与正常工作状态作比较的方法来判断。即测量集成电路各引脚的对地电压值和电阻值,其中测量电压值必须在电路处于工作状态下进行,测量电阻值则应在断电静态状态下进行,具体判断方法如下:

(1) 检查集成电路各管脚对地的直流电压。
(2) 检查集成电路各脚对地电阻值。
(3) 用示波器检查集成电路的输入输出波形。

四、集成触发器

各种门电路是构成计算机系统的基本单元电路。这些门电路某一时刻的输出由当时的输入状态决定,只要输入发生了变化,输出也随之变化,这类电路称为组合逻辑电路。然而,在一个复杂的计算机系统中,还使用着另一种类型的电路,称时序逻辑电路。

这种电路的特点是:它们在某一时刻的输出不仅和当时的输入状态有关,还与电路原来的输出状态有关,触发器是构成时序逻辑电路的基本单元。

(一)基本 RS 触发器

基本 RS 触发器由两个与非门交叉连接而成,图 3-88(a)、(b)所示分别为基本 RS 触发器逻辑图和逻辑符号。

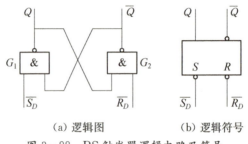

(a) 逻辑图　　　　(b) 逻辑符号

图 3-88　RS 触发器逻辑电路及符号

Q 与 $\overline{Q}$ 是 RS 触发器的输出端,两者的逻辑状态在正常条件下保持相反。这种触发器有两种稳定的状态:一种状态是 Q 为 1,$\overline{Q}$ 为 0,称为置位状态(1 态);另一种状态是 Q 为 0,而 $\overline{Q}$ 为 1,称为复位状态(0 态)。相应的输入端分别称为直接置位端(也称直接置 1 端 $\overline{S_D}$)和直接复位端(也称置 0 端 $\overline{R_D}$),下面分四种情况来分析基本 RS 触发器的输出与输入的逻辑关系。

(1) $\overline{S_D}=1$,$\overline{R_D}=0$:触发器置 0。

因为 $\overline{R_D}=0$,G_2 输出 $\overline{Q}=1$,G_1 输入都为高电平 1,则 G_1 输出 $Q=0$。$\overline{R_D}$ 为 0 时触发器处于 0 状态,所以 $\overline{R_D}$ 称为置 0 端或复位端。

(2) $\overline{S_D}=0$,$\overline{R_D}=1$:触发器置 1。

因为 $\overline{S_D}=0$,G_1 输出 $Q=1$,G_2 输入都为高电平 1,则 G_2 输出 $\overline{Q}=0$。$\overline{S_D}$ 为 0 时,触发器处于 1 状态,所以 $\overline{S_D}$ 称为置 1 端或置位端。

(3) $\overline{S_D}=1$,$\overline{R_D}=1$:触发器保持原状态不变。

如触发器处于 $Q=0$,$\overline{Q}=1$ 的 0 状态时,则 $Q=0$ 反馈到 G_1 的输入端,使 G_1 输入均为 1,输出 $Q=0$,电路保持 0 状态。

如果触发器原先处于 $Q=1$,$\overline{Q}=0$ 的状态时,则电路同样能保持 1 状态不变。

(4) $\overline{S_D}=\overline{R_D}=0$:触发器输出状态不定。

这时触发器的输出端 $Q=\overline{Q}=1$,已不符合 Q 与 $\overline{Q}$ 相反的逻辑状态,触发器既不是 0 状态也不是 1 状态。此时当 $\overline{R_D}$、$\overline{S_D}$ 同时由 0 变为 1 时,由于 G_1 和 G_2 在电气性能上的差异,其输出无法预知,可能是 0 状态,也可能是 1 状态。实际上这种情况是不允许的。

从上述分析可知,基本 RS 触发器有两个状态,它可以直接置位或复位,并具有存储和记忆的功能。在直接置位端加负脉冲($\overline{S_D}=0$)即可置位,在直接复位端加负脉冲($\overline{R_D}=0$)即可复位。负脉冲除去以后,直接置位端和复位端处于高电平(平时固定接高电平),此时触发器保持相应负脉冲去掉前的状态,实现存储或记忆功能。但要注意负脉冲不可同时加在直接置位端和直接复位端。

在这里我们定义触发器在输入信号变化前的状态为现态(Q^n),触发器在输入信号变化后的状态为次态(Q^n+1),用以描述触发器状态与输入信号和电路原有状态(现态)之间关系的真值表称为特性表。基本 RS 触发器的特性表如表 3-12 示。

表 3-12 基本 RS 触发器特性表

$\overline{R_D}$	$\overline{S_D}$	现态	次态	说　明
0	0	0	×	触发器状态不定
0	0	1	×	
0	1	0	0	触发器置 0
0	1	1	0	
1	0	0	1	触发器置 1
1	0	1	1	
1	1	0	0	触发器保持原状态不变
1	1	1	1	

基本 RS 触发器 Q^{n+1}、Q^n 与 R、S 的关系式即特性方程为:

$$Q^{n+1} = S + \overline{R}Q^n$$

(二) 同步 RS 触发器

上面介绍的基本 RS 触发器是各种双稳态触发器的共同部分。除此之外,一般触发器还有导引线路(或称控制电路),通常由它把输入信号引导到基本 RS 触发器。图 3-89(a)是同步 RS 触发器的逻辑图,图 3-89(b)是它的逻辑符号。图 3-89(a)中非门 G_1 和 G_2 构成基本 RS 触发器,与非门 G_3 和 G_4 构成导引电路,S_D 为直接置位端,R_D 为直接复位端,R 和 S 是置 0 和置 1 信号输入端。CP 是时钟脉冲输入端,在脉冲数字电路中所使用的触发器往往用一种正脉冲来控制触发器的翻转时刻,这种正脉冲就称为时钟脉冲,它也是一种控制命令。通过引导电路来实现时钟脉冲对输入端 R 和 S 的同步控制,故称同步 RS 触发器。当时钟脉冲来到之前,即 $CP=0$ 时,无论 R 和 S 端的电平如何变化,G_3 门和 G_4 门的输出均为 1,基本触发器保持原状态不变,只有当时钟脉冲来到之后,即 $CP=1$ 时,触发器才按 R、S 端的输入状态来决定其输出状态。时钟脉冲过去后输出状态保持脉冲为高电平时的状态不变。

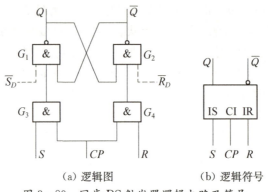

图 3-89 同步 RS 触发器逻辑电路及符号

R_D 和 S_D 是直接复位和直接置位端,就是不受时钟脉冲 CP 的控制,可以直接对基本 RS 触发器的输出端置 0 或置 1。主要用于在工作之初,预先使触发器处于某一给定状态,在工作过程中不用它们,让它们处于 1 态(高电平)。

同步 RS 触发器的输出状态与 R、S 输入状态的关系如表 3-13 所示。Q^n 表示时钟脉冲到来之前触发器的输出状态,Q^{n+1} 表示时钟脉冲到来之后的状态。

表 3-13 同步 RS 触发器特性表

R	S	Q^{n+1}
0	0	Q^n
0	1	0
1	0	1
1	1	不定

当 $CP=1$ 时,由于经过了 G_3、G_4 的反相作用,相对于基本 RS 触发器输入信号为低电平有效,同步 RS 触发器的输入信号为高电平有效。其工作过程分析与基本 RS 触发器相类似。

同步触发器的空翻现象:在时钟脉冲 CP 为高电平 1 期间,如果触发器的输入信号发生多次变化时,其输出状态也会相应发生多次变化,这种现象称为"空翻现象"。由于空翻现象的存在,使得同步 RS 触发器只能用于数据锁存,而不能用于计数器、移位寄存器和储存器当中。

(三) JK 触发器

JK 触发器结构有多种。图 3-90 为主从型 JK 触发器的逻辑图和逻辑符号。由图可知,它是由两个可控 RS 触发器组成的,分别称为主触发器和从触发器。

当 $CP=1$,非门输出 $\overline{CP}=0$,从触发器被封锁,状态保持不变。主触发器接受 R、S 端输入信号。

当 CP 从 1 跳变为 0 时,主触发器状态保持不变,从触发器输入端接受主触发器的输出信号,因其对输入状态反相,故从触发器输出与主触发器输出一致,即状态一致。

(1) $J=0$, $K=0$。

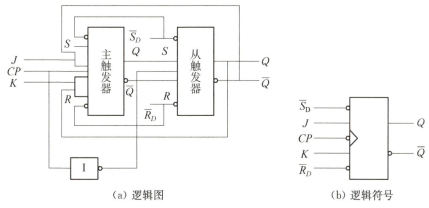

(a) 逻辑图 (b) 逻辑符号

图 3-90 主从型 JK 触发器

设触发器初态为 0，即 $Q=0$，$\overline{Q}=1$。当 $CP=1$ 时，由于主触发器 $S=\overline{Q} \cdot J=0$，$R=Q \cdot K=0$，所以状态不变，$Q_{主}=0$，$\overline{Q}_{主}=1$。当 CP 下跳为 0 时，从触发器 $S_{从}=Q_{主}=0$，$R_{从}=\overline{Q}_{主}=1$，$Q=0$，$\overline{Q}=1$，亦即状态不变。若初态为 1，情况类似，触发器状态不变。

(2) $J=0$，$K=1$。

设触发器初态为 0，当 $CP=1$ 时，由于主触发器 $S=\overline{Q} \cdot J=0$，$R=Q \cdot K=0$，状态不变。当 CP 跳为 0 时，从触发器状态与主触发器状态一致，$Q=Q_{主}=0$。若初态为 1，当 $CP=1$ 时，主触发器 $S=\overline{Q} \cdot J=0$，$R=Q \cdot K=1$，状态翻转为 0。当 CP 跳为 0 时，触发器状态与主触发器状态一致，$Q=0$。

即不论触发器原来处于何种状态，下一个状态是 0。

(3) $J=1$，$K=0$。

通过类似于(2)的过程分析可知，不论触发器原来处于何种状态，下一个状态是 1。

(4) $J=1$，$K=1$。

设触发器初态为 0，主触发器 $S=\overline{Q} \cdot J=1$，$R=Q \cdot K=0$，当 $CP=1$ 时主触发器输出 $Q_{主}=1$，$\overline{Q}_{主}=0$。当 CP 从 1 跳为 0 时，从触发器状态与主触发器变为一致，$Q=1$，$\overline{Q}=0$。若触发器初态为 1，主触发器 $S=\overline{Q} \cdot J=0$，$R=Q \cdot K=1$。当 $CP=1$ 时，主触发器输出 $Q_{主}=0$，$\overline{Q}_{主}=1$。当 CP 下跳为 0 时，触发器输出 $Q=Q_{主}=0$，$\overline{Q}=1$。

即当 $J=1$，$K=1$ 的情况下，每一时钟脉冲到来时，触发器的状态发生翻转，与原状态相反，此时 JK 触发器具有计数功能。

JK 触发器工作状态见表 3-14。

表 3-14 JK 触发器状态表

R	S	Q_{n+1}
0	0	Q_n
0	1	0
1	0	1
1	1	$\overline{Q_n}$

由上可知,主从型 JK 触发器是在 CP 从 1 跳变为 0 时翻转的,称时钟脉冲下降沿触发。这种在时钟脉冲边沿触发的触发器称边沿触发器,而由时钟脉冲的高电平或低电平触发的触发器(如 RS 触发器)称电平触发器。在逻辑符号中输入端处由">"标记时表示边沿触发,下降沿触发再加小圆圈表示(见图 3-90(b)的 CP 端)。电平触发器在计数时可能会发生"空翻"现象,边沿触发器能够避免计数时"空翻"。

(四) D 触发器

D 触发器又称数据锁存器,在时钟脉冲到来之前即 $CP=0$ 时,触发器状态维持不变;当时钟脉冲到来后即 $CP=1$ 时,输出等于时钟脉冲到来之前的输入信号。即:

$$Q_{n+1}=D$$

D 触发器逻辑符号及工作波形图见图 3-91(a)、(b),状态见表 3-15。

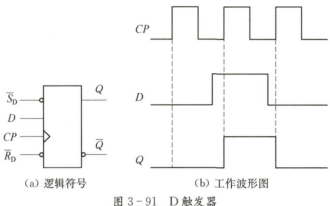

(a) 逻辑符号　　　　(b) 工作波形图

图 3-91　D 触发器

表 3-15　D 触发器状态图

D	Q_{n+1}
0	0
1	1

图 3-92 所示的是由 JK 触发器组成的 D 触发器。

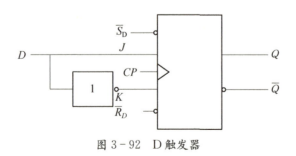

图 3-92　D 触发器

若 $D=0$,则 $J=0$、$K=1$,当 $CP=1$ 时,$Q=0$;
若 $D=1$,则 $J=1$、$K=0$,当 $CP=1$ 时,$Q=1$。

五、数字电路的典型应用

数字电路在各行各业都得到广泛的应用,从工业、科研、军事、国防、民用领域到处可见,特别是在现代汽车上的作用,更是发挥得淋漓尽致。这里主要介绍数字电路的几种典型应用。

(一) 计数器

计数器是得到广泛应用的时序逻辑电路,它不仅可用来记录脉冲的个数,而且还应用在数字系统的定时、延迟和脉冲节拍发生器电路中。计数器的种类繁多,按计数进位制的不同,可分为二进制计数器、十进制计数器。按计数脉冲的引入的方式不同,可分为异步型计数器和同步型计数器。按计数器运算方式的不同,又可分为加法计数器、减法计数器及可逆计数器(双向)。

计数器和其他的时序电路一样,也是由触发器单元电路和逻辑门电路组成的。触发器都有两个稳定状态"0"和"1",通常把"0"态作为二进制数 0,把"1"态作为二进制数 1。在数字系统中,用一个触发器可表示 1 位二进制数,n 个触发器可表示 n 位二进制数。

1. 二进制计数器

二进制计数器分为异步加法计数器和同步加法计数器。

(1) 二进制异步加法计数器。

① 电路构成。

异步计数器的计数触发脉冲没有加到所有触发器的 CP 端,而只作用于第一个触发器的 CP 端。当计数脉冲 CP 触发计数时,各触发器翻转的时刻不同,因此称为异步计数器。异步二进制计数器是最基本的计数单元电路。二进制计数器又可分为二进制异步加法计数器和二进制异步减法计数器。异步计数器的各个触发器是由相邻低位触发器的输出状态变化来进行触发的。

异步二进制加法计数器必须满足二进制加法原则:逢二进一($1+1=10$,即 Q 由 $1 \rightarrow 0$ 时有进位)。

组成二进制加法计数器时,各触发器应当满足:

(a) 每输入一个计数脉冲,触发器应当翻转一次(即用 T' 触发器)。

(b) 当低位触发器由 1 变为 0 时,应输出一个进位信号加到相邻高位触发器的计数输入端。

如图 3-93 所示的二进制异步加法计数器是用四个 JK 触发器构成的。根据 JK 触发器的特点,$J=K=1$ 时,每到来一个脉冲触发器翻转一次,称为计数态。因此四个触发器的 J、K 输入端都接高电平"1"(由 TTL"与非"门组成的电路,其输入端悬空,相当于接高电平"1"一样),计数脉冲 CP 加至最低触发器 F_0 的时钟 CP 端,低位触发器的 Q 端依次接到高一位触发器的时钟端。四个 JK 触发器的 R_D 连在一起作为复位(清"0")端,复位后的初态位"0000"。

② 工作原理。

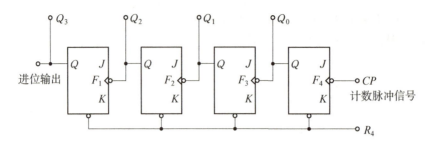

图 3-93 二进制异步加法计数器逻辑图

计数器工作时(设初始态为"0000"),当第一个计数脉冲的下降沿到来时,第一个 JK 触发器 F_0 的状态翻转一次,其输出端 Q_0 从"0"态变为"1"态,这一正跳变不会影响它的高一位 JK 触发器 F_1 的状态(上升沿不能触发)。此时,计数器的状态为"0001"。

当第二个计数脉冲的下降沿到来时,F_0 的状态又翻转一次,从"1"态变为"0"态,这一负跳变使 F_1 的状态从"0"态变为"1"态(下降沿触发),此时,计数器的状态为"0010"。

如此继续下去,直至计数器的状态为"1111",再到来一个计数脉冲,计数器的状态又为"0000",Q_3 产生一个进位脉冲,实现了二进制加法计数。综上所述,F_0 由计数脉冲触发翻转,F_1 使再 Q_0 由"1"态变为"0"态时翻转,其他时刻,F_1、F_2、F_3 都保持原来的状态。它是一个四位二进制异步加法计数器,共有 16 个状态。

二进制异步加法计数器的状态转换见表 3-16,时序图如图 3-94 所示。图中画出了前 8 个计数脉冲的波形。通过时序图可知,Q_0 端输出脉冲的周期是计数脉冲 CP 的两倍,频率只有脉冲 CP 的 1/2,Q_1 端输出脉冲的频率只有脉冲 CP 的 1/4,其他情况依次类推,因此计数器具有分频器的功能。

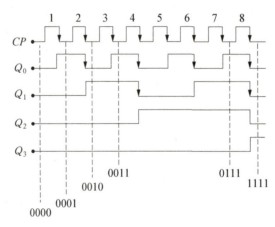

图 3-94 二进制异步加法计数器时序图

表 3-16 二进制异步加法计数器的状态

脉冲序号	Q_3	Q_2	Q_1	Q_0
0	0	0	0	0
1	0	0	0	1

(续表)

脉冲序号	Q_3	Q_2	Q_1	Q_0
2	0	0	1	0
3	0	0	1	1
4	0	1	0	0
5	0	1	0	1
6	0	1	1	0
7	0	1	1	1
8	1	0	0	0
9	1	0	0	1
10	1	0	1	0
11	1	0	1	1
12	1	1	0	0
13	1	1	0	1
14	1	1	1	0
15	1	1	1	1

(2) 二进制同步加法计数器。

在异步加法计数器中,计数的触发脉冲是加在最低位触发器的时钟 CP 端,故各触发器状态的翻转不是同步进行的。而在同步计数器中,触发脉冲同时加到各触发器的 CP 端,所以,各个触发器状态的翻转是在 CP 脉冲的控制下同步进行的。如图 3-95 所示为由四个 JK 触发器构成的四位二进制同步加法计数器。

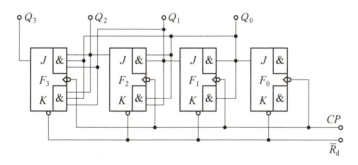

图 3-95 二进制同步加法计数器逻辑图

最低位触发器 F_0 的 $J_0 = K_1 = 1$,因此,每输入一个触发脉冲,F_0 的状态就要翻转一次。第二位触发器 F_1 的 $J_1 = K_1 = Q_0$,因此,只有当 F_0 的状态为"1"态时,在下一个脉冲的下降沿到来时,其状态才能翻转。第三位触发器的 $J_2 = K_2 = Q_0 Q_1$,因此,只有当 F_0、F_1 的状态都为"1"态时,在下一个脉冲的下降沿到来时,其状态才能翻转。第四位触发器的 $J_2 = K_2 =$

$Q_0Q_1Q_2$,因此,只有当 F_0、F_1、F_2 的状态都为"1"态时,在下一个脉冲的下降沿到来时,其状态才能翻转。

上述的二进制加法计数器是一个四位二进制同步加法计数器,可作为一位十六进制加法计数器。从"0000"状态开始,输入 15 个计数脉冲后,$Q_3Q_2Q_1Q_0 =$ "1111",若再来一个计数脉冲,各触发器将回到"0000"的初始状态。这个"1111"就是四位二进制加法计数器能计数的最大值,对应于十六进制数为 F,对应于十进制数为 $2^4-1=15$。一个 n 位二进制加法计数器的最大计数值为 2^n-1,超过这个数,数据将丢失,称为计数器溢出。

2. 任意进制计数器

二进制只有 0 和 1 两个数码,对应于触发器的 0 和 1 两种状态。所以用触发器构成二进制或 2^n 进制计数器最为方便。但实用中有大量非 2 的整数幂的计数器,例如十进制、十二进制、十六进制等。

本任务主要介绍一种用反馈复零法构成的任意进制(又称 N 进制)计数器,图 3-96 是其电路结构,图中"$\frac{n}{}$"的单线表示 n 根输入线的简化画法。当计数器计数到 N 时,反馈与非门的输入端全部为 1,输出端即为 0。由于与非门的输出端与计数器复位端 $\overline{R_D}$ 相连,强迫触发器全部复位,使计数器重新回到起始状态。这种构成任意进制计数器的方法,称为反馈复零法。

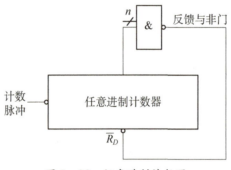

图 3-96 任意进制计数器

下面以十进制计数器为例,说明反馈复零的工作过程。

图 3-97 是十进制加法计数器的逻辑电路,可以看出将 FF1、FF3 的输出端 Q_1、Q_3 接到反馈与非门的输入端,然后将与非门的输出反馈给各触发器的直接复位端 $\overline{R_D}$。

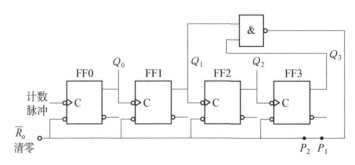

图 3-97 十进制加法计数器

计数器从起始状态 $Q_3Q_2Q_1Q_0 = 0000$ 开始计数，在第十个计数脉冲下降沿出现时，计数器状态变为 $Q_3Q_2Q_1Q_0 = 1010$，即十进制的10。此时 Q_1、Q_3 的输出均为高电平，经过与非门后成为低电平，再反馈至各触发直接复位端，强迫它们清零，于是计数器回到原来的起始状态，$Q_3Q_2Q_1Q_0 = 0000$。因为该电路是每 10 个计数脉冲为一个计数循环，因此是十进制计数器。

应当指出，反馈复零法有可靠性差的缺点，由于各触发器的翻转时间可能不完全一致，假如 FF1 比 FF3 先复位，使 Q_1 为 0，经与非门的输出由 0 变 1，以致清零信号消失，此时 FF1 比 FF3 先复位，使 Q_1 为 0，经与非门的输出由 0 变 1，以致清零信号消失，此时 FF3 尚未复位，其状态仍是 1，这就造成计数差错。

为了克服这一个缺点，可增设图 3-98 所示的由基本 RS 触发器构成的记忆单元，将它插在图中的 P_1 与 P_2 之间。当第十个脉冲结束时，计数器状态为 $Q_3Q_2Q_1Q_0 = 1010$，即 $Q_3=1$、$Q_1=1$、$P_1=0$，$P_2=0$，使各触发器全部清零。此时若 Q_1 先变为 0，使 $P_1=1$，但 P_2 仍为 0，这就是对清零信号的"记忆"作用。直到第 11 个计数脉冲到来时，基本 RS 触发器同时收到该脉冲，使 $\bar{S}=0$，$P_2=1$，清零信号从此消失。这就保证了各位触发器有足够的清零时间，提高了计数器的可靠性。

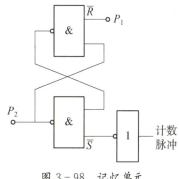

图 3-98 记忆单元

用反馈复零法除了能实现十进制计数器外，还可组成其他进制的计数器。例如若为六进制计数器，反馈与非门输入端则应接 Q_2 和 Q_1；七进制计数器，反馈与非门输入端应接 Q_2、Q_1、Q_0。

对于一些容量较大的计数器（或分频器），可以将两个以上的计数器串接起来。例如用六进制计数器与四进制计数器串联后，就可构成廿四进制计数器。

（二）制动灯故障检测器

图 3-99 为制动灯故障检测器，该电路用一块 CMOS 与非门数字集成电路 CD4011 接成非门的形式，用来自动监测汽车制动灯的工作状况，在图中 XD_1、XD_2 为尾部制动信号灯，LED_1 和 LED_2 为驾驶室内的工作指示灯，其工作状态和尾部信号灯相对应，K 为制动开关。

当信号灯 XD_1、XD_2 完好时，由于灯丝阻值较小，故二极管和与非门 1、与非门 3 的输入端全为低电平，与非门 2、与非门 4 的输出端也为低电平，发光二极管 LED_1、LED_2 均不亮。当 XD_1 或 XD_2 断路时，与非门 1 或与非门 3 的输入端由于 R_1、R_2 的接入变高电平，故与非门 2、与非门 4 的输出端为高电平，发光二极管亮。LED_1 和 XD_1 相对应。LED_2 和 XD_2 相对应。

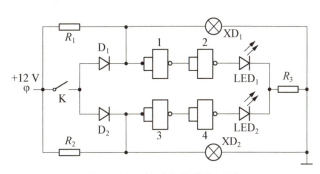

图 3-99 制动灯故障检测器

(三) 555 转向闪光讯响器

闪光讯响器是由 555 集成电路、转向灯开关 K、指示信号灯 ZD 以及讯响器 Y 等组成。555 集成块和 R_1、W、C_1 等组成的无稳态多谐振荡器，其振荡周期 $T=0.693(R_1+2W)C_1$，图 3-100 所示参数的最低频率为 1 Hz 左右，调节 W 可改变其震荡频率，占空比接近 1∶1，T_1 和 T_2 为驱动级。当汽车左转弯时，按一下转向开关 K，左转向灯闪亮，与此同时，扬声器 Y 发出"滴滴"的转向提醒声，汽车右转弯时，其情况于此类同。

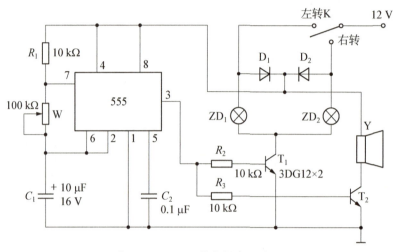

图 3-100 555 转向闪光讯响器

(四) 门锁控制系统

有门电路组成的门锁控制系统的控制电路如图 3-101 所示。为了避免电动机通电时间长引起发热，利用定时器限制通电时间。

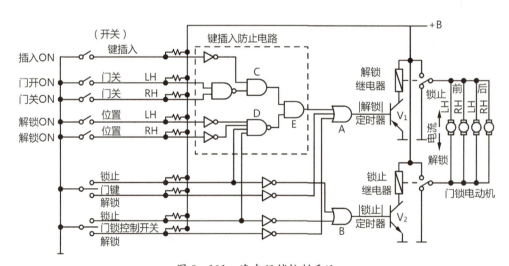

图 3-101 汽车门锁控制系统

1. 闭锁/开锁动作

利用门钥匙开关或门控制开关使触点位于开锁侧,则向"或"门 A 输出"1",开锁定时器进行工作,约 0.2s 晶体管 V1 处于接通状态,所有门锁电动机电流向下流动,开锁(处于脱开状态)。"与"门 E 的输出,只要不把钥匙插入发动机锁孔中,则处于"0"位置,所以与"或"门的输出无关。

利用门钥匙开关或门控制开关进行上锁操作,则向"或"门 B 输出"1",闭锁定时器工作,约 0.2s 晶体管 V2 接通,所有门锁电动机电流向上流动,处于锁闭状态。

2. 防止键锁闭

防止键锁闭是指若已执行了门锁操纵,而一侧前门打开并且点火开关钥匙仍插在锁芯内,则所有的车门会自动打开,以防止点火开关钥匙遗忘在汽车内。

图 3-101 中的虚线部分是钥匙插入防止电路。当钥匙插入发动机锁孔没有拔出时,驾驶座或前排乘员座的门开着,"与"门 C 输出"1",这时,操作门锁按钮,使门锁机构处于上锁状态,则位置开关处于断开,与非门 D 输出"1",使解锁定时器工作,电动机向解锁一侧驱动,不使形成闭锁状态。这时,驾驶员必须注意把钥匙从发动机锁孔拔出。

(五) PWM 控制

1. 概念

PWM 控制——脉冲宽度调制技术,通过对一系列脉冲的宽度进行调制,来等效地获得所需要的波形(含形状和幅值),PWM 控制技术在逆变电路中应用最广,应用的逆变电路绝大部分是 PWM 型,广泛应用在从测量、通信到功率控制与变换的许多领域中。

2. 基本原理

PWM 控制方式就是对逆变电路开关器件的通断进行控制,使输出端得到一系列幅值相等的脉冲,用这些脉冲来代替正弦波所需要的波形。也就是在输出波形的半个周期中产生多个脉冲,使各脉冲的等值电压为正弦波形,所获得的输出平滑且低次谐波少。按一定的规则对各脉冲的宽度进行调制,即可改变逆变电路输出电压的大小,也可改变输出频率。

在 PWM 波形中,各脉冲的幅值是相等的,要改变等效输出正弦波的幅值时,只要按同一比例系数改变各脉冲的宽度即可,因此在交—直—交变频器中,PWM 逆变电路输出的脉冲电压就是直流侧电压的幅值。

3. 特点

PWM 的优点之一是从处理器到被控系统信号都是数字形式的,无须进行数模转换,让信号保持为数字形式可将噪声影响降到最小。噪声只有在强到足以将逻辑 1 改变为逻辑 0 或将逻辑 0 改变为逻辑 1 时,才能对数字信号产生影响。

对噪声抵抗能力的增强是 PWM 相对于模拟控制的另外一个优点,而且这也是在某些时候将 PWM 用于通信的主要原因。从模拟信号转向 PWM 可以极大地延长通信距离。在接收端,通过适当的 RC 或 LC 网络可以滤除调制高频方波并将信号还原为模拟形式。

本任务主要介绍了数字电路的概述、逻辑代数、基本逻辑门电路、集成触发器。

数字电路的概述讲了处理数字信号的电路就是数字电路,也称为逻辑电路。数字电路结构简单,易于制造,便于集成化系列化生产,成本低廉,使用方便。还描述了数制和码制。

逻辑代数就是用以描述逻辑关系、反映逻辑变量运算规律的数学,它是按照一定的逻辑规律进行运算的。它由逻辑变量(用字母表示)、逻辑常量("0"和"1")和逻辑运算符("与""或""非")组成。逻辑电路的输入量和输出量之间的关系是一种因果关系,它可以用逻辑表达式来描述。

基本逻辑门电路是在数字电路中,由开关元件组成的可以实现一定逻辑关系的电路,简称门电路。基本门电路有"与"门、"或"门、"非"门等。

集成触发器是构成时序逻辑电路的基本单元,主要介绍了基本RS触发器、同步RS触发器、JK触发器、D触发器。

一、判断题

1. 8421 码 1001 比 0001 大。 ( )
2. 因为逻辑表达式 A＋B＋AB＝A＋B 成立,所以 AB＝0 成立。 ( )
3. 数字电路中用"1"和"0"分别表示两种状态,二者无大小之分。 ( )
4. RS 触发器的约束条件 RS＝0 表示不允许出现 R＝S＝1 的输入。 ( )
5. 逻辑函数 $F = \overline{ABCD} + A + B + C + D = 0$。 ( )

二、选择题

1. 十进制数 25 用 8421BCD 码表示为(　　)。【单选题】
   A. 10101　　　B. 00100101　　　C. 100101　　　D. 10101
2. 以下表达式中符合逻辑运算法则的是(　　)。【单选题】
   A. $C \cdot C = C^2$　　　　　　　　B. $1 + 1 = 10$
   C. $0 < 1$　　　　　　　　　　　D. $A + 1 = 1$
3. 在何种输入情况下,"与非"运算的结果是逻辑0。(　　)【单选题】
   A. 全部输入是 0　　　　　　　B. 任一输入是 0
   C. 仅一输入是 0　　　　　　　D. 全部输入是 1
4. 下列四个数中,与十进制数 10 不相等的是(　　)。【单选题】
   A. 16　　　B. 2　　　C. 8421BCD　　　D. 8
5. 最常用的 BCD 码是(　　)。【单选题】
   A. 5421 码　　B. 8421 码　　C. 余 3 码　　D. 循环码

三、简答题

1. 用真值表证明 $\overline{AB} + A\overline{B} = (\overline{A} + \overline{B})(A + B)$。
2. 对应画出信号波形经过与非门后的波形图 Y。

   输入波形图 A 为

项目四　电力器件及电力电路

项目概述

电力电子技术的应用已经深入新能源汽车电力驱动系统的各方面,如驱动车辆的驱动电机、DC-DC转换器、车载充电机、电机控制器等相关部件的应用,说明电力电子器件和车用ECU为代表的控制元件,已经是新能源汽车正常运行不可或缺的部件。新能源汽车的正常工作,不仅用到各种大功率电力器件和机械器件,还包括各种控制电路。

本项目详细介绍了新能源汽车相关的大功率电子器件、大功率机械器件、AC-DC电路、DC-AC电路、DC-DC电路、AC-AC电路等相关内容,希望通过本项目的学习能掌握大功率电力电子器件结构特点和控制电路的组成与原理。

任务 1　大功率电子器件

1. 了解大功率电子器件的类型。
2. 掌握电力二极管的结构及工作原理。
3. 掌握晶闸管的结构、工作原理及工作特性。
4. 掌握电力晶体管的结构、工作原理及工作特性。
5. 掌握电力场效应晶体管的结构、工作原理。
6. 掌握绝缘栅双极型晶体管的结构、工作原理及工作特性。
7. 掌握智能功率模块的组成及工作原理。

小鹏家的电磁炉控制板按键和指示灯都亮,但是无法加热,送进专门的维修店进行维修,经过维修人员检测,发现电磁炉内部的 IGBT 损坏了,需要更换或维修。想一想,为什么 IGBT 损坏,电磁炉无法加热。请学习大功率电子器件的相关知识,解释其中的道理。

知识储备

随着半导体制造技术和变流技术的发展,一代一代的电力电子器件相继问世,使它的应用领域迅猛扩大,相继出现了电力晶体管(GTR)、门极关断晶闸管(GTO)、电力场效应晶体管(MOSFET)等二代电力电子器件。新能源汽车应用的各类电力电子器件也越来越多,因此,掌握各类电力电子器件的作用、结构和原理就尤为重要。

一、电力二极管

电力二极管(Power Diode,PD)是指可以承受高电压、大电流,具有较大耗散功率的二极管,它与其他电力电子器件相配合,作为整流、续流、电压隔离、钳位或保护元件,在各种变流电路中发挥着重要作用。电力二极管在 20 世纪 50 年代初期就获得应用,当时也被称为半导体整流器,它的基本结构和工作原理与电子电路中的二极管是一样的,都以半导体 PN 结为基础,实现正向导通、反向截止的功能;电力二极管是不可控器件,其导通和断开完全是由其在主电路中承受的电压和电流决定的。

（一）电力二极管组成

电力二极管主要由一个 PN 结和两个引出极组成，它的 PN 结面积较大，两个引出极分别为阳极 A 和阴极 K，其结构如图 4-1 所示。电力二极管使用的图形符号也与中、小功率电力二极管一样，其结构简图和图形符号如图 4-2 所示。

图 4-1 电力二极管结构

(a) 结构简图　　(b) 图形符号

图 4-2 电力二极管结构简图和图形符号

由于电力二极管的功耗较大，它的外形有螺旋式和平板式两种。螺旋式二极管的阳极紧拴在散热器上；平板式二极管又分为风冷式和水冷式，它的阳极和阴极分别由两个彼此绝缘的散热器紧紧夹住。

（二）电力二极管基本特征

电力二极管的基本特征与中小功率二极管基本相同，下面主要从 PN 结的基本性能和电力二极管的特征与参数两方面介绍。

1. PN 结的基本性能

（1）PN 结的单向导电性：PN 结呈低阻状态。

若在 PN 结上加正向电压，即外电源的正极接 P 区，负极接 N 区，也称为正向偏置。此时外加电压在 PN 结中产生的外电场和内电场方向相反，电场被削弱，多数载流子的扩散运动增强，形成较大的扩散电流（正向电流），此即为 PN 结的单向导电性，电流方向是从 P 指向 N。在一定范围内，外电场愈强，正向电流（由 P 区流向 N 区的电流）愈大。正向偏置时，PN 结呈现的电阻很低，一般为几欧到几百欧。

由此可见，PN 结具有单向导电性。在 PN 结上加正向电压时，PN 结电阻很低，正向电流较大，PN 结处于正向导通状态。

（2）PN 结的反向截止状态：PN 结呈高阻状态。

若在 PN 结上加反向电压，即外电源的正极接 N 区，负极接 P 区，也称为反向偏置。此时外加电压在 PN 结中产生的外电场和内电场方向一致，也破坏了扩散和漂移运动的平衡。外电场驱使空间电荷区两侧的空穴和自由电子移动，使得空间电荷增强，空间电荷区变宽，内电场增强，使多数载流子的扩散运动很难进行。同时，内电场的增强也加强了少数载流子的漂移运动。由于少数载流子数量很少，因此反向电流不大，即 PN 结呈现的反向电阻很高，可以认为PN结基本上不导电,处于截至状态。反向电阻一般为几千欧到十几兆欧。

由此可见,PN结具有反向截止特性。在PN结上加反向电压时,PN结电阻很高,反向电流很小,PN结处于截至状态。

(3) PN结的反向击穿。

PN结的反向击穿有雪崩击穿和齐纳击穿两种形式,一般两种击穿同时存在。

齐纳击穿电压低于5~6 V,击穿可恢复。齐纳二极管(稳压二极管)击穿后可以自愈,是一种正常工作状态,齐纳二极管就工作在齐纳击穿区。当齐纳二极管的反向基础电流超过其允许的最大击穿电流数倍时,齐纳二极管也会发生雪崩击穿,现象是二极管短路报废。

雪崩二极管电压高于5~6 V,击穿不可恢复,是一种非正常的工作状态,一旦二极管工作在雪崩击穿区,该二极管即已损坏,表现为短路,失去半导体特性。

(4) PN结的电容效应。

PN结的电荷量随外加电压变化,呈现电容效应,称为结电容CJ,又称为微分电容。结电容按其产生机制和作用的差别分为势垒电容CB和扩散电容CD。

势垒电容只在外加电压变化时才起作用,外加电压变化频率越高,势垒电容作用越明显。势垒电容的大小与PN结截面积成正比,与阻挡层厚度成反比。

扩散电容仅在正向偏置时起作用。在正向偏置时,当正向电压较低时,以势垒电容为主;正向电压较高时,扩散电容为结电容主要成分。结电容影响PN结的工作频率,特别是在高速开关的状态下,可能使其单向导电性变差,甚至不能工作,应用时应加以注意。

2. 电力二极管的特性与主要参数

电力二极管的特性从静态特性和动态特性两个方面进行介绍。

(1) 静态特性。

电力二极管的静态特性主要指其伏安特性。当电力二极管承受的正向电压大到一定值(门槛电压U_{TO}),正向电流才开始明显增加,处于稳定导通状态。与正向电流I_T对应的电力二极管两端的电压U_T即为其正向电压降(0.7 V)。当电力二极管承受反向电压时,只有少子引起的微小而数值恒定的反向漏电流,如图4-3所示。

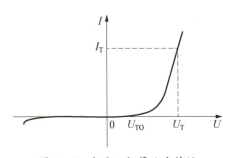

图4-3 电力二极管伏安特性

(2) 动态特性。

动态特性主要是指开关特性,反映导通状态和关断状态之间的转换过程。因结电容的存在,三种状态之间的转换必然有一个过渡过程,此过程中的电压-电流特性是随时间变化的。

关断特性反映的是正向偏置转换为反向偏置的过程,如图4-4(a)所示,其关断时间受延迟时间、电流下降时间和反向恢复时间的影响。延迟时间为$t_d=t_1-t_0$,其中,t_1为反向电流达最大值的时刻,t_0为正向电流降为零的时刻;电流下降时间:$t_f=t_2-t_1$,其中,t_2为电流变化率接近于零的时刻;反向恢复时间:$t_{rr}=t_d+t_f$。关断过程须经过一段短暂的时间才能重新获得反向阻断能力,进入截止状态。在关断之前有较大的反向电流出现,并伴随有明显的反向电压过冲。

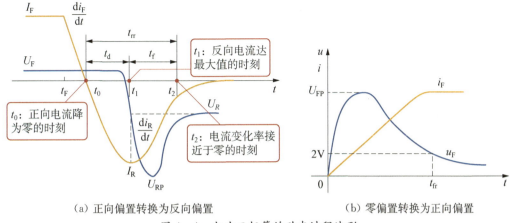

(a) 正向偏置转换为反向偏置　　　　(b) 零偏置转换为正向偏置

图 4-4　电力二极管的动态过程波形

开通特性反映的零偏置转换为正向偏置的过程,如图 4-4(b)所示。电力二极管的正向压降先出现一个过冲 U_{FP},经过一段时间才趋于接近稳态压降的某个值(如 2 V)。这一动态过程时间被称为正向恢复时间 t_{FR}。

(三) 电力二极管类型

电力二极管的应用范围广,种类也很多。按照其性能和特性不同,电力二极管分为不同的类型。常见的电力二极管主要有普通二极管、快速恢复二极管、肖特基二极管。

1. 普通二极管

普通二极管(General Purpose Diode)又称整流二极管(Rec TIfier Diode),多用于开关频率不高(1 kHz 以下)的整流电路中。其反向恢复时间较长,一般在 5 s 以上。正向电流定额和反向电压定额可以达到很高,分别可达数千安和数千伏以上。

普通二极管按照所用的半导体材料不同,可分为锗二极管和硅二极管;按管芯结构不同,可分为图 4-5 所示的点接触型二极管、面接触型二极管和平面型二极管;根据用途不同,又可分为整流二极管、检波二极管、开关二极管等。

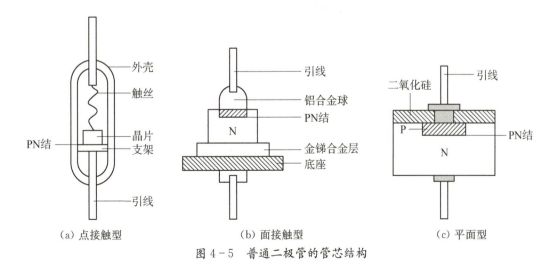

(a) 点接触型　　　　(b) 面接触型　　　　(c) 平面型

图 4-5　普通二极管的管芯结构

点接触型二极管是用一根很细的金属触丝压在光洁的半导体表面上,通以强脉冲电流,使触丝一端和半导体牢固地烧结在一起,构成 PN 结,如图 4-5(a)所示。点接触型二极管一般为锗管,PN 结的结面积很小,不能通过较大电流,但高频性能好,一般适用于高频和小功率的工作,也用作数字电路中的开关元件。国产锗二极管的 2AP 系列、2AK 系列都是点接触型的。面接触型二极管的 PN 结面积较大,并做成平面状,如图 4-5(b)所示。面接触型二极管一般为硅管,它的 PN 结面积大,能允许通过较大的电流,但由于其结电容也大,所以一般用于较低频率的整流电路中如对电网的交流电进行整流。国产大部分 2CP 系列和 2CZ 系列的二极管都是面接触型的。平面型二极管一般用于集成电路制造工艺中。它的 PN 结面积可大可小,如图 4-5(c)所示为一种平面型 PN 结,可用在高频整流和开关电路中。

2. 快速恢复二极管

快速恢复二极管的恢复过程很短,特别是反向恢复过程很短,一般 5 μs 以下,也简称快速二极管。快速恢复二极管是一种具有开关特性好、反向恢复时间短特点的半导体二极管,如图 4-6 所示。主要应用于开关电源、PWM 脉宽调制器、变频器等电子电路中,作为高频整流二极管、续流二极管或阻尼二极管使用。快速恢复二极管的内部结构有采用 PN 结构类型,也有改进的 PIN 结构型二极管。PIN 结构型二极管是在 P 型硅材料与 N 型硅材料中间增加了基区 I,构成 PIN 硅片。这种类型的二极管基区很薄,反向恢复压降很低,反向恢复时间较短(可低于 50 ns),正向压降较低(0.9 V 左右),但其反向击穿电压(耐压值)较高,约为 400 V 以下。

图 4-6 快速恢复二极管

快速恢复二极管从性能上可分为快速恢复和超快速恢复两个等级。快速恢复二极管的反向恢复时间为数百纳秒或更长;超快速恢复二极管的恢复时间则在 100 ns 以下,甚至达到 20~30 ns。

3. 肖特基二极管

以金属和半导体接触形成的势垒为基础的二极管称为肖特基势垒二极管(Schottky Barrier Diode,SBD),简称为肖特基二极管。

肖特基二极管在结构原理上与 PN 结二极管有很大区别,它的内部是由阳极金属(金、银、铝、钼、铂等材料制造成阻挡层)、二氧化硅消除边缘区域的电场(提高管子耐压)、N⁻ 外延层、N 型硅基片、N^+ 阴极层及阴极金属等构成,如图 4-7 所示,在 N 型基片和阳极金属之间形成肖特基势垒。

肖特基二极管反向恢复时间很短(10～40 ns),正向恢复过程中也不会有明显的电压过冲;在反向耐压较低的情况下其正向压降也很小,明显低于快速恢复二极管。因此,其开关损耗和正向导通损耗都比快速恢复二极管小、效率高。但当反向耐压提高时其正向压降也会高得不能满足要求,因此多用于 200 V 以下的低压场合;其反向漏电流较大且对温度敏感,因此反向稳态损耗不能忽略,而且必须更严格地限制其工作温度。

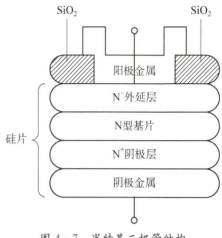

图 4-7 肖特基二极管结构

二、晶闸管

晶闸管(Thyristor)是晶体闸流管的简称,又可称为可控硅整流器,以前被简称为可控硅。1957 年,美国通用电气公司开发出世界上第一款晶闸管产品,并于 1958 年将其商业化。晶闸管是一种开关元件,可以实现小电流控制大电流。它具有硅整流器件的特性,能在高电压、大电流条件下工作,且其工作过程可以控制,被广泛应用于可控整流、交流调压、无触点电子开关、逆变及变频等电子电路中。

(一)晶闸管类型

按照不同的分类标准,晶闸管可以分为不同的类型。

1. 按控制方式分

晶闸管按其关断、导通及控制方式可分为普通晶闸管(SCR)、双向晶闸管(TRIAC)、逆导晶闸管(RCT)、门极关断晶闸管(GTO)、BTG 晶闸管、温控晶闸管(TT 国外,TTS 国内)和光控晶闸管(LTT)等多种。

2. 按引脚和极性分

晶闸管按其引脚和极性可分为二极晶闸管、三极晶闸管和四极晶闸管。

3. 按封装形式分

晶闸管按其封装形式可分为金属封装晶闸管、塑封晶闸管和陶瓷封装晶闸管三种类型。其中,金属封装晶闸管又分为螺栓形、平板形、圆壳形等多种;塑封晶闸管又分为带散热片型和不带散热片型两种。

4. 按电流容量分

晶闸管按电流容量可分为大功率晶闸管、中功率晶闸管和小功率晶闸管三种。通常,大功率晶闸管多采用陶瓷封装,而中、小功率晶闸管则多采用塑封或金属封装。

5. 按关断速度分

晶闸管按其关断速度可分为普通晶闸管和快速晶闸管。快速晶闸管包括所有专为快速应用而设计的晶闸管,有常规的快速晶闸管和工作在更高频率的高频晶闸管,可分别应用于 400 Hz 和 10 kHz 以上的斩波或逆变电路中。

(二) 晶闸管结构和工作原理

晶闸管是四层三端器件,它有三个极:阳极 A、阴极 K 和门极 G,并形成 3 个 PN 结:J_1、J_2、J_3,如图 4-8(a)所示。为了说明晶闸管的工作原理,从 N_1 和 P_2 中间将晶闸管分为两个部分,如图 4-8(b)所示,分别构成 $P_1N_1P_2$ 晶体管和 $N_1P_2N_2$ 晶体管,这样可以把晶闸管等效为两只晶体管组成的一对互补管,其中左下部分为 NPN 型管,右上部分为 PNP 型管。晶闸管的电路图如图 4-8(c)所示,对于 $P_1N_1P_2$ 晶体管,P_1N_1 为发射结,N_1P_2 为集电结;对于 $N_1P_2N_2$ 晶体管,P_2N_2 为发射结,N_1P_2 为集电结,因此 N_1P_2 为公共集电结。当晶闸管受正向阳极电压(A、K 两端加正电压)时,J_1 和 J_3 结为正向偏置,则中间结 J_2 为反向偏置。当晶闸管承受反向阳极电压时(A、K 两端加反电压)时,中间结 J_2 为正向偏置,而 J_1 和 J_3 结均为反向偏置。在晶闸管未导通时,加正向电压时的外加电压由反向偏置的 J_2 结承担;而加反向电压时的外加电压主要由反向偏置的 J_1 结承担(这是由晶闸管的制造工艺和结构决定的)。

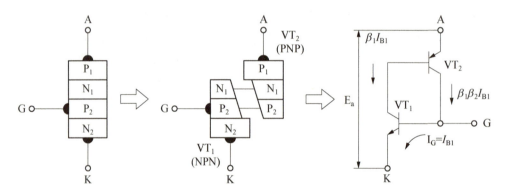

图 4-8　晶闸管结构与符号

当接上电源 E_a 后,晶体管 VT_1 及 VT_2 都处于放大状态,若在 G、K 极间加入一个正触发信号,就相当于在 VT_1 基极与发射极回路中有一个控制电流 I_C,它就是 VT_1 的基极电流 I_{B1}。经放大后,VT_1 产生集电极电流 I_{C1}。此电流流出 VT_2 的基极,成为 VT_2 的基极电流 I_{B2}。于是,VT_2 产生了集电极电流 I_{C2}。I_{C2} 再流入 VT_1 的基极,再次得到放大。这样依次循环下去,一瞬间便可使 VT_1 和 VT_2 全部导通并达到饱和。所以,当晶闸管加上正向电压后,一输入触发信号,它就会立即导通。晶闸管一经导通后,由于导致 VT_1 基极上总是流过比控制极电流 I_C 大得多的电流,所以即使触发信号消失后,晶闸管仍旧能保持导通状态。只有降低电源电压 E_a,使 VT_1、VT_2 集电极电流小于某一维持导通的最小值,晶闸管才能转为关断状态。

如果把电源 E_a 反接,VT_1 和 VT_2 都不具备放大工作条件,即使有触发信号,晶闸管也无法工作而处于关断状态。同样,在没有输入触发信号或触发信号极性相反时,即使晶闸管加上正向电压。它也无法导通。上述的几种情况如图 4-9 所示。

总而言之,单向晶闸管具有可控开关的特性,但是这种控制作用是触发控制,它与一般半导体晶体管构成的开关电路的控制作用是不同的。

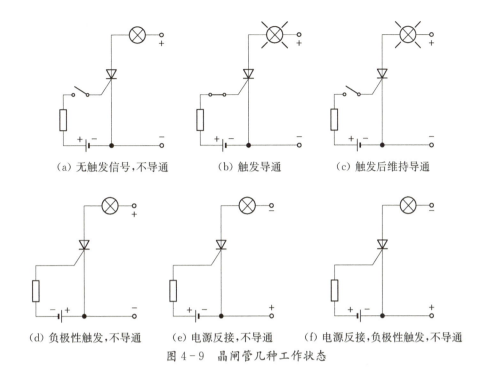

图 4-9　晶闸管几种工作状态

（三）晶闸管的工作特性

1. 静态特性

（1）正常工作时的特性。

① 当晶闸管承受反向电压时，不论门极是否有触发电流，晶闸管都不会导通。

② 当晶闸管承受正向电压时，仅在门极有触发电流的情况下晶闸管才能开通。

③ 晶闸管一旦导通，门极就失去控制作用，不论门极触发电流是否还存在，晶闸管都保持导通。

④ 若要使已导通的晶闸管关断，只能利用外加电压和外电路的作用使流过晶闸管的电流降到接近于零的某一数值以下。

（2）晶闸管伏安特性。

晶闸管阳极与阴极间的电压和晶闸管阳极电流的关系，简称晶闸管的伏安特性。简单的晶闸管主电路如图 4-10 所示。晶闸管正向硬特性位于第一象限内，反向特性位于第三象限内。

① 晶闸管反向伏安特性。

晶闸管的反向特性是指晶闸管的反向阳极电压（阳极相对阴极为负电压）与阳极漏电流的伏安特性。晶闸管的反向伏安特性与一般二极管的伏安特性相似。正常情况下，晶闸管承受反向阳极电压时，晶闸管总是处于阻断状态，只有极小的反向漏电流通过；当反向阳极电压增加到一定值时（到反向击穿电压后），若外电路无限制措施，则反向漏电流急剧增大，若反向阳极电压继续增大，将导致晶闸管发热损坏，其反向伏安特性如图 4-11 所示。

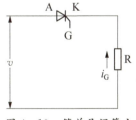

图 4-10　简单晶闸管主电路

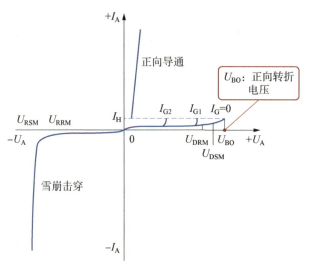

图 4-11 晶闸管反向伏安特性

② 晶闸管正向伏安特性。

晶闸管的正向特性是指晶闸管的正向阳极电压(阳极相对阴极为正电压)与阳极漏电流的伏安特性,包括通态和断态两种情况,如图 4-12 所示:

a. 在门极电流 $I_G=0$ 时,晶闸管处于关断状态,只有很小的漏极电流,这时逐渐增大晶闸管的正向阳极电压,当达到正向转折电压 U_{BO} 时,漏电流突然剧增,特性曲线从高阻区经负阻区到达低阻区,晶闸管从阻断状态转化为导通状态。

b. 晶闸管处于导通状态时,晶闸管的特性和一般二极管的正向伏安特性相似,即通过较大的阳极电流,而晶闸管本身的导通电压将很小,约为 1V 左右。在正常工作时,不允许把正向阳极电压加到转折值 U_{BO},而是靠门极的触发电流 I_G 使晶闸管导通,晶闸管门极的触发电流 I_G 越大,阳极电压转折点越低。晶闸管导通后,逐步减小阳极电流,当阳极电流 I_A 小于某一临界值时,晶闸管由导通变为阻断。这一临界值 I_H 是维持晶闸管导通所需的最小电流,称为维持电流。

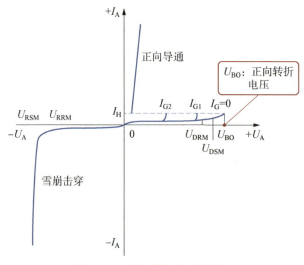

图 4-12 晶闸管正向伏安特性

2. 动态特性

晶闸管的动态特性主要描述开通和关断的过程,根据其如图 4-13 所示的开通和关断波形分析其开通过程和关断过程。

(1) 开通过程。

① 由于晶闸管内部的正反馈过程需要时间,再加上外电路电感的限制,晶闸管受到触发后,其阳极电流的增长不可能是瞬时的。

② 延迟时间 t_d(0.5～1.5 μs);上升时间 t_r(0.5～3 μs);开通时间 $t_{gt}=t_d+t_r$。

③ 延迟时间随门极电流的增大而减小,上升时间除反映晶闸管本身特性外,还受到外电路电感的严重影响。提高阳极电压,延迟时间和上升时间都可显著缩短。

(2) 关断过程。

① 由于外电路电感的存在,原处于导通状态的晶闸管当外加电压突然由正向变为反向时,其阳极电流在衰减时必然也是有过渡过程的。

② 反向阻断恢复时间 t_{rr};正向阻断恢复时间 t_{gr};关断时间 $t_q=t_{rr}+t_{gr}$。

③ 关断时间约几百微秒。

在正向阻断恢复时间内如果重新对晶闸管施加正向电压,晶闸管会重新正向导通,而不是受门极电流控制而导通。

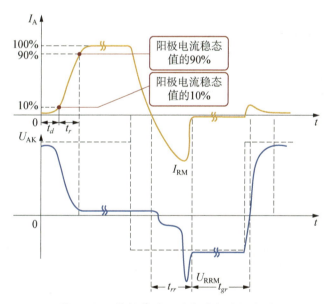

图 4-13 晶闸管的开通和关断过程波形

(四) 晶闸管主要参数

晶闸管的主要参数有电压参数、电流参数和门极参数,下面分别进行介绍。

1. 晶闸管电压参数

(1) 正向断态重复峰值电压 U_{DRM}。

正向断态重复峰值电压 U_{DRM},是指晶闸管在正向阻断时,允许加在 A、K 两端出现重复最大的电压瞬时值。规定正向关断状态电压重复峰值电压 U_{DRM} 为正向不重复峰值电压 V_{DSM} 的 90%。

(2) 反向关断状态重复峰值电压 U_{RRM}。

反向关断状态重复峰值电压 U_{RRM}，是指晶闸管在门极 G 断路时，允许加在 A 和 K 极间（两端）出现重复的最大反向峰值电压。此电压约为反向击穿电压减去 100 V 后的峰值电压。

(3) 额定电压。

正向断态重复峰值电压 U_{DRM} 和反向关断状态重复峰值电压 V_{RRM} 中较小的那个数值为器件的额定电压。晶闸管承受电压的能力较差，为防止晶闸管因承受正向电压过大而引起误导通或因承受反向电压过大被反向击穿，因而，工作中，一般选用晶闸管的额定电压为其工作电压的 2～3 倍。

(4) 正向平均电压降 U_F。

正向平均电压降 U_F 也称通态平均电压或通态压降 U_T，是指在规定环境温度和标准散热条件下，当通过晶闸管的电流为额定电流时，其阳极 A 与阴极 K 之间电压降的平均值，通常为 0.4～1.2 V。

(5) 正向转折电压 U_{BO}。

晶闸管的正向转折电压 U_{BO} 是指在额定结温为 100℃ 且门极 G 开路的条件下，在其阳极 A 与阴极 K 之间加正弦半波正向电压，使其由关断状态转变为导通状态时所对应的峰值电压。

(6) 反向击穿电压 U_{BR}。

反向击穿电压是指在额定结温下，晶闸管阳极与阴极之间施加正弦半波反向电压，当其反向漏电电流急剧增加时对应的峰值电压。

(7) 导通状态电压 U_{TM}。

晶闸管通过一倍或规定倍数额定电流值时的瞬态峰值电压，从减小损耗和器件发热的观点出发，应选择 U_{TM} 较小的晶闸管。

2. 晶闸管电流参数

(1) 通态平均电流 I_{TA}。

所谓通态平均电流 I_{TA}，是指在规定环境温度和标准散热条件下，晶闸管正常工作时 A、K 极间所允许通过电流的平均值。

(2) 维持电流 I_H。

维持电流 I_H，是指维持晶闸管导通状态所必需的最小电流。当正向电流小于 I_H 时，导通的晶闸管会自动关断。I_H 值一般为几十至一百多毫安。

(3) 断态重复峰值电流 I_{DRM}。

断态重复峰值电流 I_{DRM}，是指晶闸管在断态下的正向最大峰值电流值。

(4) 反向重复峰值电流 I_{RRM}。

反向重复峰值电流 I_{RRM}，是指晶闸管在关断状态下的反向峰值电流值。

(5) 擎住电流 I_L。

晶闸管刚从关断状态转入通态，并移除触发信号之后，能维持导通状态所需的最小的电流值。擎住电流的数值与工作条件有关。对于同一晶闸管来说，通常擎住电流约为维持电流的 2～4 倍，维持电流 I_H 是晶闸管导通后逐步减小电流，当导通电流 I_A 降低到 I_H 以下时晶闸管就关断了。

(6) 浪涌电流 I_{TSM}。

一种由于电路异常情况（如故障）引起的，并使结温超过额定结温的不重复性最大导通状态过载电流。浪涌电流用峰值表示，浪涌电流有两个级：L 级和 H 级。

3. 晶闸管门极参数

（1）门极触发电压 U_{GT}。

门极触发电压 U_{GT}，是指在规定的环境温度等条件下，使晶闸管从阻断状态转变为导通状态所需要的最小门极直流电压，一般为 1.5 V 左右。

（2）门极触发电流 I_{GT}。

门极触发电流 I_{GT}，是指在规定环境温度等条件下，使晶闸管从阻断状态转变为导通状态所需要的最小门极直流电流。

三、电力晶体管（GTR）

电力晶体管（Giant Transistor，GTR）是巨型晶体管的缩写，电力晶体管是由电子和空穴两种载流子运动而形成的，故又称为双极型电力晶体管。在各种自关断器件中，电力晶体管的应用最为广泛。在数百千瓦以下的低压电力电子装置中，使用最多的就是电力晶体管。

（一）电力晶体管（GTR）结构

电力晶体管的结构和工作原理都和小功率晶体管非常类似。电力晶体管是由三层硅半导体（两个 PN 结）构成的，它和小功率晶体管一样，也有 PNP 和 NPN 两种结构。即电力晶体管的中间是一块很薄的半导体，两边各为一块半导体，从 3 块半导体上各自引出一根引线就是晶体管的 3 个电极，B 为基极，C 为集电极，E 为发射极，如图 4-14(a)所示为 PNP 型电力晶体管结构，中间是 N 型半导体，两边各为一块 P 型半导体，B、C、E 为 3 个引出电极，其符号如图 4-14(b)所示；图 4-15(a)和(b)为 NPN 型电力晶体管结构和符号。

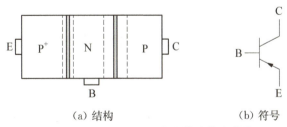

图 4-14 PNP 型电力晶体管结构和符号

PNP 的原理

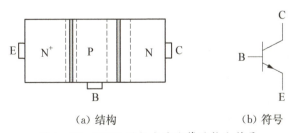

图 4-15 NPN 型电力晶体管结构和符号

NPN 的原理

因为在同样结构参数和物理参数的条件下，NPN 晶体管比 PNP 晶体管性能优越得多，所以高压、大功率电力晶体管多用 NPN 结构，本节主要研究这种结构的器件。

（二）电力晶体管（GTR）共发射极接法

晶体管电路有共发射极、共基极、共集电极三种接法。电力晶体管常用共发射极接法，如图 4-16 所示为电力晶体管内部主要载流子流动情况示意图。图 4-16 中，1 为从基极注入的越过正向偏置发射结的空穴，2 为与电子复合的空穴，3 为因热骚动产生的载流子构成的集电结漏电流，4 为越过集电结形成集电极电流的电子，5 为发射极电子流在基极中。

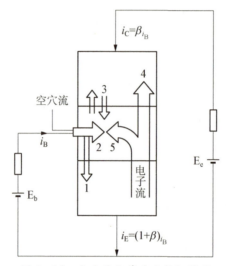

图 4-16 电力晶体管共发射极接法

集电极电流 i_C 与基极电流 i_B 的比为

$$\beta = i_C / i_B \tag{4-1}$$

式中，β 为电力晶体管的电流放大系数。

β 是一个很重要的参数，它反映了基极电流对集电极电流的控制能力，式（4-1）未考虑集电极与发射极间漏电电流 I_{CEO}。当考虑 I_{CEO} 时，i_C 和 i_B 的关系式为

$$i_C = \beta i_B + I_{CEO}$$

一般 I_{CEO} 很小，可以忽略不计，但当温度升高时，I_{CEO} 按指数规律增大，高温时 I_{CEO} 就不能忽略。

（三）电力晶体管（GTR）基本特性

1. 电力晶体管（GTR）静态特性

共发射极接法时的电力晶体管（GTR）典型输出特性分为：截止区、放大区和饱和区，如图 4-17 所示。电力电子电路中 GTR 工作在开关状态，即工作在截止区或饱和区。在截止区和饱和区之间过渡时，要经过放大区。U_{CEO} 为基极开路时集、射极之间的击穿电压；U_{CES}

为基极和发射极短接时集、射极之间的击穿电压;U_{CEX}为发射极反偏时集、射极之间的击穿电压;U_{CBO}为发射极开路时集电极与基极之间的击穿电压。

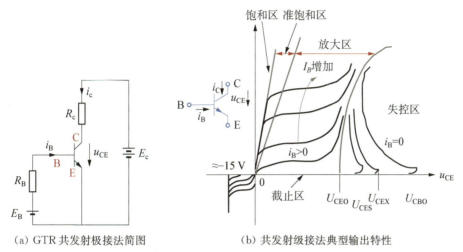

(a) GTR共发射极接法简图　　(b) 共发射级接法典型输出特性

图4-17　GTR共发射极接法及输出特性

(1) 截止区。

截止区，又称为阻断区，$i_B=0$，开关处于断态;GTR承受高电压而仅有极小的漏电流存在;集电结反偏，$U_{BC}<0$，发射结反偏，$U_{BE}<0$;或集电结反偏，$U_{BC}<0$，发射结偏压为零，$U_{BE}=0$。

(2) 放大区。

放大区又称为有源区，无论是共基极接法还是共发射极接法，只要集电结反偏电压达到一定值、发射结正偏，就工作于放大区。当集电结反偏电压达到一定值时，发射结注入的能达到集电结空间电荷区边界的载流子将全部被集电结空间电荷区电场扫到集电区，形成集电极电流。若基极电流不变时，再增加集电结反偏电压，集电极电流也不会有明显增加。但只要发射结电流(基极电流)增加，到达集电结空间电荷区边界的载流子数量也增加，于是集电极电流也随着增加，到达集电结空间电荷区边界的载流子数量也增加，于是集电极电流也随着增加。

放大状态时，i_C与i_B之间呈线性关系，特性曲线近似平直;$U_{BC}<0$，$U_{BE}>0$。对于工作于开关状态的GTR来说，应当尽量避免工作于放大区，否则功耗很大，要快速通过放大区，实现截止与饱和之间的状态转换。

(3) 饱和区。

工作于饱和状态时集电结、发射结均正向偏置。以共射极接法为例，随着基极电流增加，负载上电压增加，而电源电压不变，因此集电结反偏电压必须下降。当负载上电压增加到集电结反偏电压为零时，晶体管进入临界饱和状态，基极电流再增加时，晶体管的饱和加深，晶体管进入饱和时，集电极电流就不再明显增加了。饱和状态时发射结和集电结都正向偏置，饱和压降很小。

此时，开关处于通态，i_B变化时，i_C不再随之变化，导通电压和电流增益均很小，$U_{BC}>0$，$U_{BE}>0$。

(4) 准饱和区。

准饱和区，指有源区与饱和区之间的一段区域，即特性曲线明显弯曲的部分，i_C与i_B之间不再呈线性关系，$U_{BC} < 0$，$U_{BE} > 0$。

(5) 失控区。

当 U_{CE} 超过一定值时，晶体管进入失控区，会导致雪崩击穿。U_{CEO} 为基极开路，对应反向击穿电压；U_{CES} 为基极和发射极短路所对应的电压；U_{CEX} 为基极负偏置所对应的电压。

2. 电力晶体管（GTR）动态特性

(1) 开通过程。

延迟时间 t_d 和上升时间 t_r，二者之和为开通时间 t_{on}。t_d 主要是由发射结势垒电容和集电结势垒电容充电产生的。增大 I_{B1} 的幅值并增大 di_B/dt，可缩短延迟时间，同时可缩短上升时间，从而加快开通过程，如图 4-18 所示为电力晶体管开通和关断波形。

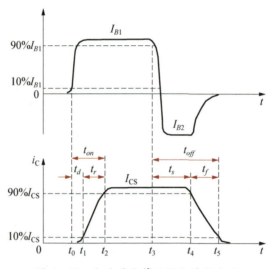

图 4-18 电力晶体管开通和关断波形

(2) 关断过程。

关断过程中，t_s 为储存时间，t_f 为下降时间，二者之和为关断时间 t_{off}。t_s 是用来除去饱和导通时储存在基区的载流子的，是关断时间的主要部分。减小导通时的饱和深度以减小储存的载流子，或者增大基极抽取负电流 I_{B2} 的幅值和负偏压，可缩短储存时间，从而加快关断速度。减小导通时的饱和深度的负面作用是使集电极和发射极间的饱和导通压降 U_{CES} 增加，从而增大通态损耗。GTR 的开关时间在几微秒以内，比晶闸管短很多。

（四）电力晶体管（GTR）特点

习惯上将耗散功率大于 1 W 的晶体管称为功率晶体管（Giant Transistor，GTR）。显然只有晶体管具有大的耗散功率才有可能获得大的输出功率，GTR 区别于小功率晶体管在于它能输出大的功率。GTR 的另一个重要性能是当温度和工作状态改变时的稳定性。由于 GTR 在大耗散功率下工作，当工作电流和工作电压变化时会导致 GTR 的温度急剧变化，这样又引起晶体管的工作状态急剧变化，还会在其内部产生大的机械应力，引起 GTR 损坏。因此，GTR 应有下列性能要求或参数：具有高的极限工作温度、小的热阻、小的饱和导通压降或饱和电阻、工作稳定可靠、大电流容量、高耐压和快的开关速度。

(五) GTR 的主要参数

GTR 的主要参数除了电流放大倍数 β、直流电流增益 h_{FE}（一般可认为 $h_{FE}=\beta$）、集射极间漏电流 I_{CEO}、集射极间饱和压降 U_{CES}、开通时间 t_{on} 和关断时间 t_{off} 外还有：

1. 最高工作电压 U_{CEM}

GTR 上电压超过规定值时会发生击穿，击穿电压不仅和晶体管本身特性有关，还与外电路接法有关。有 $U_{CBO}>U_{CEX}>U_{CES}>U_{CEO}$，实际使用时，为确保安全，最高工作电压要比 U_{CEO} 低得多。

2. 集电极最大允许电流 I_{CM}

通常规定为 h_{FE} 下降到规定值的 $\frac{1}{3}\sim\frac{1}{2}$ 时所对应的 I_C，实际使用时要留有裕量，只能用到 I_{CM} 的一半或稍多一点。

3. 集电结最大耗散功率 P_{CM}

集电结最大耗散功率 P_{CM} 是晶体管在热特性方面的指标。一般来讲，集电结消耗的功率比发射结大得多，因此晶体管总的消耗功率近似认为是集电结消耗的功率。耗散功率要产生热量，热量使集电结结温升高，结温升高使集电极电流增大，又使集电结结温升高，这是一个正反馈的过程。因此必须要有良好的散热条件，才能保证晶体管可靠工作。在开关状态下，GTR 的耗散功率 P_{CM} 主要来自导通损耗、截止损耗和开关损耗三个方面。

4. 二次击穿

当集电极电压升高至击穿电压时，I_C 迅速增大，出现雪崩击穿，此击穿即一次击穿。发生一次击穿时，I_C 增大，但集电结电压基本不变，只要 I_C 不超过限度，GTR 一般不会损坏，工作特性也不变。

当 I_C 增大到某个临界点时会急剧上升，并伴随集电极电压的陡然下降，出现负阻效应，这种现象称为二次击穿。二次击穿持续时间很短，一般在纳秒至微秒范围，常常立即导致器件的永久损坏，必须避免。

5. 安全工作区

为了确保 GTR 在开关过程中能安全可靠地工作，它的动态轨迹必须限定在特定的范围内，该范围被视为 GTR 的安全工作区（SOA），一般由 GTR 最大工作电流 I_{CM}、最大耗散功率 P_{CM}、最高工作电压 U_{CEM} 和二次击穿临界功率线 P_{SB} 4 条线直接围成，如图 4-19 所示。实际应用时，器件必须工作于安全工作区的范围内，以免损坏。

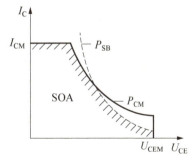

图 4-19 GTR 安全工作区

四、电力场效应晶体管

(一) 电力场效应晶体管的特点

电力场效应晶体管（Power Metal Oxide-semiconductor Field Effect Transistor, MOSFET）在线性放大和开关应用中与双极型晶体管相比有许多优点：

(1) 开关速度快,高频特性好。电力 MOSFET 是多数载流子器件,因而其固有开关速度高。由于没有双极型晶体管常见的少数载流子存储在基极的电荷,也就没有存储时间。高开关速度保证了在更高频率情况下的应用,从而减少了电抗部分的费用、尺寸和重量。电力 MOSFET 的开关速度主要取决于器件电容的充放电。

(2) 高输入阻抗,低驱动电流。电力 MOSFET 的栅极和源极之间由一层氧化层隔开,其直流电阻大于 40 MΩ。栅极加 10 V 电压时,器件处于全导通状态,这大大简化了驱动电路。在许多情况下,直接用 CMOS 和 TTL 逻辑集成电路驱动栅极就可控制大功率电路,降低了驱动电路的复杂性,减少了系统总费用。

(3) 安全工作区宽,不存在二次击穿。电力 MOSFET 的功率负载能力不像双极型晶体管随所加电压增加而下降。在器件额定值范围内不会发生二次击穿现象。实际应用表明,可以省去缓冲电路或者在其中使用更小值的电容。

(4) 热稳定性能优良,易并联。电力 MOSFET 的最小导通电压由器件静态漏—源导通电阻决定。低压器件的 R_{DS} 值较大。由于 R_{DS} 具有正温度系数,这有利于器件的并联应用。

(二) 电力场效应晶体管的基本结构

MOSFET 经历了常规小信号横向 N 沟导 MOSFET、横向双扩散 MOSFET、V 形槽 MOSFET 和垂直导电双扩散 MOSFET 的发展过程。

常规小信号横向 N 沟道 MOSFET 如图 4-20(a)所示,包括一片轻掺杂 P 型基底,其上扩散了两个高掺杂的 N+ 区作为源极和漏极,在两者之间的受光刻工艺制约的沟道。这一结构导致沟道长度长、反向耐压低和导通电阻 R_{DS} 大等缺点。

横向双扩散 MOSFET 功率晶体管(LDMOS)如图 4-20(b)所示,所有端子仍在晶片顶部,由于顶部漏极结构所需的面积使硅平面利用率较低,这是该结构的一个主要缺点。

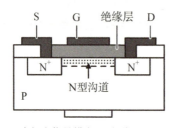

(a) 常规小信号横向 N 沟道 MOSFET

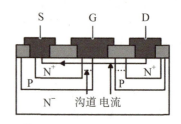

(b) 横向双扩散 MOSFET 功率晶体管

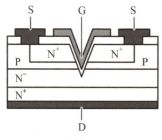

(c) V 形槽 MOSFET

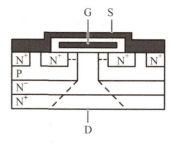

(d) 垂直导电双扩散 MOSFET

图 4-20 MOSFET 的 4 种结构

进一步的发展是垂直结构的出现。V形槽 MOSFET,简称 VVMOS,如图 4-20(c)所示。这种结构是在 N^+ 衬底上的 N^- 外延层上,先后进行 P 型区两次选择扩散,然后利用优先蚀刻形成 V 形槽。由于这种结构第一次改变了 MOSFET 的电流方向,电流不再是沿表面水平方向流动,而是从 N^+ 源极出发,沿沟道流到 N^- 漂移区,然后垂直地流到漏极。这种结构主要缺点是由于它的非平面结构,使晶片成本升高。

20 世纪 80 年代以来研制成功了电流垂直流动的双扩散 MOS 场效应晶体管,简称为 VDMOS。采用具有密集源胞结构的 VDMOS 技术,其 N 沟道源胞结构如图 4-20(d)所示,这一结构与横向双扩散 MOSFET 功率晶体管类似,只是将漏极移到了 N^- 基底的下面,晶片的底部。栅极结构是多晶硅夹在两个氧化层之间,源极金属均匀覆盖于整个工作表面,这一结构保持了平面 LDMOS 的优点,更有可能制造出低 R_{DS} 值和高耐压的产品。

(三)电力场效应晶体管工作原理

这里以 N 沟道增强型 VDMOS 为例,介绍电力场效应晶体管工作原理。

1. VDMOS 工作原理

电力 MOSFET 有 3 个极:栅极 G(Silicon Gate)、源极 S(Source)和漏极 D(Drain)。栅极由多晶硅制成,它同基区之间隔着 SiO_2 薄层,因此同其他两个极间是绝缘的,只要 SiO_2 层不被击穿,栅极与源极之间的阻抗是非常高的。这种 N 沟道增强型器件在使用时源极接电源负极,漏极接电源正极,N 沟道增强型电力 MOSFET 的符号如图 4-21 所示。

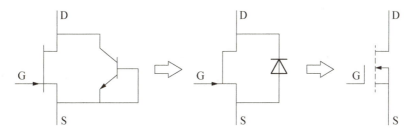

图 4-21 N 沟道增强型电力 MOSFET 的符号

在栅极和源极之间加正电压,当 U_{GS} 达到某一临界值(栅极阀值电压 U_{GTH})时,靠近 SiO_2 附近的 P 型表面层形成了与原来半导体导电性相反的层,即 N 反型层,这个反型层被称为沟道,N 沟道将漏极和源极连接起来,形成了从漏极到源极的电流,电流从漏极垂直地流进硅片,经过器件的基区,水平地流过沟道区,然后垂直地流过源极,VDMOS 管就导通了。由上述分析可知,VDMOS 管的动态响应是非常快的,它仅受 MOS 电容充放电速度的影响。

2. VDMOS 的主要参数

(1) 开启电压 $U_{GS(th)}$。

开启电压即扩散沟道区发生变形使沟道导通所必需的栅源电压。随着栅极电压的增加,导电沟道逐渐"增强",即其电阻逐渐减小,电流逐渐增大。为保证测量一致性,开启电压是在某一给定电流值时测定的。

工业界普遍采用 1.0 mA。这一值主要由晶片设计时选择的栅极氧化层厚度和沟道掺杂水平决定,而这些参数应足够大以保证栅极无偏置,在高温状态下使器件处于截止状态。室温下开启电压的最小值是 1.5 V,它可保证晶体管在 150℃ 的结温条件下仍为增强型器件。

(2) 漏极电流 I_D。

当栅极加适当的极性和大小的电压时,沟道连接了源极和漏极的轻掺杂区,并且产生了漏极电流,当漏极电压较小时,漏极电流与漏极电压呈线性关系。

$$I_D \approx \frac{Z}{L}\mu C_0 (V_{GS} - V_{GS(th)}) V_{DS}$$

式中,μ 为载流子迁移率;C_0 为单位面积的栅极氧化电容;Z 为沟道宽度;L 为沟道长度。

随着漏极电压的增加,漏极电流出现饱和,与 U_{GS} 平方成一定关系。

(四) MOSFET 应用

电力场效应晶体管(MOSFET)最显著特征是开关特性好,所以被广泛应用在需要电子开关的电路中,常见的如开关电源、电动机驱动、照明调光等。

1. 钳位感应开关

最简单的钳位感应开关模型如图 4-22 所示,直流电流源代表感应器。在开关间隔比较小的情况下,它的电流可看作是连续的。在 MOSFET 截止期间二极管为电流提供了一个回路,设备的漏极终端用一个电池来象征性地表示。这个钳位感应开关工作过程中,场效应晶体管可在最大阻抗和最小阻抗间变换。开关工作时间是寄生电容、所需电压变化、栅极驱动电流的函数。它符合了高速、高频开关的应用和工作条件。

2. NMOS 关断电路

这是一个 NMOS 关断电路,遵循较少元件原则,使用一个双驱动为一个小的 N 沟道晶体管提供 PWM 信号,如图 4-23 所示。这个电路的开关速度很快,而且可以使栅极电压降到 0 V。这个电路,R_{GATE} 提高其开关的速度,也用来防止在两个驱动之间毛刺电流的产生。

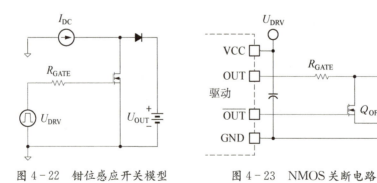

图 4-22 钳位感应开关模型　　图 4-23 NMOS 关断电路

3. P 沟道直接驱动

P 沟道高边驱动的最简单的情况就是直接驱动,在最大输入电压比栅源击穿电压低的电路中,可以采用这种驱动。P 沟道直接驱动的典型应用就是使用 P 沟道 MOSFET 12V 的 DC-DC 转换,如图 4-24 所示,图中采用反向的 PWM 输出信号,这在一些专用的 P 沟道驱动控制器中是很容易实现的。这种驱动电路的工作和 N 沟道接地直接驱动相类似。在这组电路中，P 沟道 MOSFET 开关的栅极端和输入正极相连。对于栅极器件，驱动器提供一个低电平导通信号给栅极。所以，为使栅极环形电感最小，正极输入需要使用比较宽的脉冲。

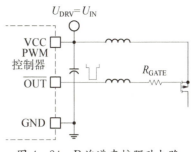

图 4-24 P 沟道直接驱动电路

五、绝缘栅双极型晶体管（IGBT）

绝缘栅双极型晶体管（Insulated Gate Bipolar Transistor，IGBT）是双极型电力晶体管和电力场效应管（MOSFET）的复合。电力晶体管饱和压降低，载流密度大，且驱动电流较大；MOSFET 驱动功率很小，开关速度快，但导通压降大，载流密度小。IGBT 综合了以上两种器件的优点，具有输入阻抗高、开关速度快、驱动电路简单、通态电压低、能承受高电压大电流等优点，已广泛应用于变频器和其他调速电路中。

（一）绝缘栅双极型晶体管结构

绝缘栅双极型晶体管是一种由场效应管和晶体管组合成的复合器件。就 IGBT 的结构而言，是在 N 沟道 MOSFET 的漏极 N 层上又附加一层 P 层的 P-N-P-N 的四层结构。如图 4-25 所示为 N 沟道 MOSFET 与 GTR 组合 N 沟道 IGBT（N-IGBT），IGBT 比 VDMOSFET 多一层 P^+ 注入区，形成了一个大面积 PN 结 J_1，使 IGBT 导通时，由 P^+ 注入区向 N 基区发射少子，从而对漂移区电导率进行调整，使得 IGBT 具有很强的通流能力。

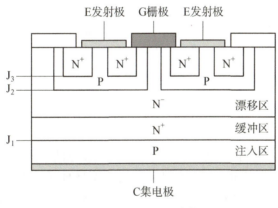

图 4-25 IGBT 结构

从图 4-26 可以看出，IGBT 相当于一个 PNP 型晶体管和增强型 NMOS 管，有三个极：C 极（集电极）、G 极（栅极）和 E 极（发射极），以图 4-26(a)所示的方式组合而成，IGBT 电气符号如图 4-26(b)所示。

（二）绝缘栅双极型晶体管工作原理

IGBT 的开关作用是通过加正向栅极电压形成沟道，给 PNP 晶体管提供基极电流，使 IGBT 导通。反之，加反向门极电压消除沟道，流过反向基极电流，使 IGBT 关断。如图 4-27 所示，若在 IGBT 栅极施加正偏信号，MOSFET 导通，从而给 PNP 晶体管提供了基极

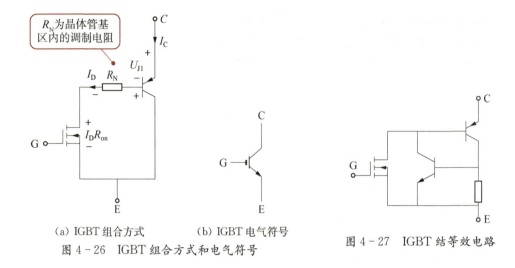

(a) IGBT 组合方式　　(b) IGBT 电气符号　　图 4-27　IGBT 结等效电路

图 4-26　IGBT 组合方式和电气符号

电流使其导通；若在 IGBT 栅极施加反偏信号或 IGBT 的栅极与发射极之间电压为 0 V,则 MOSFET 关断,使 PNP 晶体管基极电流为零而截至。

由此可知,IGBT 的安全可靠与否主要由以下因素决定:①IGBT 栅极与发射极之间的电压;②IGBT 集电极与发射极之间的电压;③流过 IGBT 集电极-发射极的电流;④IGBT 的结温。

若 IGBT 栅极与发射极之间的电压,即驱动电压过低,则 IGBT 不能稳定正常地工作,如果过高,超过栅极-发射极之间的耐压,则 IGBT 可能永久性损坏。同样,如果加在 IGBT 集电极与发射极允许的电压超过集电极-发射极之间的耐压,流过 IGBT 集电极-发射极的电流超过集电极-发射极允许的最大电流,IGBT 的结温超过其结温的允许值,IGBT 都可能会永久性损坏。

(三) 绝缘栅双极型晶体管工作特性

IGBT 的工作特性包括静态和动态两类工作特性。

1. 静态特性

IGBT 的静态特性主要有伏安特性、转移特性和开关特性。

(1) IGBT 的伏安特性是指以栅源电压 U_{GS} 为参变量时,漏极电流与栅极电压之间的关系曲线。输出漏极电流受栅源电压 U_{GS} 的控制,U_{GS} 越高,I_D 越大。它与 GTR 的输出特性相似,也可分为饱和区、放大区和击穿特性三部分。在截止状态下的 IGBT,正向电压由 J_2 结承担,反向电压由 J_1 结承担。如果无 N^+ 缓冲区,则正反向阻断电压可以做到同样水平,加入 N^+ 缓冲区后,反向关断电压只能达到几十伏水平,因此限制了 IGBT 的应用范围。

(2) IGBT 的转移特性是指输出漏极电流 I_D 与栅源电压 U_{GS} 之间的关系曲线。它与 MOSFET 的转移特性相同,当栅源电压小于开启电压 $U_{GS}(th)$ 时,IGBT 处于关断状态。在 IGBT 导通后的大部分漏极电流范围内,I_D 与 U_{GS} 呈线性关系。最高栅源电压受最大漏极电流限制,其最佳值一般取 15 V 左右。

(3) IGBT 的开关特性是指漏极电流与漏源电压之间的关系。IGBT 处于通态时,由于它的 PNP 晶体管为宽基区晶体管,所以其 B 值极低。尽管等效电路为达林顿结构,但流过 MOSFET 的电流成为 IGBT 总电流的主要部分。由于 N^+ 区存在电导调制效应,所以 IGBT

的通态压降小,耐压 1000 V 的 IGBT 通态压降为 2~3 V。IGBT 处于断态时,只有很小的泄漏电流存在。

2. 动态特性

IGBT 在开通过程中,大部分时间是 MOSFET 来运行的,只是在漏源电压 U_{DS} 下降过程后期,PNP 晶体管由放大区至饱和,又有了一段延迟时间。$t_{D(ON)}$ 为开通延迟时间,t_{ri} 为电流上升时间。应用中常给出的漏极电流开通时间 t_{on} 即为 $t_{D(ON)}$ 与 t_{ri} 之和。漏源电压的下降时间由 t_{fe1} 和 t_{fe2} 组成,如图 4-28 所示。

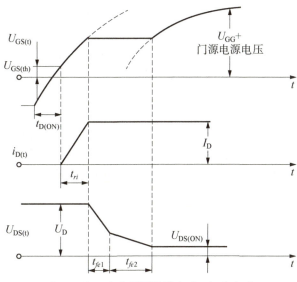

图 4-28 开通 IGBT 的电流、电压波形

IGBT 在关断过程中,漏极电流的波形变为两段。MOSFET 关断后,PNP 晶体管的存储电荷难以迅速消除,造成漏极电流较长的尾部时间,$t_{D(OFF)}$ 为关断延迟时间,t_{re} 为电压 $U_{DS(f)}$ 的上升时间。应用中给出的漏极电流的下降时间 t_f 由 $t_{(fi1)}$ 和 $t_{(fi2)}$ 两段组成,如图 4-29 所示,而漏极电流的关断时间为:

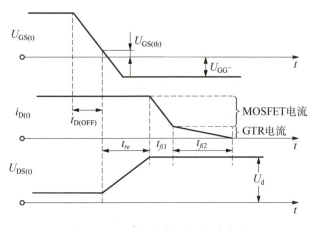

图 4-29 关断时电压电流的波形

$$t_{(off)} = t_{D(OFF)} + t_{re} + t_f$$

式中，$t_{D(OFF)}$ 与 t_{re} 之和又称为存储时间。

IGBT 的触发和关断要求给其栅极和基极之间加上正向电压和负向电压，栅极电压可由不同的驱动电路产生。当选择这些驱动电路时，必须基于器件关断偏置的要求、栅极电荷的要求、耐固性要求和电源的情况来选择驱动电路。因为 IGBT 栅极-发射极阻抗大，故可使用 MOSFET 驱动技术进行触发，不过由于 IGBT 的输入电容较 MOSFET 为大，故 IGBT 的关断偏压应该比许多 MOSFET 驱动电路提供的偏压更高。

总之，IGBT 的开关作用是通过加正向栅极电压形成沟道，给 PNP 晶体管提供基极电流，使 IGBT 导通。反之，加反向门极电压消除沟道，流过反向基极电流，使 IGBT 关断。IGBT 的驱动方法和 MOSFET 基本相同，只需控制输入极 N 沟道 MOSFET，具有高输入阻抗特性。IGBT 在开通过程中，大部分时间是作为 MOSFET 来运行的，只是在漏源电压 U_{ds} 下降过程后期，PNP 晶体管由放大区至饱和，又增加了一段延迟时间。

（四）绝缘栅双极型晶体管（IGBT）栅极驱动

IGBT 一般采用电压驱动，其驱动电压为 $15\text{ V} \times (1 \pm 10\%)$ 的正栅极电压，该电压足以使 IGBT 完全饱和。在任何情况下驱动电压 $+U_{GE}$ 不应超出 $12 \sim 20\text{ V}$ 的范围。为了保证不会因为 di/dt 噪声产生误开通，故 $-U_{GE}$ 采用反偏压（$-15 \sim -5\text{ V}$）来作为关断电压。

1. 驱动电压对 IGBT 的影响

表 4-1 提供了不同控制电压时 IGBT 的导通情况。

表 4-1 不同控制电压时 IGBT 或 IPM 的导通情况

驱动电压 U_{GE}	IGBT 工作情况
$0 \sim 4.0\text{ V}$	和未加电源的状态一样，由于外部噪声可能导致误动作，电源电压欠电压保护(UV)不动作，也没有故障信号 FO 输出
$4.0 \sim 12.5\text{ V}$	即使有控制输入信号，开关动作也会停止；电源电压欠电压保护(UV)动作，输出故障信号 FO
$12.5 \sim 13.5\text{ V}$	开关可以动作，但在推荐范围外。违反了 IPM(智能功率模块)的规格书中的规定值，集电极功耗增加，结温上升
$13.5 \sim 16.5\text{ V}$	控制电压在正常范围内，IGBT 正常动作
$16.5 \sim 20.0\text{ V}$	开关可以动作，但在推荐范围外。违反了 IPM(智能功率模块)的规格书中的规定值，断路时电流峰值增大，可能超过硅片的耐量而损坏
$>20\text{ V}$	IPM(智能功率模块)内部控制电路和 IGBT 栅极部分损坏

2. IGBT 一般驱动方式

（1）小功率的 IGBT 驱动。

AC220V 采用自举 IGBT 驱动，高频脉冲变压器，直流电压驱动。AC400V 采用简单光耦的新型自举 IGBT 驱动器。

(2) 中等功率的 IGBT 驱动。

AC400V 采用自举供电的光耦。AC690V 采用隔离的脉冲变压器以及复杂的 IGBT 驱动系统。

(3) 大功率的 IGBT 驱动。

采用隔离变压器的 IGBT 驱动。采用 U_{ce} 饱和压降进行过电流检测和管理的 IGBT 驱动系统,包括软关断动作,以及分别采用不同的门极电阻进行开通和关断。

(五) 绝缘栅双极型晶体管 (IGBT) 保护电路

1. IGBT 的失效机制

IGBT 的失效机制包括以下四点:

(1) MOS 绝缘栅结构在高温情况下会失去绝缘能力。

(2) 由于硅芯片与铝导线之间热膨胀系数差异,在输出电流剧烈变化时,铝导线与硅芯片之间的接触面会形成热应力,从而造成裂纹,并会逐步导致铝线断裂。

(3) 由于处于芯片和散热铜底板间的陶瓷绝缘/导热片的热膨胀系数和散热铜底板的热膨胀系数不同,在底板温度不断变化时,连接两种材料的焊锡层会形成裂纹,从而导致散热能力下降,进而导致 IGBT 温度过高而失效。

(4) 振动可能造成陶瓷片破裂,从而降低散热能力和绝缘能力。

上述失效机理将是综合影响并发生的。例如,在 IGBT 输出大电流时,铝线会受到热应力(机理 2);同时芯片温度会上升,将热传导到底板,造成底板温度上升,从而激发机理 3;当温度过高时,会直接导致机理 1 的发生;再加上汽车运行工况所带来的颠簸振动,导致机理 4 的发生。

车规级电力电子模块重点改善功率循环和温度循环所引起的失效机理。IGBT 的最大结温是 150℃,在任何情况下都不能超过该值。

2. IGBT 失效原因分析

(1) 过热损坏。

集电极电流过大引起的瞬时过热及其他原因(如散热不良导致的持续过热)均会使 IGBT 损坏。如果器件持续短路,大电流产生的功耗将引起温升,由于芯片的热容量小,其温度迅速上升,若芯片温度超过硅本征温度(约 250℃),器件将失去阻断能力,栅极控制就无法保护,从而导致 IGBT 失效。实际运行时,一般最高允许的工作温度为 130℃左右。

(2) 超出关断安全工作区。

超出关断安全工作区引起擎住效应而损坏。擎住效应分静态擎住效应和动态擎住效应。IGBT 为 PNPN 四层结构,体内存在一个寄生闸管,在 NPN 晶体管的基极与发射极之间并有一个体区扩展电阻 R_s,P 型体内的横向空穴电流在 R_s 上会产生一定的电压降,对 NPN 基极来说,相当于一个正向偏置电压。在规定的集电极电流范围内,这个正向偏置电压不大,对 NPN 晶体管不起任何作用。

当集电极电流增大到一定程度时,该正向偏置电压足以使 NPN 晶体管开通,进而使 NPN 和 PNP 晶体管处于饱和状态。于是,寄生晶闸管导通,门极失去控制作用,形成自锁现象,这就是所谓的静态擎住效应。IGBT 发生擎住效应后,集电极电流增大,产生过高功耗,导致器件失效。

动态擎住效应主要是在器件高速关断时电流下降太快，du/dt 很大，引起较大位移电流，流过 R_s，产生足以使 NPN 晶体管开通的正向偏置电压，造成寄生晶闸管自锁。

(3) 瞬态过电流。

IGBT 在运行过程中所承受的大幅值过电流除短路等故障外，还有续流二极管的反向恢复电流、缓冲电容器的放电电流及噪声干扰造成的尖峰电流。这种瞬态过电流虽然持续时间较短，但如果不采取措施，将增加 IGBT 的负担，也可能会导致 IGBT 失效。

(4) 过电压。

过电压会造成集电极、发射极间击穿。过电压也会造成栅极、发射极间击穿。

（六）IGBT 保护方法

IGBT 是电压控制型器件，在它的栅极-发射极间施加十几伏的直流电压，只有微安级的漏电流流过，基本上不消耗功率。但 IGBT 的栅极-发射极间存在着较大的寄生电容（几千至上万皮法），在驱动脉冲电压的上升及下降沿需要提供数安的充放电电流，才能满足开通和关断的动态要求，这使得它的驱动电路也必须输出一定的峰值电流。额定值是 IGBT 和 IPM 模块运行的绝对保证，所谓最大值是器件的极值，在任何情况下都不能超过其范围。

IGBT 的驱动保护包括栅极欠电压、过电流保护（包括短路保护）和过热保护。

1. 封锁栅极电压

封锁栅极电压即不再控制 IGBT 导通。IGBT 作为一种大功率的复合器件，存在着过电流时，可能发生锁定现象而造成损坏的问题。在过电流时，如采用一般的速度封锁栅极电压，过高的电流变化率会引起过电压，为此需要采用软关断技术，因而掌握好 IGBT 的驱动和保护特性是十分必要的。

2. 过载（过电流）保护

IGBT 能承受很短时间的短路电流，能承受短路电流的时间与该 IGBT 的饱和导通压降有关，随着饱和导通压降的增加而延长。如饱和导通压降小于 2V 的 IGBT 允许承受的短路时间小于 5μs，而饱和导通压降 3V 的 IGBT 允许承受的短路时间可达 15μs，4～5V 时可达 30μs 以上。存在以上关系是由于随着饱和导通压降的降低，IGBT 的阻抗也降低，短路电流同时增大，短路时的功耗随着电流的平方加大，造成承受短路的时间迅速减小。

IGBT 的过电流保护电路可分为两类：一是低倍数的(1.2～1.5 倍)的过载保护；二是高倍数(可达 8～10 倍)的短路保护。

过载保护不必快速响应，可采用集中式保护，即检测输入端或直流环节的总电流，当此电流超过设定值后比较器翻转，封锁所有 IGBT 驱动器的输入脉冲，使输出电流降为零。这种过载电流保护，一旦动作后，要通过复位才能恢复正常工作。

(1) 过电流保护措施。

通常采取的保护措施有软关断和降栅压两种：

① 软关断：指在过电流和短路时，直接关断 IGBT。但是，软关断抗骚扰能力差，一旦检测到过电流信号就关断，很容易发生误动作。为增加保护电路的抗骚扰能力，可在故障信号与启动保护电路之间加一延时，不过故障电流会在这个延时内急剧上升，大大增加了功率损耗，同时还会导致器件的 di/dt 增大。所以往往是保护电路启动了，器件仍然坏了。

② 降栅压：旨在检测到器件过电流时，马上降低栅压，但器件仍维持导通。降栅压设有

固定延时,故障电流在这一延时期内被限制在一较小值,则降低了故障时器件的功耗,延长了器件抗短路的时间,而且能够降低器件关断时的 di/dt,对器件保护十分有利。

若延时后故障信号依然存在,则关断器件,若故障信号消失,驱动电路可自动恢复正常的工作状态,因而大大增强了抗骚扰能力。

上述降栅压的方法只考虑了栅压与短路电流大小的关系,而在实际过程中,降栅压的速度也是一个重要因素,它直接决定了故障电流下降的 di/dt。慢降栅压技术就是通过限制降栅压的速度来控制故障电流的下降速率,从而抑制器件的 du/dt 和 U_{ce} 的峰值。

(2) 短路检测方式。

一般的短路检测,是利用电流传感检测法或 IGBT 欠饱和法进行。

3. 过热保护

当 IGBT 内电子元器件瞬时过热或持续过热,会影响 IGBT 使用寿命或使其损坏。IGBT 实际运行时,一般最高允许的工作温度为 130℃左右。若 IGBT 内器件持续短路,大电流产生的功耗将引起温升,由于芯片的热容量小,其温度迅速上升,若芯片温度超过硅本征温度(约 250℃),就会导致 IGBT 失效。同样,若 IGBT 内电子元器件正常工作产生的热量不能及时散出,也会缩短其使用寿命,严重时会使其损坏。

因此,常用的过热保护的方法主要有电流传感检测法和强制散热法。强制散热法是给 IGBT 增加一些部件,形成冷却系统,以达到散热的目的。如新能源汽车中的风冷系统和水冷系统。

六、智能功率模块

智能功率模块(Inteligent Power Module,IPM)是一种混合集成电路,它将功率开关元件、驱动电路、保护电路等集成在一起,还设有过电压、过电流、过热等故障检测电路,如图 4-30 所示,并将检测信号送给 CPU。这种功率集成电路特别适应逆变器高频化发展方向的需要,它具有体积小、功能多、功耗小、使用方便等优点。目前,IPM 被广泛应用于通用变频器之中。

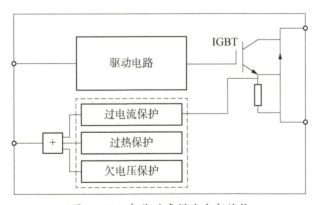

图 4-30 智能功率模块内部结构

(一) 智能功率模块 (IPM) 功能

智能功率模块是在 IGBT 的外围集成了驱动和诊断电子电路,从而实现驱动和诊断的功能。随着 IGBT 的工作频率在 20 kHz 的硬开关及更高的软开关应用中,智能功率模块

(IPM)代替了 MOSFET 和 GTR。智能功率模块具体功能有栅极驱动、短路保护、过电流保护、过热保护和欠电压锁定。

1. 驱动功能

IPM 内的 IGBT 芯片都选用高速型,而且驱动电路紧靠 IGBT 芯片,驱动延时小,所以 IPM 开关速度快、损耗小。IPM 内部的 IGBT 导通压降低,开关速度快,故 IPM 功耗小。

2. 诊断功能

出现过电压、过电流和过热等故障时,检测电路可将检测信号送到 DSP 做中断处理。

（1）过电流保护功能。

IPM 实时检测 IGBT 电流,当发生严重过载或直接短路引起的过电流时,IGBT 将被软关断,同时送出一个故障信号。

（2）过热保护功能。

在靠近 IGBT 的绝缘基板上安装了一个温度传感器,当基板过热时,IPM 内部控制电路将终止栅极驱动,不响应输入控制信号。

（3）欠电压保护功能。

驱动电路电压过低(一般为 15 V),会造成驱动能力不够,增加导通损坏,IPM 自动检测驱动电源电压,当低于一定值超过 $10\,\mu s$ 时,将截止驱动信号。

（4）其他功能。

IPM 内藏相关的外围电路,无须采取防静电措施,大大减少了元器件数目,体积也相应减小。

桥臂对管互锁在串联的桥臂上,上下桥臂的驱动信号互锁,有效防止上下臂同时导通,优化的门极驱动与 IGBT 集成,布局合理,无外部驱动线,抗干扰能力强。

（二）智能功率模块（IPM）组成和原理

智能功率模块以 IGBT 为基础,内部集成了逻辑、控制、检测和保护电路,与普通 IGBT 相比,在系统性能和可靠性上均有很大的提高,同时由于 IPM 通态损耗和开关损耗都比较低,使散热器的尺寸减小,故整个系统的体积减小了很多,适应了功率器件的发展方向,从而应用领域越来越广。这里主要介绍其组成和原理。

1. IPM 组成

从外部看,IPM 采用陶瓷绝缘结构,直接安装在绝缘板上,其输入、输出端子并排成一列,可用通用插座连接,非常方便。从内部结构看,IPM 主要是由主开关器件、续流二极管、驱动电路、过电流保护电路、过热保护电路、短路保护电路以及驱动电源不足保护电路、接口电路等组成,如图 4-31 所示,其本质上就是将这些电路封装在一起形成的高度集成的集成电路模块。

图 4-31 中,UV 为欠电压保护单元、OC 为过电流保护单元、SC 为短路保护单元、OT 为过热保护单元,这些保护单元的输出信号作为或门输入信号。4 种保护单元中只要有一种保护单元发生故障,IPM 就会输出故障信号。图 4-31 中,Drive 为驱动放大单元,它可以将接收到的控制信号进行放大输出,驱动 IGBT 控制极,也可以接收任一故障保护电路的信号,一旦接收到故障保护电路的信号,便输出软关断驱动信号去软关断 IGBT,使 IGBT 受到保护。

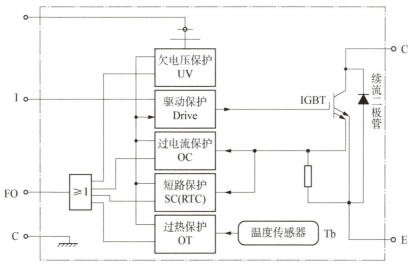

图 4-31 IPM 内部基本结构

2. IPM 工作原理

以图 4-32 为例,来介绍 IPM 工作原理。图 4-32 中,$IGBT_1 \sim IGBT_6$ 组成逆变桥,$VDF_1 \sim VDF_6$ 分别为 6 个 IGBT 的续流二极管,其中 $IGBT_1 \sim IGBT_3$ 为上桥臂开关器件,由 3 个单独直流电源给 3 组控制电路供电;$IGBT_4 \sim IGBT_6$ 为下桥臂开关器件,这 3 组控制电路由一组直流电源供电;$IGBT_7$ 为制动电路开关器件,VDW 是它的续流二极管,内部具有门极驱动控制、故障检测和多种保护电路。内部故障保护电路若检测到过电流、欠电压、过热和短路故障中的任一故障,IPM 就会自行软关断,同时送出故障报警信号。

IPM 内部设有栅极驱动控制电路、故障检测电路和各种保护电路,采用带有电流传感器的 IGBT 芯片,用以监测 IGBT 的主电流。而内部故障保护电路主要用以检测过电流、过热和欠电压等故障。

(三) 智能功率模块 (IPM) 保护方法

智能功率模块的保护功能包括控制电压欠电压保护、过热保护、过电流保护和短路保护。如果智能功率模块中的一种保护电路产生动作,其内部的 IGBT 栅极驱动单元就会关断门极电流并输出一个故障信号 FO。

1. 控制电压欠电压保护(UV)

智能功率模块使用的电压若符合欠电压条件(如:若需 15 V 供电,但实际供电电压低于 12.5 V),且时间超过 $T_{off}=10$ ms 时,该功率器件会关断 IGBT(即发生欠电压保护,封锁门极驱动电路),并输出故障信号 FO。

2. 过热保护(OT)

靠近 IGBT 绝缘基板处安装有温度传感器,当智能功率模块温度传感器测出其基板的温度超过温度值时,该功率器件会关断 IGBT(即发生过热保护,封锁门极驱动电路),并输出故障信号 FO,直至温度恢复正常。

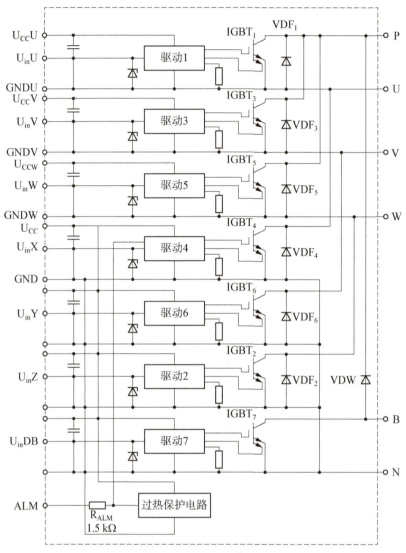

图 4-32 IPM 工作原理

3. 过电流保护(OC)

若流过 IGBT 的电流值超过过电流动作电流,且时间超过 T_{off},该功率器件会关断 IGBT(即发生过电流保护,封锁门极驱动电路),并输出故障信号 FO。为避免发生过大的电流变化率 di/dt,大多数的智能功率模块采用两级关断模式。

4. 短路保护(SC)

若负载发生短路或控制系统故障导致短路,流过 IGBT 的电流值超过短路动作电流,该功率器件会关断 IGBT(即立刻发生短路保护,封锁门极驱动电路),并输出故障信号。跟过电流保护一样,为避免发生过大的电流变化率 di/dt,大多数智能功率模块采用两级关断模式。为缩短过电流保护的电流检测和故障动作间的响应时间,智能功率模块内部使用实时电流控制电路(RTC),使响应时间小于 100ns,从而有效抑制了电流和功率峰值,提高了保护效果。

当智能功率模块发生 UV、OC、OT、SC 中任一种故障时,智能功率模块将立即输出故障信号 FO,该故障信号持续时间 t_{FO} 为 1.8 ms(SC 持续时间会长一些),此时间内智能功率模块会封锁门极驱动,关断智能功率模块。当故障输出信号持续时间结束后,智能功率模块内部会自动复位,门极驱动通道重新开放。

任务小结

大功率电子器件在汽车、航空、轮船、医疗等行业起着至关重要的作用,本任务主要介绍了电力二极管、晶闸管、电力晶体管(GTR)、电力场效应晶体管、绝缘栅双极型晶体管(IGBT)、智能功率模块等几种大功率电子器件。

电力二极管是指可以承受高电压、大电流,具有较大耗散功率的二极管,它可以作为整流、续流、电压隔离、钳位或保护元件使用,在各种变流电路中发挥着重要作用。电力二极管与电子电路中的二极管一样,由一个 PN 结和两个引出极组成;电力二极管是不可控器件,利用正向导通、反向截止的特性,控制电路工作状态,其导通和断开状态的改变是由主电路中承受的电压和电流决定的。按照其性能和特性不同,电力二极管分为不同的类型。常见的电力二极管主要有普通二极管、快恢复二极管、肖特基二极管。

晶闸管又称为晶体闸流管,简称为可控硅。晶闸管是一种开关元件,可以实现小电流控制大电流,能在高电压、大电流条件下工作,且工作过程可以控制。从结构上看,晶闸管是四层三端器件,它有三个极:阳极 A、阴极 K 和门极 G,并形成 3 个 PN 结:J_1、J_2、J_3。晶闸管工作时,加上正电压后,就输入触发信号,它会立即导通,晶闸管一经导通后,由于导致 VT_1 基极上总是流过比控制极电流 I_C 大得多的电流,所以即使触发信号消失后,晶闸管仍旧能保持导通状态。只有降低电源电压 E_a,使 VT_1、VT_2 集电极电流小于某一维持导通的最小值,晶闸管才能转为关断状态。

电力晶体管(GTR)由电子和空穴两种载流子运动而形成,故又称为双极型电力晶体管。电力晶体管(GTR)由三层硅半导体(两个 PN 结)构成,有 PNP 和 NPN 两种结构,它有三个电极,B 为基极,C 为集电极,E 为发射极。电力晶体管具有高的极限工作温度、小的热阻、小的饱和导通压降或饱和电阻、工作稳定可靠、大电流容量、高耐压和快的开关速度。

电力场效应晶体管主要有栅基 G、源极 S 和漏极 D 组成。电力场效应晶体管工作时,在栅极和源极之间加正电压,当 U_{GS} 达到某一临界值(栅极阀值电压 U_{GTH})时,靠近 SiO_2 附近的 P 型表面层形成了与原来半导体导电性相反的层,即 N 反型层,这个反型层被称为沟道,N 沟道将漏极和源极连接起来,形成了从漏极到源极的电流,电流从漏极垂直地流进硅片,经过器件的基区,水平地流过沟道区,然后垂直地流过源极,VDMOS 管就导通了。电力场效应管(MOSFET)最显著特征是开关特性好,所以被广泛应用在需要电子开关的电路中,常见的如开关电源、电动机驱动、照明调光等。

绝缘栅双极晶体管(IGBT)是双极型电力晶体管和电力场效应管(MOSFET)的复合器件,具有输入阻抗高、开关速度快、驱动电路简单、通态电压低、能承受高电压大电流等优点,已广泛应用于变频器和其他调速电路中。绝缘栅双极型晶体管相当于一个 PNP 型晶体管和增强型 NMOS 管,有三个极:C 极(集电极)、G 极(栅极)和 E 极(发射极)。IGBT 工作时,在

IGBT 栅极施加正偏信号,MOSFET 导通,从而给 PNP 晶体管提供了基极电流使其导通;若在 IGBT 栅极施加反偏信号或 IGBT 的栅极与发射极之间电压为 0 V,则 MOSFET 关断,使 PNP 晶体管基极电流为零而截至。

智能功率模块(IPM)是一种混合集成电路,它将功率开关元件、驱动电路、保护电路等集成在一起,还设有过电压、过电流、过热等故障检测电路,并将检测信号送给 CPU。从外部看,IPM 采用陶瓷绝缘结构,直接安装在绝缘板上,其输入、输出端子并排成一列,可用通用插座连接,非常方便。从内部结构看,IPM 主要是由主开关器件、续流二极管、驱动电路、过电流保护电路、过热保护电路、短路保护电路以及驱动电源不足保护电路、接口电路等组成。IPM 内部的 4 种保护电路中只要有一种保护电路发生故障,IPM 就会输出故障信号。驱动电路可以将接收到的控制信号进行放大输出,驱动 IGBT 控制极,也可以接收任一故障保护电路的信号,一旦接收到故障保护电路的信号,便输出软关断驱动信号去软关断 IGBT,使 IGBT 受到保护。这种功率集成电路特别适应逆变器高频化发展方向的需要,它具有体积小、功能多、功耗小、使用方便等优点。目前,IPM 被广泛应用于通用变频器之中。

一、判断题

1. 电力二极管是指可以承受高电压、大电流,具有较大耗散功率的二极管。( )
2. 晶闸管是一种开关元件,能在高电压、大电流条件下工作。( )
3. 电力晶体管具有较低极限工作温度、大的热阻、小的饱和导通压降。( )
4. MOSFET 最显著特征是驱动特性好,所以被广泛应用在电子开关的电路中。( )
5. 绝缘栅双极晶体管(IGBT)是双极型电力晶体管和电力场效应管的复合器件。( )
6. IGBT 具有输入阻抗低、开关速度慢、通态电压高、能承受低电压小电流等优点。( )
7. 智能功率模块(IPM)是一种混合集成电路,具有体积大、功能少、功耗小等特点。( )
8. IPM 被广泛应用于通用变频器之中。( )

二、选择题

1. 电力二极管主要由 1 个 PN 结和( )个引出极组成。【单选题】
   A. 2 B. 3
   C. 4 D. 5
2. 下列是 PN 结的基本性能的是( )。【多选题】
   A. 单向导电性 B. 反向截止状态
   C. PN 结的反向击穿 D. 电容效应
3. 晶闸管是四层三端器件,它形成( )个 PN 结。【单选题】
   A. 2 B. 3
   C. 4 D. 5
4. 下列是电力晶体管(GTR)的 3 个电极的是( )。【多选题】
   A. 基极 B B. 集电极 C
   C. 发射极 E D. 引出极 A

5. 下列是 MOSFET 电极的是(　　)。【多选题】
   A. 基极 B
   B. 栅极 G
   C. 源极 S
   D. 漏极 D

三、简答题

1. 请简述绝缘栅双极晶体管(IGBT)的组成和工作原理。
2. 请简述智能功率模块(IPM)的功能。

任务 2　大功率机械器件

1. 了解常用的大功率机械器件的作用及应用。
2. 掌握大功率接触器的组成与原理。
3. 了解继电保护的要求、类型。
4. 掌握熔断器组成、原理及类型。
5. 掌握电流/电压互感器的组成与原理。
6. 掌握漏电保护器的组成与原理。

王叔叔正在装修房子,装修工人打电话让他买些漏电保护器送过去。王叔叔到五金店后,店家给他推荐了几款不同作用的漏电保护器,王叔叔这时候有点不知如何选择,他想起来小王正在学习电工电子,于是就向小王求助。假设你是小王,你该具备哪些知识才能帮助王叔叔解决问题呢?下面让我们一起去学习一下吧。

电工、电子和电力技术的发展离不开电路。根据电路的作用,可以将电路分为两类,一种是用于实现电能的传输和转换,这种电路由于电压较高、电流和功率较大,习惯上被称为"强电"电路;另一种是用于实现电信号的传递和处理,这种电路由于电压较低、电流和功率较小,习惯上被称为"弱电"电路。强电电路中,会用到各种各样的大功率机械保护器件,如:大功率接触器、继电保护、熔断器、电压互感器与电流互感器和漏电保护器等,本任务主要介绍常见大功率机械保护器件的作用、组成、原理及应用。

一、大功率接触器

接触器是继电接触控制中的主要器件之一,主要应用于电力、配电以及用电设备中。它是利用电磁吸力来动作的,产生用来直接控制主电路的工作状态。

（一）接触器的作用

接触器的作用是保护电路。它能允许很大的电流通过，可以快速切断交流与直流主回路，接触器不仅能接通和切断电路，而且还具有低电压释放保护作用。接触器控制容量大，适用于频繁操作和远距离控制，是自动控制系统中的重要元件之一。

（二）接触器结构与工作原理

接触器分为直流接触器和交流接触器。直流接触器和交流接触器的组成及工作原理基本相同，不同之处在于交流接触器的吸引线圈由交流电源供电，而直流接触器的吸引线圈由直流电源供电。

下面分别介绍直流接触器和交流接触器的结构和原理。

1. 直流接触器

直流接触器主要由铁心、吸引线圈、衔铁、触点及回位弹簧等组成，如图4-33所示。

直流接触器的工作原理是电路接通以后，直流接触器吸引线圈通电，线圈电流会产生磁场，产生的磁场使铁心产生电磁吸力吸引动触点，并带动动触点动作。常闭触点断开，常开触点闭合，两者联动。当吸引线圈断电时，电磁吸力消失，衔铁在触点弹簧的作用下释放，使触点复原，常开触点断开，常闭触点闭合。

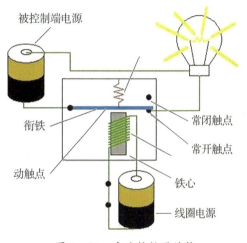

图4-33 直流接触器结构

2. 交流接触器

交流接触器是全自动的控制电器。交流接触器主要的控制对象是电动机，也广泛用于控制其他电力负载，如电焊机、电容器、电热器、照明组等。

交流接触器主要由电磁机构、触点系统、灭弧系统、反力装置、支架和底座等组成，如图4-34所示。电磁机构由电磁线圈、铁心和衔铁组成，用于操作触点的闭合和断开；触点系统是接触器的执行元件，用来接通或断开被控制电路；灭弧系统，容量在10 A以上的接触器都有灭弧装置，常采用纵缝灭弧罩及栅片灭弧装置；反力装置包括弹簧、传动机构、接线柱及外壳等；支架和底座用于接触器的固定和安装。需要注意的是，触点系统包括主触点和辅助触点。主触点用在通断电流较大的主电路中；辅助触点用于接通或断开控制电路，只能通过较小的电流。按其原始状态可分为常开触点和常闭触点。

交流接触器的工作原理是当线圈通电时，铁心被磁化，吸引衔铁向下运动，使得常闭触头断开，常开触头闭合。当线圈断电时，磁力消失，在反力弹簧的作用下，衔铁回到原来位置，即使触头恢复到原来状态。

（三）接触器典型应用

接触器是一种用来接通或断开带负载的交直流主电路或大容量控制电路的自动转换，主要控制对象是电动机，此外也用于其他电力负载，如电热器、电焊机、照明设备、空调、空气

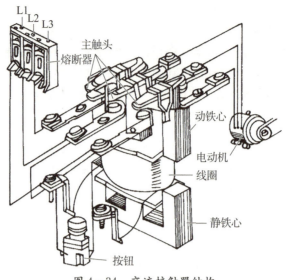

图 4-34 交流接触器结构

压缩机等设备的保护。这里主要介绍接触器在空气压缩机接触器融焊保护和异步电动机起动控制电路中的应用。

1. 空气压缩机接触器融焊保护

空气压缩机的接触器动作频繁,其触点(触头)极易造成熔焊,这里所介绍的电路,能解决触头熔焊,并当压缩机到达上限工作压力时,及时把电动机电源关断,起到保护电动机的作用,而当到达下限压力时,电动机不能再起动,同时发出电铃警告,电路如图 4-35 所示。

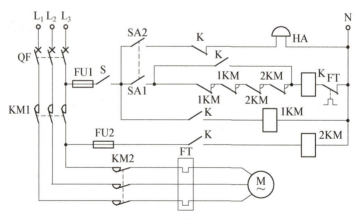

图 4-35 空气压缩机接触器融焊保护电路

工作时,合上断路器 QF 和操作开关 S。当空气压缩机在压力下限时,中间继电器 K 经压力开关(压缩机自带的一种开关,能随气缸中的压力上限下限动作)SA_1 和接触器 1KM、2KM 常闭辅助触点得电吸合并自保。随后,接触器 1KM、2KM 也得电吸合,电动机 M 得电运转,气缸内的气压逐步上升。当气压升至上限时,压力开关 SA_1 断开,接触器 K 和 1KM、2KM 相继失电释放,电动机停止运转。倘若因某种原因使 1KM 或 2KM 中有一对主触头熔焊且工作压力已到达上限时,压力开关 SA_1 就会断开,使 1KM、2KM 失电释放,其中一个没有熔焊的接触器便会将电动机电源切断。但在工作压力降至下限时,由于有一个接触器主触头熔焊,其常闭辅助触点不能恢复闭合状态,致使中间继电器 K 线圈得不到电源,所以 SA_2 闭合,电铃发出一阵急促的响声,催促值班人员前来修理。

2. 异步电动机起动控制电路

在电动机工作过程中,有一次电路和二次电路。一次电路是电动机绕组工作电流经过的电路元件和导线;二次电路是保证设备正常运行不可缺少的辅助电路。二次电路的主要功能有控制、测量、信号监测和保护等。使电动机起动运行和停止运行的电路是二次电路的控制功能电路;电压、电流、功率及功率因数等电参数的测量显示是其测量功能;运行和停止指示灯、异常报警声响等是二次信号监测电路元件工作的功能;热继电器、电动机保护器等元件可以实现电动机保护功能。这里主要具体分析电动机直接起动电路的工作过程。

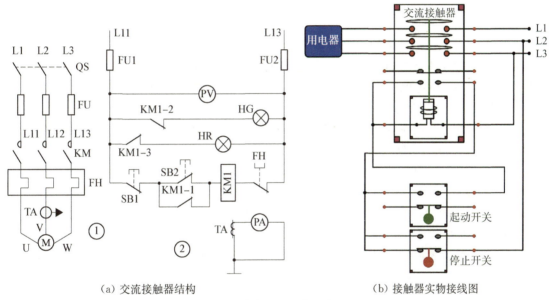

(a) 交流接触器结构　　　　(b) 接触器实物接线图

图 4-36　异步电动机起动控制电路

图 4-36(a)中,三相电源的火线(相线)L_1、L_2 和 L_3 接在隔离刀开关 QS 上端。QS 的作用是在检修时断开电源,使受检修电路与电源之间有一个明显的断开点,保证检修人员的安全。FU 是一次回路的保护用熔断器。准备起动电动机时,首先合上刀开关 QS,之后如果交流接触器 KM 主触点闭合,则电动机得电运行,接触器主触点断开,电动机停止运行。接触器触点闭合与否则受二次电路控制。

图 4-36(b)中,FU_1 和 FU_2 是二次熔断器。SB_1 是停止按钮,SB_2 是起动按钮,FH 是热继电器的保护输出触点。按下 SB_2,交流接触器 KM_1 的线圈得电,其主触点闭合,电动机开始运行。同时,接触器的辅助触点 KM_1-1 也闭合。它使接触器线圈获得持续的工作电源,接触器的吸合状态得以保持。习惯上将辅助触点 KM_1-1 称为自保(持)触点。

电动机运行中,若出现过电流或短路等异常情况,热继电器 FH[见图 4-36(a)]内部的双金属片会因电流过大而热变形,在一定时限内使其保护触点 FH[见图 4-36(b)]动作断开,致使接触器线圈失电,接触器主触点断开,电动机停止运行,保护电动机不被过电流烧坏。保护动作后，接触器的辅助触点 KM_1-1 断开，电动机保持在停运状态。

电动机运行中如果按下 SB_1，电动机同样会停止运行，其动作过程与热保护的动作过程相同。停止指示绿灯 HG 和运行指示红灯 HR 分别受接触器的常闭（动断）或常开（动合）辅助触点 KM_1-2、KM_1-3 控制，用作信号指示。电流互感器 TA 的二次线圈串接电流表 PA，电压表 PV 则直接接在电源线上，它们对电动机的运行电流和电压进行控制。

二、继电保护

电力系统的继电保护是当电力系统发生故障时，自动、迅速、有选择地将故障设备从电力系统切除，保证电力系统其余部分迅速恢复正常运行，并使故障设备不再继续遭受损害。继电保护是电力系统的重要组成部分，被称为电力系统的安全屏障，做好继电保护是电力系统安全运行必不可少的重要手段。这里主要介绍继电保护性能要求、类型和典型应用。

（一）继电保护的性能要求

对于作用于继电器跳闸的继电保护装置，必须在技术上同时满足选择性、速动性、灵敏性和可靠性四个基本要求，它是分析、研究继电保护性能的基础。

(1) 选择性。继电保护动作的选择性是指保护装置动作时，仅将故障元件从电力系统中切除，使停电的范围尽量小，以保证系统中的无故障部分仍能继续工作。

(2) 速动性。速动性是指保护装置的反应速度。快速地切除故障可以调高电力系统并联运行的稳定性，减少用户在电压降低的情况下动作的时间，以及缩小故障元件的损坏程度。对继电保护速动性的要求，应根据电力系统的接线以及被保护元件的具体情况来确定。

(3) 灵敏性。继电保护的灵敏性是指对于其保护范围内发生故障或不正常运行状态的反应能力。满足灵敏性要求的保护装置应在区内故障时，不论短路点的位置和短路的类型如何，都能灵敏地正确反应。

(4) 可靠性。保护装置的可靠性是指在该保护装置规定的保护范围内发生了它应该动作的故障时，它不应该拒绝动作。在不应该动作的情况下，则不应该错误动作。

（二）继电保护类型

电力系统继电保护方式的选择尤为重要，根据实际情况合理配置各种继电保护装置，以适应频繁变化的电力系统运行方式，确保电力系统的安全运行，为用户提供高质量的电能，继电保护可按以下 4 种方式分类。

(1) 按被保护对象分类，有输电线保护和主设备保护（如发电机、变压器、母线、电抗器、电容器等保护）。

(2) 按保护功能分类，有短路故障保护和异常运行保护。前者又可分为主保护、后备保护和辅助保护；后者又可分为过负荷保护、失磁保护、失步保护、低频保护、非全相运行保护等。

(3) 按保护装置进行比较和运算处理的信号量分类，有模拟式保护和数字式保护。一切机电型、整流型、晶体管型和集成电路型（运算放大器）保护装置，它们直接反映输入信号的连续模拟量，均属模拟式保护；采用微处理器和微型计算机的保护装置，它们反映的是将模拟量经采样和模/数转换后的离散数字量，这是数字式保护。

(4) 按保护动作原理分类，有过电流保护、低电压保护、过电压保护、功率方向保护、距离保护、差动保护、纵联保护、瓦斯保护等。

(三) 继电保护典型应用

继电保护在电力系统中应用广泛,任务线路、母线、变压器都不允许无继电保护情况下运行,这里以电力变压器为例介绍继电保护的应用。电力变压器是电力系统中极其重要的电器设备,它在整个电力系统中起着能量和电压转换的作用。它的运行是否安全直接关系到电力系统能否连续稳定地运行。鉴于电力变压器在系统中的重要性,电力变压的保护一直受到世人的重视和关注。

1. 变压器继电保护作用

变压器的不正常运行状态主要有:变压器外部短路引起的过电流,负荷长时间超过额定容量引起的过负荷,风扇故障或漏油等原因引起冷却能力的下降。这些不正常运行状态会使绕组和铁心过热。变压器处于不正常运行状态时,继电保护应根据其严重程度,发出警告信号,使运行人员及时发现并采取相应的措施,以确保变压器的安全。

2. 变压器继电保护类型及应用

变压器油箱内故障时,除了变压器各侧电流、电压变化外,油箱内的油、气、温度等非电量也会变化。这里主要介绍变压器纵差保护、变压器瓦斯保护和变压器电流速断保护。

(1) 变压器纵差保护。

变压器的纵差保护,主要用来保护变压器内部以及引出线和绝缘套管的相间短路,也可以用来保护变压器内的匝间短路,其保护区在变压器一、二次侧所装电流互感器之间,主要切除 CT 范围内的各种短路故障。如图 4-37 所示为双绕组单相变压器纵差保护的原理接线图。

$\dot{I}_1$、$\dot{I}_2$ 分别为变压器一次侧和二次侧电流,参考方向为母线指向变压器;$\dot{I}_1'$、$\dot{I}_2'$ 为相应的电流互感器二次电流,则流入差动继电器 KD 的差动电流为:

$$\dot{I}_\gamma = \dot{I}_1' + \dot{I}_2'$$

纵差保护的动作判据为:

$$I_\gamma \geqslant I_{\text{set}}$$

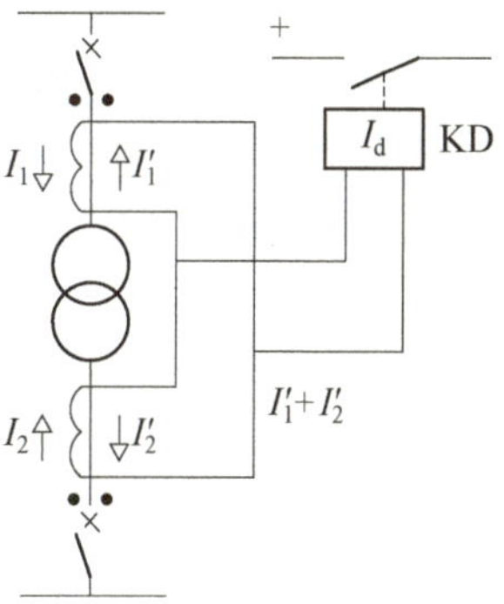

图 4-37 双绕组单相变压器纵差保护原理

由此可见,正常运行和变压器外部故障时,差动电流为零,保护不会动作;变压器内部故障时,相当于变压器内部多了一个故障支路,流入差动继电器的电流等于故障点电流,只要故障点电流大于差动继电器的动作电流,差动保护就迅速动作,切除故障。

(2) 变压器瓦斯保护。

瓦斯保护,又称为气体继电保护,是保护油浸式变压器内部故障的一种基本保护装置,是变压器的主保护之一,是应对变压器内部故障的最有效、最灵敏的保护装置。瓦斯保护的原理接线如图 4-38 所示。

变压器瓦斯保护动作后,运行人员应立即对变压器进行检查。可在气体继电器顶部打开放气阀,用干净的玻璃瓶收集蓄积的气体(注意:人体不得靠近带电部分),通过分析气体性质可判断出发生故障的原因和处理要求。

瓦斯保护只能反映变压器油箱内部的故障,而对变压器外部端子上的故障情况则无法

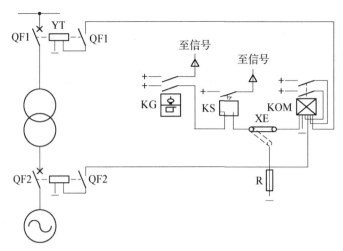

图 4-38 瓦斯保护原理接线图

反映。因此,除了设置瓦斯保护外,还需设置过电流、速断或差动等保护。

(3) 变压器电流速断保护。

对于小容量的变压器可以在电源侧装备电流速断保护,作为电源侧绕组、套管及引出线故障的主要保护,并用过电流保护作为变压器内部故障的后备保护。

图 4-39 为变压器电流速断保护的原理接线图,电流互感器装设于电源侧。电源侧为中性点直接接地系统时,保护采用完全星型接线方式;电源侧为中性点不接地或经消弧电抗器接地的系统时,则采用两相不完全星型接线。

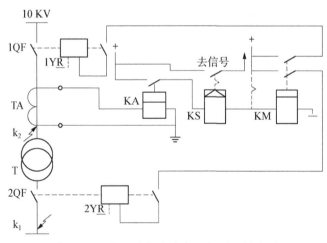

图 4-39 变压器电流速断保护原理接线图

速断保护的动作电流 I_{opT} 按躲过变压器外部故障(如 k_1 点)的最大短路电流整定,即:

$$I_{opT} = K_{rel} I_{k_1,\,max}$$

式中,$I_{k_1,\,max}$ 为 k_1 点短路时流过保护的最大三相短路电流;K_{rel} 为可靠系数,取 1.2~1.3。

变压器电流速断保护的灵敏系数按保护安装处(k_2 点)的最小运行方式下两相短路电流校验,即:

$$K_{s,\,min} = I^{(2)}_{k2,\,max} / I_{opT} > 2$$

电流速断保护的优点是接线简单,动作迅速。但是电流速断保护的动作范围小,有死区,不能保护变压器的全部绕组。为了弥补死区得不到保护的缺点,速断保护使用时要配备带时限的过电流保护。

三、熔断器

熔断器(fuse)是指当电流超过规定值时,以自身产生的热量将熔体熔断、断开电路的一种电器,其外形如图 4-40 所示。熔断器广泛应用于高低压配电系统和控制系统以及用电设备中,作为短路和过电流的保护器,是应用最普遍的保护器件之一。

熔断器常见外形

(a)插片式　　　　(b)管状

图 4-40　熔断器常见外形

(一)熔断器作用

熔断器的主要作用是保护电路安全运行。当电路发生故障或者异常时,伴随着电流不断升高,当电流升高到有可能损坏电路中的重要器件,甚至烧毁电路引起火灾时,熔断器就会起到保护电路的作用,如图 4-41 所示。

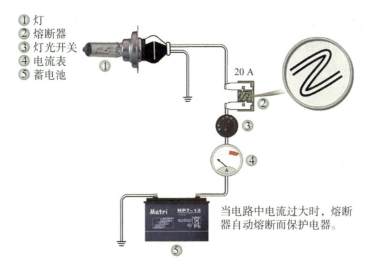

熔断器功用

① 灯
② 熔断器
③ 灯光开关
④ 电流表
⑤ 蓄电池

当电路中电流过大时,熔断器自动熔断而保护电器。

图 4-41　熔断器的功用

（二）熔断器组成与工作原理

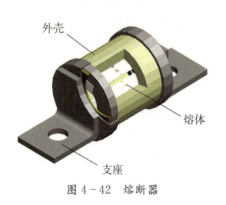

图 4-42 熔断器

熔断器是一种过电流保护器，其主要由熔体、外壳和支座三部分组成，如图 4-42 所示。其中熔体是熔断器的核心，熔断时起到切断电流的作用，同一类、同一规格熔断器的熔体，材质要相同、几何尺寸要相同、电阻值尽可能地小且要一致，重要的是熔断特性要一致。支座的作用是固定纤细、柔软的熔体，并使外壳、熔体和支座三部分成为整体，使熔断器更加便于安装、使用，它需要有良好的机械强度、绝缘性、耐热性和阻燃性，在使用中不应产生断裂、变形、燃烧及短路等现象。熔断器的外壳一般用耐热绝缘材料制成，在熔体熔断时兼有灭弧作用，外壳中可装入不同电流等级的熔体，但装入的熔体额定电流不能大于外壳的额定电流值。所谓外壳的额定电流是指由外壳长期工作所允许温升决定的电流值。

熔断器的工作原理是利用金属导体作为熔体串联于电路中，当被保护电路的电流超过规定值，并经过一段时间后，熔体自身产生热量熔断熔体，使电路断开，从而起到保护电路的作用。熔断器具有反时延特性，当过载电流小时，熔断时间长；过载电流大时，熔断时间短，因此，在一定过载电流范围内至电流恢复正常，熔断器不会熔断，可以继续使用。

（三）熔断器分类

1. 按使用电压分

根据使用电压的高低，熔断器可分为高压熔断器和低压熔断器。高压熔断器是用于高压电路过载和断路保护的熔断器，如电动汽车上驱动电机工作电路、空调工作电路、动力电池组加热器等高压大电流设备。低压熔断器是用于低压电路过载和断路保护的熔断器，如电动汽车的灯光线路、音响线路、刮水器线路等电器设备。

2. 按保护对象分

根据保护对象不同，熔断器可分为保护变压器用和一般电气设备用的熔断器、保护电压互感器的熔断器、保护电力电容器的熔断器、保护半导体元件的熔断器、保护电动机的熔断器和保护家用电器的熔断器等。

3. 根据熔断器结构分

熔断器根据结构不同，可分为敞开式、半封闭式、管式和喷射式熔断器。

（1）敞开式熔断器结构简单，熔体完全暴露于空气中，由瓷柱作支撑，没有支座，适于低压户外使用。分断电流时在大气中产生较明显的声光。

（2）半封闭式熔断器的熔体装在瓷架上，插入两端带有金属插座的瓷盒中，适于低压户内使用。分断电流时，所产生的声光被瓷盒挡住。

（3）管式熔断器的熔体装在熔断体内，插在支座或直接连在电路上使用。熔断体是两端套有金属帽或带有触刀的完全密封的绝缘管。这种熔断器的绝缘管内若充以石英砂，则分断电流时具有限流作用，可大大提高分断能力，故又称作高分断能力熔断器；若管内抽真空，则称作真空熔断器;若管内充以 SF6 气体,则称作 SF6 熔断器,其目的是改善灭弧性能。由于石英砂、真空和 SF6 气体均具有较好的绝缘性能,故这种熔断器不但适用于低压也适用于高压。

(4) 喷射式熔断器是将熔体装在由固体产气材料制成的绝缘管内。固体产气材料可采用电工反白纸板或有机玻璃材料等。当短路电流通过熔体时,熔体随即熔断产生电弧,高温电弧使固体产气材料迅速分解产生大量高压气体,从而将电离的气体带电弧在管子两端喷出,发出极明显的声光,并在交流电流过零时熄灭电弧而分断电流。绝缘管通常是装在一个绝缘支架上,组成熔断器整体。有时绝缘管上端做成可活动式,在分断电流后随即脱开而跌落,此种喷射式熔断器俗称跌落熔断器,一般适用于电压高于 6 kV 的户外场合。

此外,熔断器根据分断电流范围还可分为一般用途熔断器、后备熔断器和全范围熔断器。一般用途熔断器的分断电流范围指从过载电流大于额定电流 1.6~2 倍起,到最大分断电流的范围。这种熔断器主要用于保护电力变压器和一般电气设备。后备熔断器的分断电流范围指从过载电流大于额定电流 4~7 倍起至最大分断电流的范围。这种熔断器常与接触器串联使用,在过载电流小于额定电流 4~7 倍的范围时,由接触器来实现分断保护,主要用于保护电动机。

(四) 熔断器工作参数

在电气设备正常运行时,熔断器不应熔断;在出现短路时,应立即熔断;在电流发生正常变动(如电动机起动过程)时,熔断器不应熔断;在用电设备持续过载时,应延时熔断。熔断器的参数就成了我们需要了解的内容,熔断器的主要参数有:工作温度、额定电压、额定电流、短路截流能力、熔断特性。

(1) 工作温度:熔断器工作时的环境温度应在规定的工作温度范围之内,当环境温度超过 25℃时,应参照温度折减曲线降级使用。

(2) 额定电压:熔断器所在电路中的最高电压不应超过熔断器的额定电压。

(3) 额定电流:通过熔断器的工作电流不应超过额定电流的 75%。

(4) 短路截流能力:熔断器所在的电路中可能出现的最大短路电流不应超过熔断器的短路截流能力。

(5) 熔断特性:熔断器在出现需要切断的过载电流时的熔断速度应满足应用要求。

(五) 熔断器的选择方法

不同的电路需要用到不同的熔断器,那什么样的熔断器适合什么电路,该如何选择呢?下面主要给大家介绍熔断器的选择方法。

(1) 根据使用条件确定熔断器的类型。

(2) 选择熔断器的规格时,应首先选定熔体的规格,然后再根据熔体去选择熔断器的规格。

(3) 熔断器的保护特性应与被保护对象的过载特性有良好的配合。

(4) 在配电系统中,各级熔断器应相互匹配,一般上一级熔体的额定电流要比下一级熔体的额定电流大 2~3 倍。

(5) 对于保护电动机的熔断器,应注意电动机起动电流大小的影响。熔断器一般只作为电动机的短路保护,过载保护应采用热继电器。

(6) 熔断器的额定电流应不小于熔体的额定电流,应大于电路中可能出现的最大短路电流。

(六) 熔断器应用

熔断器广泛应用于高低压配电系统和控制系统以及用电设备中,作为短路和过电流的保护器,是应用最普遍也最重要的保护器件之一,这里主要介绍熔断器式隔离开关。

隔离开关的主要作用是断开小电流,改变运行方式,但当电流大到一定程度时,可能会对隔离开关中用于隔离的部件造成损坏,从而导致开关无法使用。

考虑到这一点,为了能够断开大电流,更为主要的是在面对大电流时能对隔离开关进行保护,需要提供熔断器进行保护,在结构上添加了熔断器的隔离开关就被称为熔断器式隔离开关,它需要满足以下三点条件:

(1) 通过使用熔断器来保护开关。

(2) 在正常的电路条件下(包括规定的过载)能接通、承载和分断电流,并在规定的非正常电路条件下(如短路)、规定时间内,能承载电流。

(3) 对电路能够提供安全隔离,当在分闸位置时保证电路断开并保证安全工作。

一般来说,熔断器式隔离开关主要用于常规线路,一般不作为电动机开关使用。因为电动机在起动和停止时的击穿电流过大,十分容易导致熔断器式隔离开关的损坏。其次,即使对于同一款的开关,当开关的额定发热电流不同时,所配用的熔断体也不尽相同,对于这一点,在我们选购熔断器式隔离开关时,需要多加注意,多加比对和结合自身情况来选择合适的款型,以免引起不必要的麻烦。

四、电压互感器与电流互感器

(一) 电流互感器

1. 电流互感器作用

电流互感器的作用是可以把数值较大的一次电流通过一定的变比转换为数值较小的二次电流,用来进行保护、测量等用途。如变比为 400/5 的电流互感器,可以把实际为 400 A 的电流转换为 5 A。

2. 电流互感器组成与原理

电流互感器主要由闭合的铁心和绕组组成,如图 4-43 所示。

电流互感器工作依据电磁感应原理。它的一次绕组匝数很少,串联在需要测量的电流的线路中,因此它经常有线路的全部电流流过;二次绕组匝数比较多,串接在测量仪表和保护回路中。电流互感器在工作时,它的二次回路始终是闭合的,因此测量仪表和保护回路串联线圈的阻抗很小,电流互感器的工作状态接近短路。

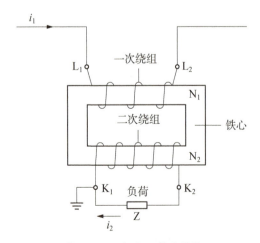

图 4-43 电流互感器结构

3. 电流互感器的接地

电流互感器的二次回路应有一个接地点,并在配电装置附近近端子排接地。但对于有多组电流互感器连接在一起的保护装置,则应在保护屏上经端子排接地。

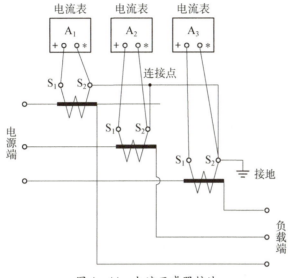

图 4-44 电流互感器接地

4. 电流互感器二次绕组选择

电流互感器二次绕组选择是按负载选定的。

(1) 电流互感器类型、二次绕组的数量和准确等级应满足继电保护、自动装置和测量仪表的要求。

(2) 保护用电流互感器的配置应避免出现主保护的死区。互感器二次绕组分配应避免当一套保护停用时,出现被保护区内故障的保护动作死区。

(3) 当高压配电装置采用 3/2 断路器接线时,独立式电流互感器每串宜配置三组。

(4) 对中性点有效接地系统,电流互感器宜按三相配置;对中性点非有效接地系统,根据具体要求可按两相或三相配置。

(5) 继电保护和测量仪表宜接到互感器不同的二次绕组,若受条件限制须共用一个二次绕组时,其性能应同时满足测量和继电保护的要求,其接线方式应避免仪表校验时影响继电保护工作。

(6) 双重化的两套保护应使用不同二次绕组,每套保护的主保护和后备保护应共用一个二次绕组。

(7) 电流互感器二次回路不宜进行切换,当需要时,应采取防止开路的措施。

5. 电流互感器应用

(1) 交流电流的测量。

交流电流测量装置是必须要有的,其可以检测设备是否运行在额定电流值。有关规定 40 kW 以上的设备,必须装设电流表进行监控。交流电流的测量有直接测量和经电流扩大测量的方式。直接测量就是将适当的电流表串接在电流回路上。

(2) 交流电度的测量。

为了扩大交流电度表的量程,工厂最常用的是采用电流互感器的方法来扩大量程。

(3) 拖动线路中的保护。

大功率中的过载保护,往往由于电流大,而无法达到相应的拖动电流,在这样的情况下,一般采用加装电流互感器的方法来解决。其实质是将大电流变换成小电流用 5 A 以内的热继电器足可满足过载保护的要求。

(二) 电压互感器

1. 电压互感器作用

电压互感器与变压器类似,是用来变换电压的仪器。但变压器变换电压的目的是方便输送电能,因此容量很大,一般都是以 kVA 或 MVA 为计算单位;而电压互感器变换电压的目的,主要是用来给测量仪表和继电保护装置供电,用来测量线路的电压、功率和电能,或者用来在线路发生故障时保护线路中的贵重设备、电机和变压器。因此电压互感器的容量很小,一般都只有几伏安、几十伏安,最大也不超过 1 kVA。

2. 电压互感器组成与原理

电压互感器是一种专门用作变换电压的特种变压器。它主要由一次绕组、二次绕组和铁心等组成,如图 4-45 所示。

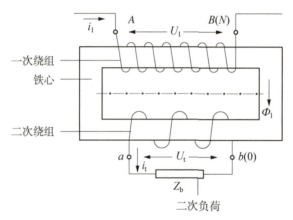

图 4-45 电压互感器

电压互感器工作原理是电压互感器的两个绕组在一个闭合的铁心上,一次绕组匝数很多,二次绕组匝数很少,一次侧并联接在电力系统中,一次绕组的额定电压与所连的系统的额定电压相同;二次侧并联接仪表,保护自动装置的电压绕组以及负载。由于这些负载的阻抗很大,二次侧流过的电流很小,因此,电压互感器的工作状态相当于变压器的空载状态。

3. 电压互感器的接地

电压互感器的接地方式通常有三种,分别为一次侧中性点接地、二次侧线圈接地和互感器铁心接地。

一次侧中性点接地是指由三只单相电压互感器组成星型接地,其一次侧中性点必须接地,如图 4-46 所示。这样,电压互感器在系统中不仅有电压检测,而且还起继电保护作用。

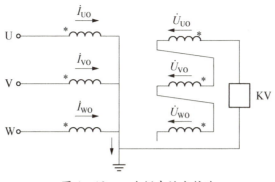

图 4-46 一次侧中性点接地

二次侧线圈接地是指电压互感器二次侧要有一个接地点。当一、二次侧绕组间的绝缘被高压击穿时，一次侧的高压会窜到二次侧，有了二次侧的接地，能确保人员和设备的安全。二次侧的接地方式通常有中性点接地和 V 相接地两种，如图 4-47 所示。根据继电保护等具体要求加以选用。另外，通过接地，可以给绝缘监视装置提供相电压。

互感器铁心接地是指在电压互感器外壳上有一个接地桩头，这是铁心和外壳的接地点，起安全保护作用，如图 4-48 所示。

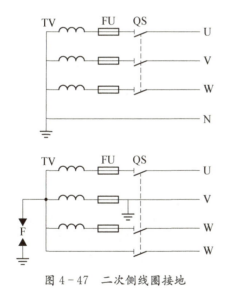

图 4-47 二次侧线圈接地

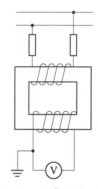

图 4-48 互感器铁心接地

4. 电压互感器二次绕组选型

电压互感器二次绕组选型是按使用场合来选定的。

(1) 供三相系统线间连接的单相电压互感器，其二次绕组额定电压为 100 V。

(2) 供三相系统相与地之间用的单相电压互感器，当其一次绕组额定电压为某一数值除以 $\sqrt{3}$ 时，二次绕组额定电压应为 $100/\sqrt{3}$ V。

(3) 剩余电压绕组的额定二次绕组电压。当系统中性点有效接地时应为 100 V；当系统中性点为非有效接地时应为 100/3 V。

5. 电压互感器应用

电压互感器是一种电压变换装置,它将高电压变换为低电压,以便用低电量值反映高电量值的变化。因此,通过电压互感器可以直接用普通电气仪表进行电压测量。由于采用了电压互感器,各种测量仪表和保护装置不直接与高电压相连接从而保证了仪表测量和继电保护工作的安全,也解决了高压测量的绝缘、制造工艺等困难。此外,由于电压互感器的二次侧电压均为 10 V,使得测量仪表和继电器电压线圈制造上得以标准化。除此之外电压互感器还应用于发电厂、变电所、动车组牵引电机和雷电保护等方面。

五、漏电保护器

(一) 漏电保护器作用

漏电保护器,简称漏电开关,又叫漏电断路器,主要是用来在设备发生漏电故障以及对有致命危险时的人身触电保护,具有过载和短路保护作用,可用来保护线路或电动机的过载和短路,亦可在正常情况下作为线路的不频繁转换启动之用。

(二) 漏电保护器组成与工作原理

漏电保护器的组成包括主开关、互感器、脱扣器三部分。如图 4-49 所示。

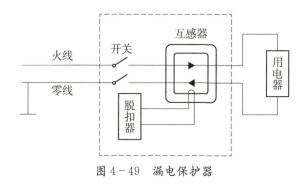

图 4-49 漏电保护器

设备正常工作时,火线、用电器和零线构成一个闭合电路。火线中的电流和零线中的电流是大小相等、方向相反的,火线和零线对互感器所产生的效果完全抵消,互感器中没有电流流过,脱扣器接在互感器线圈上不动作,开关保持接通状态,如图 4-50(a)所示。

如果地面上的人触摸到火线,就有电流从火线经过人体流向大地,这时互感器中火线和零线中电流的大小出现差异,使互感器上的线圈感应出电流,使脱扣器动作,断开开关,切断电路,保护人身安全,如图 4-50(b)所示。

触电电流对人体的危害程度跟触电电流的大小、触电时间的长短等因素有关,触电电流在 0.5 mA 以下时,人体没有反应;触电电流为 30 mA、触电时间为 1 s 以下时,不会造成死亡事故;触电电流为 200 mA 时,即使触电时间为 0.2 s,也有可能造成生命危险。因此,对漏电保护器来说,引起断电保护的漏电电流大小及动作时间是其两个重要的技术指标。用于一般场所防止触电事故的漏电保护器,当漏电电流达到 60 mA 时,通常要求漏电保护器必须在 0.2 s 内断开电路;当漏电电流为 250 mA 时,要求在 0.04 s 内断开电路。用于防止发生火灾

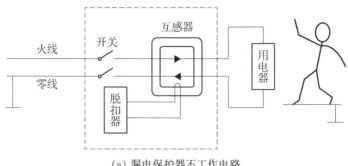

(a) 漏电保护器不工作电路

三相电子式电流型漏电保护器

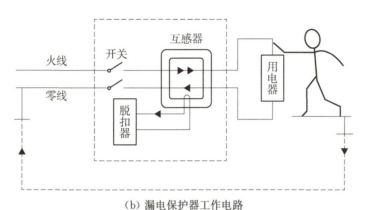

(b) 漏电保护器工作电路

图 4-50　漏电保护器工作原理

的漏电保护器的灵敏程度可以适当放宽,动作时间在 0.1～2 s 之间。

为经常检查漏电保护器的动作性能,漏电保护器上必须装一个试验按钮。按下按钮时,可以模拟一个漏电电流,以检查漏电保护器的开关能否正常脱扣。

(三) 漏电保护器应用

漏电保护器在我们生活和生产中广泛应用,对我们的用电安全起到了不可或缺的作用。这里主要介绍一下船舶漏电保护器的必要性和选用。

1. 船舶应用漏电保护器的必要性

船舶电气系统中接地故障(接地短路)有金属性和电弧性两种形式。故障点熔焊、故障点阻抗可忽略不计的接地故障为金属性接地故障。金属性接地故障能使设备外带危险接触电压,其主要后果是造成电击。

发生接地故障时,故障点不熔焊而是产生电弧、电火花(密集的电火花即是电弧)的接地称为电弧性接地故障。电弧、电火花具有很大的阻抗,它限制了接地故障电流,使过流保护电器不能动作或延缓许久才能动作,但故障点或连接不良的线接头上迸发的电弧、电火花的局部高温可达 2 000～3 000℃,很容易引燃周围可燃物质,引起电气火灾。因此,船舶安装漏电保护器对防触电、三电引起的火灾事故,具有重要作用。

2. 船舶漏电保护器的选用

依据国家、行业及船舶标准和规范,我们在选用漏电保护器时应遵循以下主要原则：

（1）漏电保护器应选用检验合格产品。

（2）应根据保护范围、人身设备安全和环境要求确定漏电保护器的电源电压、工作电流、漏电电流及动作时间等。

（3）电源采用漏电保护器做分级保护时，应满足上、下级开关动作的选择性。一般上一级漏电保护器的额定漏电电流不小于下一级漏电保护器的额定漏电电流。这样既可以灵敏地保护人身和设备安全，又能避免越级跳闸，缩小事故检查范围。

（4）固定线路的用电设备和正常作业场所，应选用带漏电保护器的动力配电箱。临时使用的小型电器设备，应选用漏电保护插头（座）或带漏电保护器的插座箱。

（5）漏电保护器作为直接接触防护的补充保护时（不能作为唯一的直接接触保护），应选用高灵敏度、快速动作型漏电保护器。一般环境选择动作电流不超过 30 mA、动作时间不超过 0.1 s，这两个参数保证了人体如果触电时，不会使触电者产生病理性、生理性危险效应。

（6）对于不允许断电的电气设备，如通道照明、应急照明、消防设备的电源、用于防盗报警的电源等，应选用报警式漏电保护器接通声、光报警信号，通知管理人员及时处理故障。

本任务介绍了大功率接触器、继电保护、熔断器、电压和电流互感器以及漏电保护器的一些内容。

接触器主要应用于电力、配电以及用电设备中。它是利用电磁吸力来动作的，产生用来直接控制主电路的工作状态。接触器分为交流接触器和直流接触器。直流接触器主要由铁心、吸引线圈、衔铁、触点及回位弹簧组成，交流接触器相较直流接触器多了灭弧系统。这两种接触器的原理一样，都是通过电磁吸力来产生动作的，用来直接控制主电路的工作状态。

继电保护是电力系统的重要组成部分，被称为电力系统的安全屏障。电力系统的继电保护是当电力系统发生故障时，自动、迅速、有选择地将故障设备从电力系统切除，保证电力系统其余部分迅速恢复正常运行，并使故障设备不再继续遭受损害。继电保护配置方式要满足电力网结构和厂站的主接线的要求，并考虑电力网和厂站的运行方式的灵活性。所配置的继电保护装置应能满足可靠性、选择性、灵敏性和速动性的要求。

熔断器主要是起到保护电路安全运行的作用，它是一种过电流保护器，其主要由熔体、外壳和支座三部分组成。熔断器根据使用电压可分为高压熔断器和低压熔断器，根据结构可分为敞开式、半封闭式、管式和喷射式熔断器。

电流互感器主要由闭合的铁心和绕组组成，主要用来进行保护、测量等用途。电流互感器应用一般分为两种：测量用电流互感器，保护用电流互感器。电压互感器主要由一、二次绕组、铁心等组成，它与变压器类似，是用来变换电压的仪器。电压互感器主要应用于发电厂、变电所、动车组牵引电机、雷电保护等方面。

漏电保护器主要是用来在设备发生漏电故障时以及对有致命危险的人身触电保护，具有过载和短路保护作用，主要由主开关、互感器、脱扣器三部分组成。现在生活中的很多场所都强制安装漏电保护器，以免发生触电情况。

任务练习

一、判断题

1. 直流接触器一般由铁心、吸引线圈、衔铁、触点弹簧等组成。（ ）
2. 继电保护装置为了完成它的任务，必须在技术上满足选择性、速动性、灵敏性和可靠性四个基本要求。（ ）
3. 熔断器广泛应用于高低压配电系统和控制系统以及用电设备中，作为断路和过电流的保护器，是应用最普遍也最重要的保护器件之一。（ ）
4. 电流互感器应用一般分为两种：测量用电流互感器和保护用电流互感器。（ ）
5. 漏电保护器的组成包括主开关、互感器、用电器三部分。（ ）

二、选择题

1. 电力系统发生故障后，工频电气量变化的主要特征是：电流增大、电流与电压之间的相位角改变、测量阻抗发生变化和（   ）。【单选题】
   A. 电流减小　　　　　　　　　　　B. 电压降低
   C. 电压升高　　　　　　　　　　　D. 电阻减小
2. 熔断器是一种（   ）保护器，其主要由熔体、外壳和支座三部分组成。【单选题】
   A. 过电流　　　B. 过电压　　　C. 过热　　　D. 以上都不是
3. 电压互感器的接地方式通常有三种：一次侧中性点接地、二次侧线圈接地和（   ）。【单选题】
   A. 三次主线圈接地　　　　　　　　B. 互感器电源接地
   C. 互感器铁心接地　　　　　　　　D. 以上都不是
4. 漏电保护器是可以用来在设备发生漏电故障以及对有致命危险时的人身触电保护，具有（   ）保护作用，可用来保护线路或电动机的过载和短路，亦可在正常情况下作为线路的不频繁转换启动之用。【多选题】
   A. 断路　　　B. 过载　　　C. 开关　　　D. 短路
   E. 电源
5. 漏电保护器主要由（   ）三部分组成。【多选题】
   A. 主开关　　　B. 互感器　　　C. 脱扣器　　　D. 电流传感器

三、简答题

1. 请简述接触器的组成及工作原理。
2. 请简述电压互感器组成及工作原理。

任务 3　AC‑DC 电路

任务目标

1. 了解 AC‑DC 电路的类型。
2. 理解半波整流电路的组成和原理。
3. 理解三相桥式整流电路的组成和原理。
4. 了解 AC‑DC 电路的应用。

任务导入

某节电工电子的实验课上,教师给学生提供了一个直流电动机、1 个小型手摇式交流发电机、1 个闸刀开关、1 个整流器、带绝缘皮的连接线若干,要求学生连接成直流电动机的工作电路,并使电动机运转。第一次,学生只将交流发电机、闸刀开关、直流电动机连接成一个工作电路,闭合闸刀开关,摇转发电机发电后,直流电动机不工作;第二次,学生将整流器串联在发电机和电动机之间后连接成一个工作电路,闭合闸刀开关,摇转发电机发电后,直流电动机就开始转动。想一想,为什么在发电机和和直流电动机之间串联上整流器后,电动机才能运转呢?请学习整流电路的相关知识,解释其中的道理。

知识储备

AC‑DC 电路可以将交流电源转换成直流电源,也称为整流电路或 AC‑DC 变换电路。它在直流电动机的调速、发电机的励磁调节、电解、电镀等领域得到广泛应用。这里主要介绍 AC‑DC 电路的类型、组成与原理以及典型应用。

一、AC‑DC 电路类型

AC‑DC 电路是可以将交流电源变换为直流电源的电路,它利用电子元器件二极管、晶体管、晶闸管等,通过控制这些元件的"接通"和"关断"的工作状态,进行电源输入电压的脉冲调节和控制,从而将脉动电压变换成直流电压,并使其稳定。AC‑DC 电路按照不同的标准可分为不同的类型,常见的分类方法如下。

(一) 按组成器件分

AC-DC 电路按照组成器件分为不可控电路、半控电路和全控电路。

1. 不可控电路

不可控整流电路完全由不可控二极管组成,电路结构确定之后其直流整流电压和交流电源电压值的比是固定不变的。

2. 半控电路

半控整流电路由可控元件和二极管混合组成。在这种电路中,负载电源极性不能改变,但平均值可以调节。

3. 全控电路

在全控整流电路中,所有的整流元件都是可控的(SCR、GTR、GTO 等),其输出直流电压的平均值及极性可以通过控制元件的导通状况来调节。在这种电路中,功率既可以由电源向负载传送,也可以由负载反馈给电源,即所谓的有源逆变。

(二) 按电路结构分

AC-DC 电路按照电路结构可分为零式电路和桥式电路。

1. 零式电路

零式电路指带零点或中性点的电路,又称半波电路。它的特点是所有整流元件的阴极(或阳极)都接到一个公共接点,向直流负载供电,负载的另一根线接到交流电源的零点。

2. 桥式电路

桥式电路实际上是由两个半波电路串联而成,故又称全波电路。

(三) 按电网交流输入相数分

AC-DC 电路按电网交流输入相数分为单相电路、三相电路和多相电路。

1. 单相电路

对于小功率整流器常采用单相供电;单相整流电路分为半波整流、全波整流、桥式整流及倍压整流电路等。

2. 三相电路

三相整流电路的交流侧由三相电源供电,负载容量较大;或要求直流电压脉动较小,容易滤波。

三相可控整流电路有三相半波可控整流电路、三相半控桥式整流电路和三相全控桥式整流电路三种。因为三相整流装置三相是平衡的,输出的直流电压和电流脉动小,对电网影响小,且控制滞后时间短,采用三相全控桥式整流电路时,输出电压交变分量的最低频率是电网频率的 6 倍,交流分量与直流分量之比也较小,因此滤波器的电感量比同容量的单相或三相半波电路小得多。另外,晶闸管的额定电压值也较低。因此,这种电路适用于大功率变流装置。

3. 多相电路

多相整流电路是为了进一步增大整流电路的功率(如轧钢电动机、功率达数兆瓦等),减轻对电网的干扰，特别是减轻整流电路高次谐波对电网的影响而采用的十二相、十八相、二十四相乃至三十六相的整流电路。

采用多相整流电路能改善功率因数，提高脉动频率，使变压器初级电流的波形更接近正弦波，从而减少谐波的影响。从理论上来说，相数越多，能够削弱的谐波影响越多。因此，多相整流常用在大功率整流领域，最常用的有双反星中性点带平衡电抗器接法和三相桥式接法。

（四）按电流方向分

AC-DC电路按变压器二次侧电流的方向可分为单向和双向，又分为单拍和双拍电路。其中所有半波整流电路都是单拍电路，所有全波整流电路都是双拍电路。

（五）按控制方式分

AC-DC电路按控制方式分为相控式电路和斩波式电路（斩波器）。

1. 相控式电路

相控式电路是通过控制触发脉冲的相位来控制直流输出电压大小的电路。相控式整流电路能够实现可控是因为整流元件使用具有控制功能的晶闸管。在这种电路中，只要适当控制晶闸管触发导通瞬间的相位角，就能够控制直流负载电压的平均值。

2. 斩波式电路

斩波式电路是指在电力运用中，出于某种需要，将正弦波的一部分"斩掉"，使电压恒定的直流电变换为电压可调的直流电的电力电子变流装置，也称为直流斩波器。斩波式整流电路是指利用晶闸管等高频开关元件完成把交流电整流成直流电压，但又因滤波电容器的作用使电压值严重畸变（断崖式减小）的电路。

（六）按引出方式分

AC-DC电路按引出方式分为中点引出整流电路、桥式整流电路、带平衡电抗器整流电路、环形整流电路和十二相整流电路。

1. 中点引出整流电路

中点引出整流电路分为单脉波（单相半波）、两脉波（单相全波）、三脉波（三相半波）、六脉波（三相全波）。

2. 桥式整流电路

桥式整流电路分为两脉波（单相）桥式、六脉波（三相）桥式。

3. 带平衡电抗器整流电路

带平衡电抗器整流电路分为一次星型连接的六脉波带平衡电抗器电路（即双反星带平衡电抗器电路）、一次角形连接的六脉波带平衡电抗器电路。

4. 十二相整流电路

十二相整流电路分为二次星、三角连接，桥式并联（带6f平衡电抗器）单机组十二脉波整流电路；二次星、三角连接，桥式串联十二脉波整流电路；桥式并联等值十二脉波整流电路；双反星型带平衡电抗器等值十二脉波整流电路。

二、AC-DC 电路组成与原理

整流电路是把交流电能转换为直流电能的电路,常见的整流电路有半波整流、全波整流、桥式整流和倍压整流四种,这里以半波整流电路和三相桥式整流电路为例介绍整流电路的组成与原理。

(一) 半波整流电路组成与原理

1. 组成

半波整流是一种利用二极管的单向导通特性,在输入为标准正弦波的情况下,输出获得正弦波的正半部分,负半部分则损失掉的常见电路。半波整流电路主要由整流变压器 T、二极管 V 及负载电阻 R_L 组成,如图 4-51 所示。变压器把市电电压(多为 220 V)变换为所需要的交变电压 U_2,再把交流电变换为脉动直流电。为了突出主要问题,认为二极管均为理想二极管,即正向电阻为零,反向电阻无穷大,管压降为零。

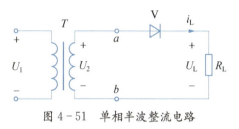

图 4-51　单相半波整流电路

2. 工作原理

半波整流电路主要是根据二极管的单向导通特性进行整流的,具体过程如下:

(1) 当输入电压为正半周时,二极管正向导通,则负载上的电压、流过负载的电流和流过二极管的电流分别为:

$$U_L = U_2$$
$$i_1 = i_L = \frac{U_2}{R_L}$$

(2) 当输入电压为负半周时,二极管反向截止,则负载上的电压、流过负载的电流和流过二极管的电流分别为:

$$U_L = 0$$
$$i_1 = i_L = 0$$

整流波形如图 4-52 所示。由于这种电路只在交流的半个周期内才导通,也只有在正半周时才有电流流过负载,故称为单相半波整流电路。

(二) 三相桥式整流电路组成与原理

1. 组成

三相桥式整流电路是由一组共阴极电路和一组共阳极电路串联组成的,电路如图 4-53 所示。二极管 VD_1、VD_3、VD_5 是共阴极接法,二极管

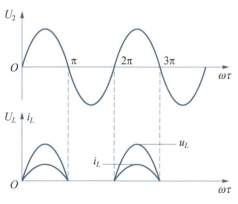

图 4-52　单相半波整流波形图

VD_2、VD_4、VD_6 是共阳极接法。

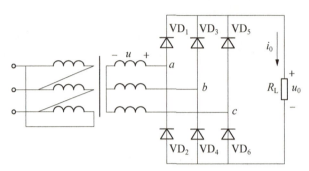

图 4-53 三相桥式整流电路

2. 工作原理

三相桥式整流电路导电的基本原理是二极管的阳极电位高于阴极电位时二极管导通,反之不导通。即:共阴极组中阳极电位最高的二极管导通;共阳极组中阴极电位最低的二极管导通。其电路波形如图 4-54 所示。

AC-DC 转换器
工作原理

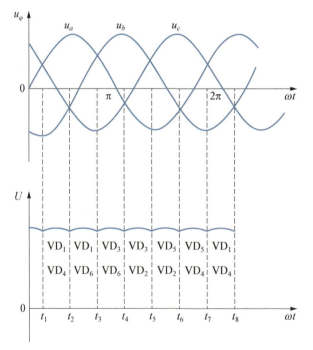

图 4-54 三相桥式整流电路波形图

在 $t_1 \sim t_2$ 期间,共阴极组中 a 点电位最高,VD_1 导通;共阳极组中 b 点电位最低,VD_4 导通。负载两端的电压为线电压 U_{ab}。

在 $t_2 \sim t_3$ 期间,共阴极组中 a 点电位最高,VD_1 导通;共阳极组中 c 点电位最低,VD_6 导通。负载两端的电压为线电压 U_{ac}。

在 $t_3 \sim t_4$ 期间,共阴极组中 b 点电位最高,VD_3 导通;共阳极组中 c 点电位最低,VD_6 导通。负载两端的电压为线电压 U_{bc}。

在 $t_4 \sim t_5$ 期间,共阴极组中 b 点电位最高,VD_3 导通;共阳极组中 a 点电位最低,VD_2 导通。负载两端的电压为线电压 U_{ba}。

在一个周期中,每个二极管只有 1/3 的时间导通。负载两端的电压为线电压。

三、AC‑DC 电路典型应用

整流电路在直流电动机的调速、发电机的励磁调节、电解、电镀等领域得到广泛应用。这里主要介绍 AC‑DC 功率变换器。

AC‑DC 功率变换器也称整流器,其功用是将交流电能转化为直流电能,如将 220 V 或 110 V 的交流电压等转换成电子设备所需要的稳定直流电压。电动汽车中 AC‑DC 的功能主要是将交流发电机发出的交流电转换成直流电提供给用电器或电能储能设备储存。

AC‑DC 功率变换器的原理如图 4‑55 所示,图中 U_{ref} 为参考电压,PWM 为脉冲宽度调制式开关变换器。AC‑DC 功率变换器由整流电路、输入滤波电路、DC‑DC 转换电路、控制电路、过电压和过电流保护电路等组成。

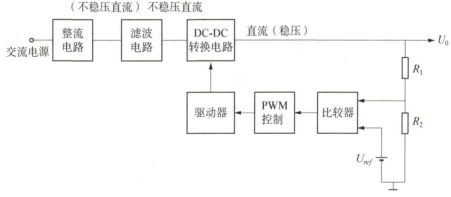

图 4‑55 AC‑DC 功率变换器电路原理

整流电路的作用是将交流电压变为直流脉冲电压;输入滤波电路的作用是使整流后的电压更加平滑,并将电网中的杂波滤除以免对模块产生干扰,同时输入滤波器也阻止模块自身产生的干扰影响;DC‑DC 转换电路和控制电路是模块的关键环节,由它实现直流电压的转换和稳压;保护电路的作用是在模块输入电压或电流过大的情况下产生动作,使模块关断,从而起到保护作用。

目前,越来越多的模块制造厂商还在全波整流电路和 DC‑DC 变换电路之间加入功率因数校正电路,有效地解决了整流后谐波畸变所导致的低功率因数问题,使模块效率进一步提高。

常见的 AC‑DC 功率变换模块输出功率有 25 W、40 W、40~50 W、50 W、50~60 W、75 W、100 W、130 W、160~180 W、200 W、350 W、450 W、600 W、740 W、950 W、1500 W;输出电压可以是 ±5 V、±12 V、±15 V、±24 V 或者在某一范围内连续可以调节;输出结构可以是单路电压输出或者是双路、三路、四路甚至是五路;模块外部封装可以是开放式、金属外壳或者其他的。另外,用户可以根据设备的需要自由选择合适的模块。

本任务主要介绍了 AC-DC 电路的类型、组成、原理和典型应用。

AC-DC 电路就是把交流电变为直流电的一种电路,在我们生活中应用也是相当广泛,它有很多种类型,AC-DC 电路按照组成器件分为不可控电路、半控电路和全控电路;按照电路结构分为零式电路和桥式电路;按电网交流输入相数分为单相电路、三相电路和多相电路;按电流方向分为单向和双向电路;按控制方式分为相控式电路和斩波式电路(斩波器);按引出方式分为中点引出整流电路、桥式整流电路、带平衡电抗器整流电路、环形整流电路、十二相整流电路。

整流电路是把交流电能转换为直流电能的电路,半波整流电路和三相桥式整流电路是典型的整流电路,半波整流电路主要是根据二极管的单向导通特性进行整流的,三相桥式整流电路是利用二极管的阳极电位高于阴极电位时二极管导通,反之不导通的特性进行整流工作的。

整流电路在直流电动机的调速、发电机的励磁调节、电解、电镀等领域得到广泛应用。电动汽车中 AC-DC 的功能主要是将交流发电机发出的交流电转换成直流电提供给用电器或电能储存设备储存,即 AC-DC 电路在电动汽车中作为 AC-DC 功率变换器的重要组成部分,实现相应的整流控制。

一、判断题

1. 半控整流电路由可控元件和二极管混合组成。在这种电路中,负载电源极性能改变,平均值不可以调节。(   )
2. AC-DC 电路按电网交流输入相数分为单相电路、三相电路和多相电路。(   )
3. 三相整流电路交流侧由三相电源供电,负载容量较小;或要求直流电压脉动小,易滤波。
(   )
4. 半波整流电路主要是根据二极管的单向导通特性进行整流的。(   )
5. 三相桥式整流电路导电的基本原理是二极管的阳极电位高于阴极点位时二极管导通,反之不导通。(   )

二、选择题

1. 桥式电路实际上是由(   )半波电路串联而成,故又称全波电路。【单选题】
   A. 一个   B. 两个   C. 三个   D. 四个
2. AC-DC 电路按控制方式分为(   )电路和斩波式电路。【单选题】
   A. 环式整流   B. 全波   C. 相控式   D. 全控
3. 零式电路的特点是所有整流元件的阴极(或阳极)都接到一个公共接点,向____负载供电,负载的另一根线接到____电源的零点。(   )。【单选题】

  A. 直流,直流 B. 交流,直流 C. 直流,交流 D. 交流,交流
4. AC‑DC 电路按照组成器件分为(　　)。【多选题】
  A. 不可控电路 B. 可控电路 C. 半控电路 D. 全控电路
5. 整流电路是把交流电能转换为直流电能的电路,常见的整流电路有(　　)。【多选题】
  A. 半波整流 B. 全波整流 C. 桥式整流 D. 倍压整流

三、简答题

1. 简述半波整流电路组成与原理。
2. 简述三相桥式整流电路组成与原理。

任务 4　DC-AC 电路

 **任务目标**

1. 掌握 DC-AC 电路的定义与作用。
2. 了解 DC-AC 电路的类型。
3. 理解单相桥式逆变电路的组成与原理。
4. 了解 DC-AC 电路在生产生活中的典型应用。

 **任务导入**

某节电工电子的实验课上,教师给学生提供了一个交流异步电动机、2 个 12 V 的铅酸蓄电池、1 个闸刀开关、1 个逆变器、带绝缘皮的连接线若干,要求学生连接成交流异步电动机的工作电路,并能带动电动机运转。第一次连接的电路没有安装逆变器,闭合闸刀开关,电动机不工作;第二次将逆变器串联到铅酸蓄电池和电动机之间,再用导线连接成工作电路,闭合闸刀开关,电动机开始转动。想一想,为什么在铅酸蓄电池和交流异步电动机之间串联上逆变器后,电动机才能运转呢?请学习逆变电路的相关知识,解释其中的道理。

 **知识储备**

DC-AC 电路可以将直流电源转换成交流电源,也称为逆变电路。DC-AC 电路应用非常广泛,如新能源汽车的逆变器、交流电机调速用变频器、国家公共电网电路中的变频系统的核心部分都是逆变电路。这里主要介绍 DC-AC 电路的类型、组成与原理以及典型应用。

一、DC-AC 电路类型

DC-AC 电路(逆变电路)是与 AC-DC 电路(整流电路)对应的,可以将交流电转变为直流电。DC-AC 电路(逆变电路)是利用半导体开关器件的开通和关断,将直流电源转换为幅值和频率均可控制的正弦交流输出电源,用来驱动交流电动机或作为交流不间断电源应用。

DC-AC 电路按照不同的标准分为不同的类型,主要有以下几种分类方法。

1. 按输入电源性质分

根据输入直流电源的性质不同,DC-AC 电路可分为电压型逆变电路(Voltage Source

Type Inverter，VSTI)和电流型逆变电路(Current Source Type Inverter，CSTI)。DC-AC 变换电路由直流电源提供能量，为了保证直流电源为恒压源或恒流源，在直流电源的输出端须配有储能元件。若采用大电容作为储能元件，能够保证电压的稳定；若采用大电感作为储能元件，是为了保证电流的稳定。

2. 按照逆变电路结构不同分

根据逆变电路结构可分为半桥式、全桥式和推挽式逆变电路。

半桥式逆变电路具有一定的抗不平衡能力，对电路对称性要求不严格；适应的功率范围较大，从几十瓦到千瓦都可以；开关管耐压要求较低；电路成本比全桥电路低。

全桥式与推挽式结构相比，原边绕组减少了一半，开关管耐压降低一半。但使用的开关管数量多，且要求参数一致性好，驱动电路复杂，实现同步比较困难。这种电路结构通常使用在1kW以上超大功率开关电源电路中。

推挽式逆变电路与单端电路相比电源电压利用率高、输出功率大、两管基极均为低电平，驱动电路简单。但变压器绕组利用率低、对开关管的耐压要求比较高(至少是电源电压的两倍)。

3. 按照所用的电力电子器件的换流方式不同分

根据电子器件的换流方式可分为自关断、强迫换流和负载换流逆变电路。自关断换流是指利用全控器件的自关断能力进行换流，也称为器件换流。设置附加换流电路，给欲关断的晶闸管强迫施加反向电压换流称为强迫换流。由负载提供换流电压，当负载为电容性负载即负载电流超前于负载电压时，可实现负载换流。

4. 按照负载控制要求分

根据负载的控制要求，逆变电路的输出电压(电流)和频率往往是变化的，根据电压和频率控制方法不同，可分为脉冲宽度调制(PWM)逆变电路和脉冲幅值调制(PAM)逆变电路。用阶梯波调幅或用数台逆变器通过变压器实现串、并联的移相调压的方波或阶梯波逆变器。

5. 按照输出波形分

根据逆变器输出波形，主要分为正弦波逆变器和方波逆变器。正弦波逆变器输出的是同日常使用的电网一样甚至更好的正弦波交流电，因为它不存在电网中的电磁污染。而方波逆变器输出的则是质量较差的方波交流电，其正向最大值到负向最大值几乎同时产生，对负载和逆变器本身造成了剧烈的不稳定影响。

6. 按输出电能的去向分

根据输出的电能去向分，可分为有源逆变电路和无源逆变电路。有源逆变电路的交流侧接电网，即交流侧接有电源。而无源逆变电路的交流侧直接和负载连接。

二、DC-AC 电路组成与原理

逆变电路(Inverter Circuit)是与整流电路(Rectifier)相对应，把直流电变成交流电的电路。逆变电路可用于构成各种交流电源。这里以单相半桥式逆变电路和单相全桥式逆变电路来介绍逆变电路组成和原理。

（一）单相半桥式逆变电路组成和原理

1. 单相半桥式逆变电路组成

单相半桥逆变电路组成如图 4-56(a) 所示，其主要由电容（C_1，C_2）、电源（U_d）、晶体管（VT_1，VT_2）、续流二极管（VD_1，VD_2）、电阻 R、电感 L 等电子器件组成（如电动机就为典型的感性负载，其绕组对交流电呈感性，相当于电感 L，绕组本身的直流电阻用 R 表示）。

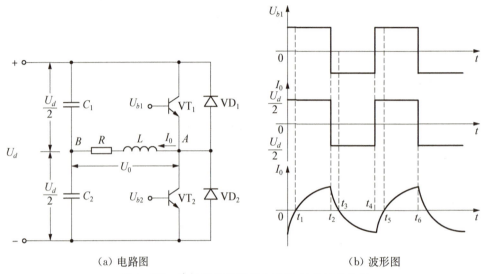

(a) 电路图　　　　　　　　　　(b) 波形图

图 4-56　单相半桥式逆变电路及相关信号波形

2. 单相半桥式逆变电路工作原理

单相半桥式逆变电路工作原理如图 4-56(b) 所示。

在 $t_1 \sim t_2$ 期间，VT_1 基极脉冲信号 U_{b1} 为高电平，VT_2 的 U_{b2} 为低电平，VT_1 导通、VT_2 关断，A 点电压为 U_d，由于 B 点电压为 $\dfrac{U_d}{2}$，故 R、L 两端的电压 U_0 为 $\dfrac{U_d}{2}$，VT_1 导通后有电流流过 R、L，电流途径是：$U_d + \to VT_1 \to L \to R \to B \to C_2 \to U_d -$，因为 L 对变化电流的阻碍作用，流过 R、L 的电流 I_0 将慢慢增大。

在 $t_2 \sim t_3$ 期间，VT_1 的 U_{b1} 为低电平，VT_2 的 U_{b2} 为高电平，VT_1 关断，流过 L 的电流突然变小，L 马上产生左正右负的电动势，该电动势通过 VD_2 形成电流回路，电流途径是：L 左 $+ \to R \to C_2 \to VD_2 \to L$ 右 $-$，该电流方向仍是由右往左，但电流随 L 上的电动势下降而减小，在 t_3 时刻电流 I_0 变为 0。在 $t_2 \sim t_3$ 期间，由于 L 产生左正右负电动势，A 点电压较 B 点电压低，即 R、L 两端的电压 U_0 极性发生了改变，变为左正右负，由于 A 点电压很低，虽然 VT_2 的 U_{b2} 为高电平，VT_2 仍无法导通。

在 $t_3 \sim t_4$ 期间，VT_1 基极脉冲信号 U_{b1} 仍为低电平，VT_2 的 U_{b2} 仍为高电平，由于此时 L 上的左正右负电动势已消失，VT_2 开始导通，有电流流过 R、L，电流途径是：C_2 上 $+$（C_2 相当于一个大小为 $U_d/2$ 的电源）$\to R \to L \to VT_2 \to C_2$ 下 $-$，该电流与 $t_1 \sim t_3$ 期间的电流相反，由于 L 的阻碍作用，该电流慢慢增大。因为 B 点电压为 $\dfrac{U_d}{2}$，A 点电压为 0，故 R、L 两

端的电压 U_0 大小为 $\dfrac{U_d}{2}$,极性是左正右负。

在 $t_4 \sim t_5$ 期间,VT$_1$ 的 U_{b1} 为高电平,VT$_2$ 的 U_{b2} 为低电平,VT$_2$ 关断,流过 L 的电流突然变小,L 马上产生左负右正的电动势,该电动势通过 VD$_1$ 形成电流回路,电流途径是:L 右$+ \to$ VD$_1 \to C_1 \to R \to L$ 左$-$,该电流方向由左往右,但电流随 L 上电动势下降而减小,在 t_5 时刻电流 I_0 变为 0。在 $t_4 \sim t_5$ 期间,由于 L 产生左负右正电动势,A 点电压较 B 点电压高,即 U_0 极性仍是左负右正,另外因为 A 点电压很高,虽然 VT$_1$ 的 U_{b1} 为高电平,VT$_1$ 仍无法导通。

t_5 时刻以后,电路重复上述工作过程。

半桥式逆变电路结构简单,但负载两端得到的电压较低(为直流电源电压的一半),并且直流侧需采用两个电容器串联来均压。半桥式逆变电路常用在几千瓦以下的小功率逆变设备中。

(二) 单相全桥式逆变电路组成和原理

1. 单相全桥式逆变电路组成

单相全桥式逆变电路和半桥式逆变电路的组成类似,如图 4-57(a)所示,其主要由电容(C)、电源(U_d)、晶体管(VT$_1 \sim$ VT$_4$)、续流二极管(VD$_1 \sim$ VD$_4$)、电阻 R、电感 L 等电子器件组成。

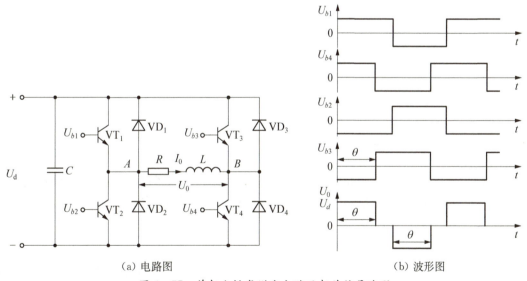

(a) 电路图　　　　(b) 波形图

图 4-57　单相全桥式逆变电路及相关信号波形

2. 单相全桥式逆变电路工作原理

单相全桥式逆变电路工作原理如图 4-57(b)所示。

在 $0 \sim t_1$ 期间,VT$_1$、VT$_4$ 的基极控制脉冲都为高电平,VT$_1$、VT$_4$ 都导通,A 点通过 VT$_1$ 与 U_d 正端连接,B 点通过 VT$_4$ 与 U_d 负端连接,故 R、L 两端的电压 U_0 大小与 U_d 相等,极性为左正右负(为正压),流过 R、L 电流的方向是:$U_d + \to$ VT$_1 \to R$、$L \to$ VT$_4 \to U_d -$。

在 $t_1 \sim t_2$ 期间，VT_1 的 U_{b1} 为高电平，VT_4 的 U_{b4} 为低电平，VT_1 导通，VT_4 关断，流过 L 的电流突然变小，L 马上产生左负右正的电动势，该电动势通过 VD_3 形成电流回路，电流途径是：L 右 $+ \rightarrow VD_3 \rightarrow VT_1 \rightarrow R \rightarrow L$ 左 $-$，该电流方向仍是由左往右。由于 VT_1、VD_3 都导通，A 点和 B 点都与 U_d 正端连接，即 $U_A = U_B$，R、L 两端的电压 U_0 为 $0(U_0 = U_A - U_B)$。在此期间，VT_3 的 U_{b3} 也为高电平，但因 VD_3 的导通使 VT_3 的 C、E 极电压相等，VT_3 无法导通。

在 $t_2 \sim t_3$ 期间，VT_2、VT_3 的基极控制脉冲都为高电平，在此期间开始一段时间内，L 还未能完全释放能量，还有左负右正电动势，但 VT_1 因基极变为低电平而截止，L 的电动势转而经 VD_3、VD_2 对直流侧电容 C 充电，充电电流途径是：L 右 $+ \rightarrow VD_3 \rightarrow C \rightarrow VD_2 \rightarrow R \rightarrow L$ 左 $-$，VD_3、VD_2 的导通使 VT_2、VT_3 不能导通，A 点通过 VD_2 与 U_d 负端连接，B 点通过 VD_3 与 U_d 正端连接，故 R、L 两端的电压 U_0 大小与 U_d 相等，极性为左负右正（为负压），当 L 上的电动势下降到与 U_d 相等时，无法继续对 C 充电，VD_3、VD_2 截止，VT_2、VT_3 马上导通，有电流流过 R、L，电流的方向是：$U_d + \rightarrow VT_3 \rightarrow L$、$R \rightarrow VT_2 \rightarrow U_d -$。

在 $t_3 \sim t_4$ 期间，VT_2 的 U_{b2} 为高电平，VT_3 的 U_{b3} 为低电平，VT_2 导通，VT_3 关断，流过 L 的电流突然变小，L 马上产生左正右负的电动势，该电动势通过 VD_4 形成电流回路，电流途径是：L 左 $+ \rightarrow R \rightarrow VT_2 \rightarrow VD_4 \rightarrow L$ 右 $-$，该电流方向是由右往左。由于 VT_2、VD_4 都导通，A 点和 B 点都与 U_d 负端连接，即 $U_A = U_B$，R、L 两端的电压 U_0 为 $0(U_0 = U_A - U_B)$。在此期间，VT_4 的 U_{b4} 也为高电平，但因 VD_4 的导通使 VT_4 的 C、E 极电压相等，VT_4 无法导通。

t_4 时刻以后，电路重复上述工作过程。

单相全桥式逆变电路的 U_{b1}、U_{b3} 脉冲和 U_{b2}、U_{b4} 脉冲之间的相位差为 θ，改变值 θ，就能调节负载 R、L 两端电压 U_0 脉冲宽度（正、负宽度同时变化）。另外，单相全桥式逆变电路负载两端的电压幅度是单相半桥式逆变电路的 2 倍。

三、DC-AC 电路的典型应用

DC-AC 逆变电路主要应用于各种直流电源，如蓄电池、干电池、太阳能、风能等新能源行业。

常见的变频器、USP（不间断电源）、感应加热电源等电力电子设备的核心都是逆变电路。这里主要介绍新能源汽车上的典型应用变频器，有空调变频器和控制驱动电机工作的电机变频器。

1. 空调变频器

空调变频器位于变频器总成中，是空调系统中电动变频压缩机供电装置，如图 4-58 所示，它由 6 个 IGBT、微机控制器（CPU）、电压传感器、电流传感器、温度传感器等部件组成。它可以将 HV 蓄电池（动力电池）提供的高压直流电转换为高压交流电供给空调系统中的压缩机，从而带动压缩机工作。

具体工作过程为：HV ECU 控制变频器总成中的 CPU（微控制器）对门驱动电路进行驱动，通过分别控制 6 个 IGBT 的工作状态，把直流电逆变成交流电，电动压缩机的转速由变频控制信号的频率决定，而变频控制信号频率由空调 ECU 控制，最终实现电动压缩机的工作控制。

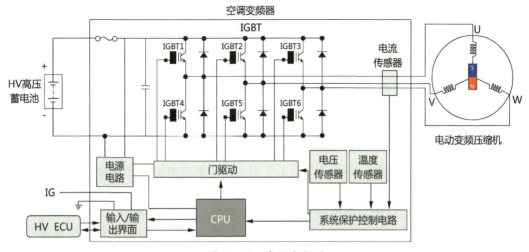

图 4-58 空调变频器

在空调变频器的工作过程中,主要利用其内部的 6 个 IGBT 将 HV 电池(动力电池)提供的直流电压(DC201.6 V),转换为交流电(AC201.6 V),为空调系统中的电动变频压缩机供电。

2. 电机变频器

电机变频器位于变频器总成内部,用于将 HV 电池经过升压转换器升压后的直流电转换为交流电带动驱动电机运转。电机变频器主要由 MG ECU 和 IGBT 组成,如图 4-59 所示。

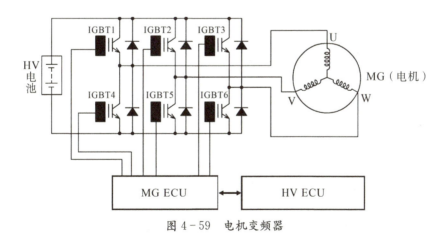

图 4-59 电机变频器

具体工作过程为:新能源汽车行驶时,HV ECU 根据车辆各种控制信号,得出驱动电机(MG)需要工作的信息,通过 CAN 线将信号传输至 MG ECU,MG ECU 分别控制 6 个绝缘栅型晶体管(IGBT)的工作状态的改变,HV 电池(动力电池)出来的直流电(DC)转换成交流电并送给驱动电机(MG),带动驱动电机工作。

在电机变频器的工作过程中,主要利用其内部的 6 个 IGBT 实现 HV 电池(动力电池)直流电转换为交流电,带动驱动电机工作。

任务小结

本任务介绍了DC-AC电路的类型、组成与原理以及电路典型应用。

DC-AC电路按照不同的标准分为不同的类型,逆变电路类型中将逆变电路按输入电源性质、逆变电路结构、电力电子器件换流方式、负载控制要求等不同分类标准分为不同类型。

逆变电路是与整流电路相对应的,把直流电变成交流电的电路称为逆变电路。逆变电路可用于构成各种交流电源。本任务介绍了单相半桥式逆变电路和单相全桥式逆变电路的组成和原理。

单相半桥式逆变电路和单相全桥式逆变电路,主要由电容、电源、晶体管、续流二极管、电阻、电感、电容等电子器件组成,其原理也基本相同,但是单相全桥式逆变电路负载两端的电压幅度是单相半桥式逆变电路的2倍。

DC-AC逆变电路主要应用于各种直流电源,如蓄电池、干电池、太阳能、风能等新能源行业。常见的变频器、USP(不间断电源)、感应加热电源等电力电子设备的核心都是逆变电路。本任务以新能源汽车上的变频器为例介绍DC-AC电路的典型应用。

任务练习

一、判断题

1. 逆变电路是与整流电路相对应的,把直流电变成交流电称为逆变。   (   )
2. 新能源汽车的逆变器、交流电机调速用变频器、国家公共电网电路中的变频系统的核心部分都是逆变电路。   (   )
3. 根据输入直流电源的性质不同,DC-AC电路可分为电压型逆变电路和电流型逆变电路。
                                                                    (   )
4. 单相全桥逆变电路负载两端的电压幅度是单相半桥逆变电路的2倍。   (   )
5. 蓄电池、干电池、太阳能、风能等都是交流电源。   (   )

二、选择题

1. 单相全桥式逆变电路有(　　)个桥臂。【单选题】
   A. 3　　　　　　　　B. 4　　　　　　　　C. 5　　　　　　　　D. 6
2. 根据逆变电路结构可分为半桥式、全桥式和(　　)逆变电路。【单选题】
   A. 推挽式　　　　　　　　　　　　　　B. 自换流式
   C. 正弦式　　　　　　　　　　　　　　D. 都不是
3. 空调变频器主要由(　　)个IGBT、(　　)个微机控制器组成。【单选题】
   A. 6;2　　　　　　　B. 5;3　　　　　　　C. 6;1　　　　　　　D. 2;1
4. 根据逆变器输出波形,主要分为(　　)逆变器。【多选题】
   A. 正弦波　　　　　B. 余弦波　　　　　C. 方波　　　　　　D. 正切波
   E. 余切波

5. 根据负载的控制要求,逆变电路的输出电压(电流)和频率往往是变化的,根据电压和频率控制方法不同,可分为(　　)。【多选题】
   A. 脉冲宽度调制　　　B. 脉冲高度调制　　　C. 方波调制　　　D. 脉冲幅值调制
   E. 脉宽频率调制

三、简答题

1. 请简述有源逆变和无源逆变电路的不同。
2. 请简述单相半桥式逆变电路和全桥式逆变电路的异同。

任务 5　DC-DC 电路

1. 了解 DC-DC 电路类型。
2. 掌握降压型斩波电路组成和原理。
3. 掌握升压型斩波电路组成和原理。
4. 了解 DC-DC 电路的典型应用。

某节电工电子的实验课上,教师给学生提供了一个 36 V 小型电风扇、1 个 12 V 的铅酸蓄电池、1 个闸刀开关、1 个 DC-DC 转换器、带绝缘皮的线束连接线若干,要求学生连接成电风扇的工作电路,并能带动电风扇运转。第一次连接的电路没有安装 DC-DC 转换器,闭合闸刀开关,电动机不工作;第二次将 DC-DC 转换器串联到铅酸蓄电池和风扇之间,再用导线连接成工作电路,闭合闸刀开关,电动机开始转动。想一想,为什么在铅酸蓄电池和风扇之间串联上 DC-DC 转换器后,电风扇才能运转呢?请学习 DC-DC 电路的相关知识,解释其中的道理。

DC-DC 电路是将直流电变换成不同频率或脉宽直流电的电路,也称为直流斩波电路。它可以应用在不同的领域,如应用在新能源汽车电子设备中的功率变换器、低压电源系统降压的 DC-DC 转换器、电力驱动系统中逆变器内的升压转换器等。这里主要介绍 DC-DC 电路类型、组成、原理以及典型应用。

一、DC-DC 电路类型

DC-DC 电路可以将固定的直流电利用电力开关变换成为另一种固定或可调的直流电。DC-DC 电路按照不同的标准分为不同的类型,常见的分类方法有以下几种。

1. 按激励方式划分

电力半导体器件需要激励信号才能工作,按电路中半导体器件的激励方式的不同,DC-DC 电路分为他励式和自励式两种方式。他励式 DC-DC 变换中有专门的电路产生激励信号控制电力半导体器件开关;自励式变换中电力半导体器件是振荡器的一部分(作为振荡器的振荡管)。

2. 按调制方式划分

DC-DC电路按调制方式不同,可分为脉宽调制和频率调制两种。脉宽调制(Pulse Width Modulation,PWM)是电力半导体器件工作频率保持不变,通过调整脉冲宽度达到调整输出电压;频率调制(PFM)是保持开通时间不变,通过调节电力半导体器件开关工作频率来调整输出电压。频率调制在DC-DC变换器设计中易产生谐波干扰、且滤波器设计困难等问题,脉宽调制则具有明显的优点,目前在DC-DC变换中占据主导地位。还有混合式,即在某种条件下使用PWM,在另一条件下使用PFM。

3. 按储能电感与负载连接方式划分

DC-DC电路按储能电感与负载连接方式划分,可分为串联型和并联型两种。储能电感串联在输入输出之间称之为串联型;储能电感并联在输出与输入之间称之为并联型。

4. 按电力半导体器件在开关过程中是否承受电压、电流应力划分

DC-DC电路按电力半导体器件在开关过程中是否承受电压、电流应力划分,可分为硬开关和软开关。硬开关是指在开关过程中电压与电流均不为零,并且电压、电流变化很快,波形出现明显的过冲,导致产生开关噪声。软开关是指半导体器件在开关过程中承受零电压或零电流,即在零电压条件下导通(或关断),在零电流条件下关断(或导通)。软开关在开关开通与关断过程中,电压与电流波形几乎不重叠。软开关可以实现在导通与关断时损耗降到很低。

5. 按输入输出电压大小划分

DC-DC电路按输入输出电压大小划分,可分为降压型和升压型。降压型DC-DC电路可以将输入的高压直流电变换成低压直流电;升压型DC-DC电路可以将输入的低压直流电变换为高压直流电。新能源汽车上的变频器和DC-DC转换器就是升压型和降压型的典型应用。

6. 按输入与输出之间是否有电气隔离划分

DC-DC电路按输入与输出之间是否有电气隔离划分,可分为隔离型和不隔离型。隔离型DC-DC变换器按电力半导体器件的个数可分为单管DC-DC变换器[单端正激(Forwand)单端反激(Flyback)]、双管DC-DC变换器[双管正激变换器(Double Transistor Forward Converter)、双管反激变换器(Double Transistor Flyback Converter)、推挽电路变换器(Push-pull Converter)和半桥变换器电路(Half-bridge Converter)等]。四管DC-DC变换器即全桥DC-DC变换器(Full-Bridge DC-DC-Converter);不隔离型主要有降压(Buck)变换器、升压(Boost)变换器、升降压式(Boost-Buck)变换器、Cuk变换器,Zeta变换器、Sepie变换器等。

二、DC-DC电路组成与原理

DC-DC电路即是把直流电压变换为不同频率脉宽或电压值的直流电压,是开关电源技术的一个分支。在电动汽车上最典型的就是DC-DC转换器,它给车载电气供电,用于给汽

车蓄电池补充电能。DC-DC 转换器的电能来自于动力电池包,给汽车各类车载低压辅助电器供电。常见的 DC-DC 电路有 Buck 电路、Boost 电路、Boost-Buck 电路、Cuk 电路、Zeta 电路和 Sepic 电路等。这里主要介绍 Buck 和 Boost 电路的组成和原理。

(一) Buck 电路组成和原理

Buck 电路是一种输出电压小于或等于输入电压的单管非隔离式 DC-DC 变换电路,也称为降压斩波电路,又称降压电路。其基本特征是 DC-DC 转换电路,输出电压低于输入电压,输入电流为脉动型,输出电流为连续型。

1. 组成

Buck 变换电路主要由开关管 i_G、理想电感 L、电容 C、二极管 VD、负载 R 和直流电源 E 等组成,如图 4-60 所示。在这个电路中,电感和电容组成低通滤波器,此滤波器设计的原则是使 E 的直流分量可以通过,而抑制 E 的谐波分量通过;电容上输出电压就是 E 的直流分量再附加微小纹波。Buck 变换器常用于各种调压电源或稳压直流电源中。

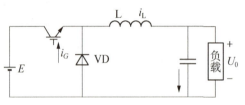

图 4-60 降压斩波电路原理图

DC-DC 转换器工作原理

2. 原理

Buck 电路工作时电感电流分为两种状态,分别为电感电流连续和电感电流不连续两种工作状态,如图 4-61 所示。

$t=0$ 时刻驱动 i_G 导通,电源 E 向负载供电,负载电压 $U_0=E$,负载电流 i_0 按指数曲线上升。

$t=t_1$ 时控制 i_G 关断,二极管 VD 续流,负载电压 U_0 近似为零,负载电流呈指数曲线下降。

通常串接较大电感 L 使负载电流连续且脉动小。

在由理想电感、电容、二级管构成的 DC-DC 变换电路中,当开关管 i_G 导通时,二级管反向偏置,此时电感两端电压为 $E-U_0$,电感中的电流线性增长,电源向电感中储能,其波形如图 4-61(a) 所示。当二级管截止时,由于电感的储能作用其两端产生楞次电压,以阻止流过电感的电流减小,致使续流二极管导通,电感两端电压为 $-U_0$,电感中的电流线性衰减,其波形如图 4-61(b) 所示。

根据电感电压伏秒平衡原理,即:

$$(E-U_0) \cdot t_{on} + (-U_0) \cdot t_{off} = 0$$

得:$U_0 = \dfrac{t_{on}}{t_{on}+t_{off}} E = \alpha E$

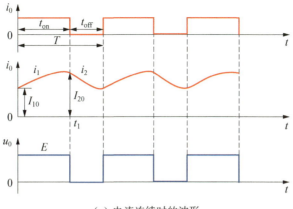

(a) 电流连续时的波形

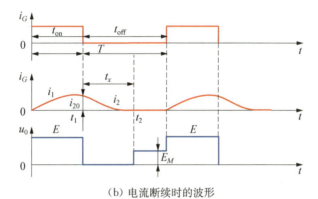

(b) 电流断续时的波形

图 4-61 降压斩波电路的原理图及波形

分析可知,在一个开关周期内,电感中的电流存在着一个增大和减小的过程,这就导致该变换电路可能存在两种运行情况:电感电流连续模式(CCM)和电感电流断续模式(DCM)。电感电流连续模式是指电感在整个开关周期内都有电流存在;电感电流断续模式是指电感电流在开关截止期间输出电流提前降为零,即在整个开关周期内电感电流有一段时间为零。

在实际应用中要尽量避免电路工作在电感电流断续工作模式,否则将造成整体功耗的增加和 DC-DC 变换的整体性能变差。

(二) Boost 电路组成和原理

Boost 电路是 DC-DC 电路中的一种输出电压高于输入电压的电路,因为它的输出电压比输入电压高,所以又称为升压斩波电路,简称升压电路。

1. 组成

Boost 电路如图 4-62 所示,所用器件与 Buck 变换电路相同,其同样是由开关管 i_G、理想电感 L、电容 C、二极管 VD、负载 R 和直流电源 E 等组成,但仅拓扑结构有所变化。比较两个电路可见,Boost 变换器的电感在输入侧,称为升压电感。开关管 i_G 仍为 PWM 控制方式,但是该电路的占空比必须受到控制,不允许工作在占空比为 1 的情况下。

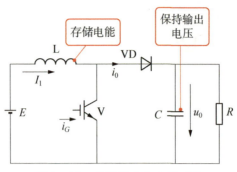

图 4-62 升压斩波电路原理图

2. 原理

同 Buck 电路一样,Boost 变换器也有电感电流连续和断续两种工作状态。假设 L 和 C 值很大。

i_G 处于通态时,电源 E 向电感 L 充电,电流 I_1 恒定,电容 C 向负载 R 供电,输出电压 U_0 恒定。

i_G 处于断态时,电源 E 和电感 L 同时向电容 C 充电,并向负载提供能量。

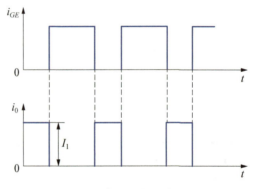

图 4-63 升压斩波电路波形图

当开关管 i_G 导通时,二极管反向偏置,此时电感两端电压为 E,电感中的电流线性增长,电源向电感中储能。当开关管截止时,由于电感的储能作用,其两端产生楞次电压,以阻止流过电感的电流减小,致使续流二极管导通,电感两端电压为 $E-U_0$,电感中的电流线性衰减。其工作时的具体波形如图 4-63 所示。

根据电感电压伏秒平衡原理,即:

$$E \cdot t_{on} + (E-U_0) \cdot t_{off} = 0$$

得:$U_0 = \dfrac{t_{on}+t_{off}}{t_{off}} E = \dfrac{t}{t-t_{on}} = \dfrac{1}{1-\alpha} E$

Boost 型电路的工作分为两个阶段:导通时为电感储能,此时负载和电容被短路,电源不向负载提供能量,电容向负载放电;截止时,电源和电感共同向负载供电,同时还给电容充电。在稳态工作时,电容充电量等于放电量,通过电容的平均电流为零,故通过二极管的电流平均值就是负载电流。因此电容电压的纹波值与开关管导通时电容电压的减少量相等。

使用 Boost 变换器时需要注意,在一个开关周期内,电感都有一个储能和放电的过程,因此该变换器相当于一个电流源,如果输出端空载的话,则电感与电源的能量不能释放掉,将会导致输出侧的电压不断升高,最后使变换器损坏。

三、DC-DC 电路应用

DC-DC 电路主要应用在电动汽车、太阳能电池阵、不停电电源、分布式电站等方面。在新能源电动汽车的电子系统和设备中,系统中的直流母线不可能满足性能各异、种类繁多的元器件对直流电源的电压等级、稳定性等要求。因此必须采用各种 DC-DC 功率变换装置来满足电子系统对直流电源的各种需求,常见的这种装置叫 DC-DC 变换器,这里主要介绍它的应用。

新能源电动汽车的 DC-DC 变换器的主要功能是给车灯、电子控制单元(electric control unit,ECU)、小型电器等车辆附属设备供给电力和向附属设备电源充电,其作用与传统内燃机汽车的交流发电机相似。传统汽车依靠发动机带动交流发电机发电供给附属用电设备和附属设备的电源。由于纯电动汽车和燃料电池电动汽车无发动机,混合动力汽车的发动机并不是不间断地工作,并且多带有"自动停止怠速"设备,因此新能源电动汽车无法使用交流发电机提供电源,必须靠主电池向附属用电设备及电源供电,因此 DC-DC 成为必备设备。

目前,大多数 DC-DC 变换器是单向工作的,即通过变换器的能量流动的方向只能是单向的。然而,对于需要能量双向流动的场合,例如超级电容器在新能源电动汽车中的应用,如果仍然使用单向 DC-DC 变换器,则需要将两个单向 DC-DC 变换器反方向并联使用,这样的做法虽然可以达到能量双向流动的目的,但是总体电路会变得非常复杂,双向 DC-DC 变换器就是可以完成这种能量的直接变换器。

双向 DC-DC 变换器是指在保持变换器两端的直流电压极性不变的情况下,根据实际需要完成能量双向传输的直流变换器。双向 DC-DC 变换器可以非常方便地实现能量的双向传输,使用的电力电子器件数目少,具有效率高、体积小和成本低等优势。

由于双向 DC-DC 变换器具有以上优点,使其在新能源电动汽车的发展过程中得到如下应用。

1. 在电动汽车发展的初期,由于直流电机结构简单、技术比较成熟和优良的电磁转矩特性,所以直流电机得到了广泛的应用。对于采用直流电机的新能源电动汽车而言,利用双向 DC-DC 变换器构成驱动系统机构,如图 4-64 所示。

图 4-64 采用直流电机的新能源电动汽车驱动系统机构图

2. 由于直流电机存在价格高、体积和质量大、维护困难等缺点,目前,电动汽车用电机正在逐渐由直流向交流发展。直流电机基本上已经被交流电机、永磁电机所取代。在这些应用场合，双向 DC-DC 变换器可以调节逆变器的输入电压，并且可以实现再生回馈制动。图 4-65 为这种驱动系统的结构图。

图 4-65　采用交流电机的新能源电动汽车驱动系统结构图

电动汽车用电机是一些具有较低输入感抗的交流电机，由于它具有高功率密度、低转动惯量、转动平滑以及低成本等优点，因此得到了越来越多的应用。对于这种交流电机，如果仍然采用通常的固定直流母线电压脉宽调制的驱动方式，较低的输入感抗必然会导致电机电流波形中出现较大的纹波，同时会造成很大的铁损和开关损耗，使用双向 DC-DC 变换器就可以很好地解决这个问题。当采用这类电机直接驱动电动汽车车轮时，由于电机电流波形的纹波是加在电机输入端子上电压的瞬间值，它和电机反电动势之间的电压差值成正比关系，因此利用双向 DC-DC 变换器可以根据电机的转速来不断调整逆变器的直流侧输入电压，从而减小电机电流波形的纹波。另外，通过控制反向制动电流，双向 DC-DC 变换器可以将机械能回馈到蓄电池组或者是一个附加的超级电容中，从而达到提高整车效率的目的。

3. 由于单一的动力电池难以满足新能源电动汽车对于电池提出的各项要求，因此人们开始探索将几种电池组合使用以发挥它们各自性能上的优势。铅酸蓄电池由于技术成熟、价格便宜，长期以来一直作为电动汽车的主要能源，并且改进型的铅酸蓄电池也在不断推出之中。以铅酸蓄电池为主电源的基础上附加高功率密度的超级电容器作为辅助电源的电源结构，由铅酸蓄电池提供电动汽车正常运行过程中所需要的能量；由超级电容器提供和吸收电动汽车加速或者减速过程中的附加能量，这样一方面利用了超级电容器功率密度大的优点，减少了对蓄电池峰值功率的要求；另一方面弥补了超级电容器单一电源能量密度低的缺点，增加了新能源电动汽车的续驶里程，也延长了蓄电池的使用寿命，降低了成本。在这样的电源结构中，由于超级电容器的能量流动是双向的，因此需要在超级电容器与直流母线间接入双向 DC-DC 变换器。当电容器输出能量时，DC-DC 变换器正向升压工作，将超级电容器的电压升高到较高的直流母线电压；当电容器吸收能量时，DC-DC 变换器反向降压工作，将母线电压降低以恒流的方式给电容器充电。

任务小结

本任务主要介绍了 DC-DC 电路的类型、组成、原理和典型应用。

DC-DC 电路可以将固定的直流电通过电力开关变换成为另一种固定或可调的直流电。根据不同的分类方法，DC-DC 变换器被分为不同的种类。按激励方式划分，由于电力半导体器件需要激励信号按激励方式划分为他励式和自励式两种方式；按调制方式划分，目前在变换中常使用脉宽调制和频率调制两种方式；按储能电感与负载连接方式划分，可分为串联型和并联型两种;按电力半导体器件在开关过程中是否承受电压、电流应力划分,可分为硬开关和软开关两种;按输入输出电压大小划分,可分为降压型和升压型;按输入与输出之间是否有电气隔离划分,可分为隔离型和不隔离型。

DC‐DC 电路即是把直流电压变换为另一频率、脉宽或电压值的直流电压,是开关电源技术的一个分支。它是由半导体功率器件制成的开关管、二极管、电感、电容、负载和直流电源构成的。Buck 和 Boost 电路工作时电感电流分为两种状态,分别为电感电流连续和电感电流不连续两种工作状态。

DC‐DC 电路主要应用在电动汽车、太阳能电池阵、不停电电源、分布式电站等方面。在新能源电动汽车的电子系统和设备中,系统中的直流母线不可能满足性能各异、种类繁多的元器件对直流电源的电压等级、稳定性等要求。这里主要介绍了新能源车上用的双向 DC‐DC 变换器。

一、判断题

1. DC‐DC 电路按激励方式划分,由于电力半导体器件需要激励信号,按激励方式划分为他励式和自励式两种方式。( )
2. DC‐DC 电路按储能电感与负载连接方式划分,可分为串联型和并联型两种。( )
3. DC‐DC 电路即是把交流电压变换为另一电压值的交流电压,是开关电源技术的一个分支。( )
4. Buck 变换器是一种输出电压小于或等于输入电压的单管非隔离式 DC‐DC 变换器。( )
5. DC‐DC 电路由半导体功率器件制成的开关管、晶体管、电感、电容、负载和直流电源构成。( )

二、选择题

1. DC‐DC 电路按调制方式划分,目前在变换中常使用( )调制和频率调制两种方式。【单选题】
   A. 电流　　　　　　　　　　　B. 电感
   C. 脉宽　　　　　　　　　　　D. 电压
2. DC‐DC 电路按输入( )大小划分,可分为降压型和升压型。【单选题】
   A. 输入电流　　　　　　　　　B. 输入电压
   C. 输出电压　　　　　　　　　D. 输出电流
3. 所谓软开关是指电力半导体器件在开关过程中承受零( )或零电流。【单选题】
   A. 电压　　　　　　　　　　　B. 电阻
   C. 电感　　　　　　　　　　　D. 电容
4. DC‐DC 电路主要由( )组成。【多选题】
   A. 理想电感　　　　　　　　　B. 电容
   C. 开关管　　　　　　　　　　D. 电阻

5. 不隔离型 DC-DC 变换器主要有降压(Buck)变换器、升压(Boost)变换器、(　　)、Sepic 变换器等。【多选题】
   A. 升降压式(Boost-Buck)变换器　　　B. Cuk 变换器
   C. Zeta 变换器　　　　　　　　　　D. 推挽电路变换器

三、简答题
1. 简述 Buck 电路组成与原理。
2. 简述 Boost 电路组成与原理。

任务 6　AC-AC 电路

任务目标

1. 掌握 AC-AC 电路的定义与作用。
2. 了解 AC-AC 电路的类型。
3. 理解交变调压电路和交-交变频电路的组成与原理。
4. 了解 AC-AC 电路在生产生活中的典型应用。

任务导入

小云家的电视机损坏,具体表现为电视机不显示图像,也没有声音,送进专门的维修店进行维修,维修人员发现电视机内部的电源变压器损坏,电源变压器主要由 AC-AC 电路构成。想一想,为什么 AC-AC 电路故障能致使电视机不显示图像,也不显示声音呢？请学习 AC-AC 电路的相关知识,解释其中的道理。

知识储备

AC-AC 电路是可以将一种形式的交流电变换成另一种形式交流电的电路。AC-AC 电路在电力系统应用较多,如与晶闸管组合组成的无触点开关、与双向晶闸管组合封装在一起组成的固态开关、能实现舞台灯光控制和异步电动机调速的交流调压电路等,都用到了 AC-AC 电路。这里主要介绍 AC-AC 电路的定义与类型、组成与原理以及典型应用。

一、AC-AC 电路概述

（一）AC-AC 电路定义

AC-AC 电路是可以将一种形式的交流电流变成另一种形式交流电流的电路,它可改变电路的电压、电流、频率和相数等,也称为交流变换电路。AC-AC 电路一般应用于电力电路中,用于实现大功率工业设备的工作控制。

（二）AC-AC 电路类型

AC-AC 电路按照是否通过中间环节,分为直接变换和间接变换两种,直接变换电路和间接变换电路应用与电力系统中组成的器件分别称为直接变换器和间接变换器。

1. 直接变换

所谓直接变换就是输入电源直接变换为希望的输出电源,交流输入通过开关器件与输出连接,通过开关器件的通断控制,得到同频率或不同频率的输出交流电源。

不改变输出频率的直接变换器称之为交流控制器;改变输出频率的直接变换器称之为周波变换器(Cycloconverter)。周波变换器的输出频率远低于输入频率,一般取输入交流频率的 $1/n$,n 取整数。所用的器件一般采用晶闸管反并联,或双向晶闸管通过自然换相来关断晶闸管,通常应用于大功率(大于 100 kW)工业设备。

2. 间接变换

间接变换器通过中间环节进行转换,即 AC‑DC‑AC。中间环节一般采用电容 C、电感 L 串联或者谐振槽路等,将输入交流整流成直流后,再把直流变换成所需的交流,即要进行 AC‑DC 变换和 DC‑AC 变换,也称为中间变换器。开关器件一般采用可关断器件如电力 MOSFET 和 IGBT 等。其输出频率可以大于或小于输入频率,最小频率可接近于零,最大频率只受开关器件工作频率限制。这种变换器又称逆变器,通常在中等功率范围内应用,其工作原理在 DC‑AC 变换中已有讲述,此处不再赘述。

二、AC‑AC 电路组成与原理

中间转换器的组成和工作原理在 DC‑AC 电路中已经讲述,这里主要以直接变换中不改变输出频率的交流变换器——交变调压电路和改变输出频率的周波变换器——交-交变频电路为例介绍 AC‑AC 电路的组成和原理。

(一) 交变调压电路

交变调压电路是交流电力控制电路的常用形式,它是在不改变频率的情况下,通过开关控制改变输出电压的电路。交变调压电路一般有开关控制、触发延迟控制、PWM 控制三种方式。开关控制是在交流电压过零时刻导通或关断晶闸管,使负载电路与交流电源接通几个周波,然后再断开几个周波,通过改变导通周波数与关断周波数的比值,实现调节交流电压大小的目的。触发延迟控制通过调节晶闸管的触发延迟角,控制电压幅值。触发延迟控制在灯光、温度等小容量控制中有着广泛的用途。PWM 控制是把交流电源利用理想开关控制,通过理想开关调节输入交流电源的脉冲宽度来控制输出电源的输出电压。这里主要介绍开关控制的交变调压电路的组成和原理(双晶闸管交变调压电路)。

1. 开关控制调压电路组成

开关控制的交变调压电路一般由交变电源 U_i、晶闸管 VT_1 和 VT_2、负载 R_L、控制电路等组成,如图 4‑66(a)所示。晶闸管 VT_1、VT_2 反向并联在电路中,其 G 极与控制电路连接,在工作时控制电路发送控制脉冲控制 VT_1、VT_2 的通断,来调节输出电压 U_0。

2. 开关控制调压电路工作原理

在 $0\sim t_1$ 期间,交流电压 U_i 的极性是上正下负,VT_1、VT_2 的 G 极均无脉冲信号,VT_1、VT_2 关断,输出电压 U_0 为 0。

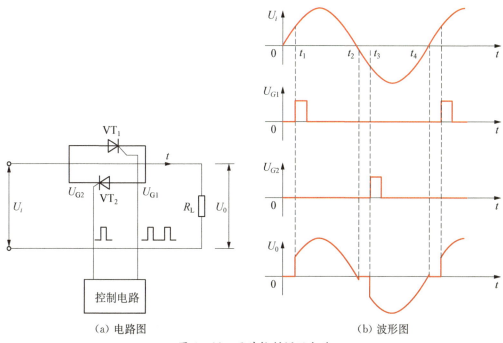

(a) 电路图　　　　　　　　　(b) 波形图

图 4-66　开关控制调压电路

t_1 时刻,高电平脉冲送到 VT_1 的 G 极,VT_1 导通,输入电压 U_i 通过 VT_1 加到负载 R_L 两端,在 $t_1 \sim t_2$ 期间,VT_1 始终导通,输出电压 U_0 与输入电压 U_i 变化相同,即波形一致。

t_2 时刻,U_i 电压为 0,VT_1 关断,U_0 也为 0,在 $t_2 \sim t_3$ 期间,U_i 的极性是上负下正,VT_1、VT_2 的 G 极均无脉冲信号,VT_1、VT_2 关断,U_0 仍为 0。

t_3 时刻,高电平脉冲送到 VT_2 的 G 极,VT_2 导通,U_i 通过 VT_2 加到负载 R_L 两端,在 $t_3 \sim t_4$ 期间,VT_2 始终导通,U_0 与 U_i 波形相同。

t_4 时刻,U_i 电压为 0,VT_2 关断,U_0 为 0。t_4 时刻以后,电路会重复上述工作过程,结果在负载 R_L 两端得到图 4-66(b)所示的 U_0 电压。图中交流调压电路中的控制脉冲 U_G 相位落后于 U_i 电压 α 角($0 \leqslant \alpha \leqslant \pi$),$\alpha$ 角越大,VT_1、VT_2 导通时间越短,负载上得到的电压 U_0 有效值越低,也就是说,只要改变控制脉冲与输入电压的相位差 α,就能调节输出电压。

(二) 交-交变频电路

交-交变频电路的功能是将一种频率的交流电转换成另一种固定或频率可调的交流电。交-交变频电路又称周波变流器或相控变频器,一般的变频电路先将交流变成直流,而交-交变频电路直接进行交流频率变换,因此效率很高。交-交变频电路主要用在大功率低转速的交流调速电路中,如轧钢机、球磨机、卷扬机、矿石破碎机和鼓风机等场合。单相交-交变频电路可分为单相输入型单相交-交变频电路和三相输入型单相交-交变频电路。这里主要介绍三相输入型单相交-交变频电路组成和工作原理。

1. 单相交-交变频电路组成

单相交-交变频器只用一个变换环节就可以把恒压恒频(CVCF)的交流电源转换为变压

变频(VVVF)电源,因此称为直接变频器,或称为交-交变频器。交-交变频器主要由正组(P组)晶闸管、负组(N组)晶闸管、负载 R_L 等组成,如图 4-67 所示。

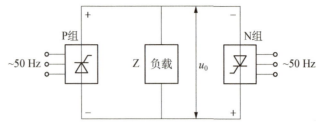

图 4-67 单相交-交变频电路原理图

2. 单相交-交变频电路工作原理

两组变流器都是相控电路,P 组工作时,负载电流自上而下,设为正向;N 组工作时,负载电流自下而上,设为负向。让两组变流器按一定的频率交替工作,负载就得到该频率的交流电,如图 4-68 所示。

图 4-68 单相交-交变频器输出波形

改变两组变流器的切换频率,就可以改变输出到负载上的交流电压频率,改变交流电路工作时的触发延迟角 α,就可以改变交流输出电压的幅值。

为了使输出电压的波形接近正弦波,可以按正弦规律对触发延迟角 α 进行调制,即可得到如图 4-69 所示的波形。调制方法是,在半个周期内让 P 组变流器的触发延迟角 α 按正弦规律从 90°逐渐减小到 0°或某个值,然后再逐渐增大到 90°。这样每个控制区间内的平均输出电压就按正弦规律从零逐渐增至最高,再逐渐减低到零,如图 4-69 中虚线所示。另外半个周期可对变流器 N 组进行同样的控制。

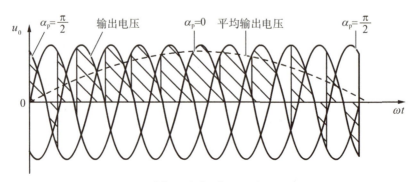

图 4-69 单相输出交-交变频电路电压波形

可以看出,输出的电压波形并不是平滑的正弦波,而是由若干段电源电压拼接而成。在输出交流电压的一个周期内,所包含的电源电压段数越多,其波形就越接近正弦波。因此,实际应用的变流电路通常采用 6 脉波的三相桥式电路或 12 脉波的变流电路。

对于三相负载,其他两相也各用一套反并联的可逆电路,输出平均电压相位依次相差 120°。这样,如果每个整流电路都用桥式,共需 36 个晶闸管。因此,交-交变频器虽然在结构上只有一个变换环节,但所用的器件多,总设备投资大。另外,因交-交变频器的最大输出频率为 30 Hz,所以其应用受到限制。

三、AC‐AC 电路典型应用

AC‐AC 电路主要应用于低压大电流领域,这里主要介绍 AC‐AC 电路在电机上的典型应用。

1. 调速电机

调速电机里的电磁调速电机又叫滑差调速电机,也称电磁离合器,由笼型电机、电磁转差离合器和直流励磁电源(控制器)三部分组成。它有两个轴,一个与原动机相连,另一个与拖动对象相连,通过调节电磁调速电机的电压而使输出的转速低于输入转速。它的工作原理是调节电磁调速电机的转差率来改变输出转速。其缺点是工作效率低,反应时间长。

2. 变频电机

变频电机是指笼型交流异步电动机,由变频感应电动机和变频器两部分组成。变频调速是改变电动机定子电源的频率,从而改变其同步转速的调速方法。变频调速系统主要设备是提供变频电源的变频器,变频器可分成交流-直流-交流变频器和交流-交流变频器两大类,目前国内大都使用交-直-交变频器。其特点有以下五点:

(1) 效率高,调速过程中没有附加损耗。
(2) 应用范围广,可用于笼型异步电动机。
(3) 调速范围大,特性硬,精度高。
(4) 技术复杂,造价高,维护检修困难。
(5) 适用于要求精度高、调速性能较好场合。

变频调速电机和普通交流异步电动机有一定的区别,普通的异步电动机配用变频器后可用的调速范围较窄,过大后会发热严重甚至烧毁。

21 世纪,变频调速已经成为主流的调速方案,可广泛应用于各行各业无级变速传动,特别是随着变频器在工业控制领域内日益广泛的应用,变频电机的使用也日益广泛,可以这样说,由于变频电机在变频控制方面较普通电机的优越性,凡是用到变频器的地方我们都不难看到变频电机的身影。

本任务介绍了 AC‐AC 电路的概述、组成与原理以及典型应用。

AC‐AC 电路概述中主要介绍了 AC‐AC 电路的定义和类型。且按照是否通过中间环节,将 AC‐AC 电路分为直接变换和间接变换两种;AC‐AC 电路是可以将一种形式的交流电变换成另一种形式交流电的电路,交变调压电路中主要介绍了开关控制调压电路的组成与原理。

交-交变频电路的功能是将一种频率的交流电转换成另一种固定或频率可调的交流电。它只用一个变换环节就可以把恒压恒频(CVCF)的交流电源转换为变压变频(VVVF)电源,电路由P(正)组和N(负)组反并联的晶闸管变流电路构成。以三相输入型单相交-交变频电路为例阐述了其工作原理。

本任务也介绍了AC-AC电路在电机调速方面的典型应用,同时简单介绍了电磁调速电机和变频电机的组成、原理和特点。

一、判断题

1. AC-AC电路是可以将一种形式的电流变成另一种形式电流的电路,它只改变电路的电压、电流。( )
2. AC-AC电路按照是否通过中间环节,分为直接变换和间接变换两种。( )
3. 交流调压电路是交流电力控制电路的常用形式,它是在不改变频率的情况下,通过开关控制改变输出电压的电路。( )
4. 单相交-交变频器只用一个变换环节就可以把恒压恒频的交流电源转换为变压变频电源。( )
5. AC-AC电路主要应用于高压小电流领域,其目的是为了解决续流管的导通损耗问题。( )

二、选择题

1. 间接变换器通过中间环节,即AC-DC-AC,中间环节一般采用( )、电感L串联或者谐振槽路等,将输入交流整流成直流后,再把直流变换成所需的交流,即要进行AC-DC变换和DC-AC变换。【单选题】
   A. 电容C   B. 电阻R
   C. 二极管VD   D. 开关S
2. 对于三相负载,其他两相也各用一套反并联的可逆电路,输出平均电压相位依次相差( )。【单选题】
   A. 60°   B. 90°
   C. 120°   D. 都不对
3. 实际应用的变流电路通常采用6脉波的三相桥式电路或( )脉波的变流电路。【单选题】
   A. 9   B. 12   C. 3   D. 8
4. 开关控制的交变调压电路一般由( )组成。【多选题】
   A. 交变电源   B. 晶闸管
   C. 电容   D. 电阻
   E. 电感

5. 交-交变频器主要由( )等组成。【多选题】
   A. 电压正组(P组)晶闸管
   B. 负组(N组)晶闸管电流
   C. 负载 R_L
   D. 电感 L

三、简答题

1. 请简述什么是 AC–AC 电路,它的作用是什么?
2. 请简述单相交-交变频电路组成及工作原理。